“双一流”建设丛书·学术经典系列

孔子学院与中国文化国际传播研究

逄增玉　包学菊◎主编

中国传媒大学出版社
·北京·

图书在版编目（CIP）数据

孔子学院与中国文化国际传播研究 / 逄增玉，包学菊主编 . -- 北京：中国传媒大学出版社，2022.7

ISBN 978-7-5657-3101-3

Ⅰ . ①孔… Ⅱ . ①逄… ②包… Ⅲ . ①中华文化—文化传播—研究 Ⅳ . ① G125

中国版本图书馆 CIP 数据核字（2022）第 078687 号

孔子学院与中国文化国际传播研究

KONGZI XUEYUAN YU ZHONGGUO WENHUA GUOJI CHUANBO YANJIU

主　　编　逄增玉　包学菊
策划编辑　李水仙
责任编辑　李水仙
责任印制　李志鹏
封面设计　拓美设计

出版发行　中国传媒大学出版社
社　　址　北京市朝阳区定福庄东街 1 号　　**邮　　编**　100024
电　　话　86-10-65450528　65450532　　**传　　真**　65779405
网　　址　http://cucp.cuc.edu.cn
经　　销　全国新华书店

印　　刷　唐山玺诚印务有限公司
开　　本　787mm×1092mm　1/16
印　　张　13.5
字　　数　228 千字
版　　次　2022 年 7 月第 1 版
印　　次　2022 年 7 月第 1 次印刷

书　　号　ISBN 978-7-5657-3101-3/G·3101　　**定　　价**　69.80 元

本社法律顾问：北京李伟斌律师事务所　郭建平

目录

序 言

逄增玉

本书内容包含两个方面：一是对孔子学院文化传播功能与模式的基本研究，二是在中国文化“走出去”的大背景下，对中国文化的国际传播手段、方式、价值认定、传播效果和模式装置的研究。

孔子学院是伴随着中国的崛起和文化“走出去”战略的时代大潮促动，由原来的孔子学院总部暨国家汉办（2004年成立，2006年更名为国家汉语国际推广领导小组办公室，简称“国家汉办”）发起组织和兴办创立的。第一所孔子学院于2004年11月21日在韩国首都首尔挂牌成立，截至2020年7月，全球已有548所孔子学院和1，193个孔子课堂。应该说，改革开放40多年来，中国经济的外向型发展和走出国门、参与世界经济共同体建设，取得了举世公认的成就，文化“走出去”战略实施下的对外文化传播也取得了不菲的成绩，其中成绩最大的当属孔子学院和孔子课堂。孔子学院为世界各国越来越多的学习汉语和中国文化者，提供了良好且便利的学习环境、优秀的师资队伍、高质量的教材和丰富多彩的学习活动，并以此为桥梁加深了世界各国对中国语言、文化和国情的了解。当今世界正经历百年不遇之大变局，世界的地缘政治、经济关系随之也发生了巨大的震荡和变动。在此国际环境下，孔子学院的发展难免遇到一定的困难，为适应形势和格局变化，2020年7月，国家汉办改名为教育部中外语言交流合作中心（简称“语合中心”）。孔子学院如何纾解困局、创新发展，是当前面临的重要问题。

我在东北一所部属高校任职时，曾担任文学院院长并兼任对外汉语学院院长，与国外大学合作建立了几所孔子学院，申报获得了首批对外汉语专业硕士的培养资格和学位授予权。我自己也曾经申报完成了“利用本省对外汉语教育传统和优势做强做大对外汉语事业”的省级课题，还与韩国一所大学合作编写过有关汉语与中国文化教学的教材（因故未能出版）。2001至2003年，还被学校外派到日本的两所大学担任汉语与中国文学和文化的教学工作。2007年调到中国传媒大学以后，当时的学校领导鉴于我的这种资历和经历，让我在担任文学院中国现当代文学专业教授和博士生导师的同时，行政上担任刚刚成立的对外汉语教育学院院长，其宗旨和目的一是扩大留学生数量（当时很少），为学校的国际化办学出力献策；二是为学校与国外大学合作创办孔子学院，因为中国传媒大学当时还没有在国外设立过一所孔子学院，更没有对外汉语教育的专业硕士培养资质。

中国传媒大学是一所在播音、新闻、传播、影视、动漫、广告、艺术、数字媒体技术等领域拥有国内一流师资力量、国内领先国际知名的行业高校，其中新闻传播学和戏剧与影视学是国家“双一流”学科，自有其辉煌的历史和独具特色的专业与学科。实事求是地说，在这样的行业性高校，文、史、哲、政、经、法等专业和教育很难居于学校的主流。任何高校发展都要有所为有所不为，发挥优势做强做大是每个高校的行为准则和发展方向，而对外汉语教育和教学（后改名为汉语国际教育[①]）在专门性、专业性大学（如北京语言大学），在招收留学生进行汉语教育历史比较悠久的综合性大学、师范类大学，虽然还不能与大文科、大理科相提并论，但由于依托大文科的汉语言文学院系和专业，还能够在学校的重视层面和学科发展中占有一席之地。比如北京大学中文系的著名语言学教授朱德熙，在20世纪50年代就被派到保加利亚的索菲亚大学教授汉语；很多综合性大学和师范类大学的中文系教师被国家派往国外任教，这自然在学校的办学方向和思路中会受到关注。而在行业性大学中，由于学科和专业设置优势的集中化与特色化，自然不能平均使用力量，这就难免使学校的对外汉语教育属于边缘学科，非常知晓和了解的人不多（极个别的人还停留在是中国人就能教汉语的认识偏误），在师资力量、教学条件、学科水平、学生人数和与汉办及国内外合作关系方面，不仅不能与位于首都的各大高校相比，就是与外省好多高校的对外汉语教育的历史、规模、水平、师资、留学生数量层次、国际合作相比，也都处在名不见经传之列。

在基本条件比较差的环境下，我们利用学校给予的政策上和其他方面的支持，利用在师范大学工作多年培养了大批优秀人才的经验（仅在北京就有许多人任职于国家汉办各处室、各大学中文与汉语国际教育专业、北京若干重点中学和国际学校等单位），带领学院的一班人筚路蓝缕，开拓奋进，力争有所作

---

① 我从2005年至2019年一直是教育部中国语言文学教学指导委员会委员，在一次教执委会上，数位专家建议教育部将对外汉语改名为汉语国际教育，以适应新形势和事业的发展。

为。中国的改革开放大业是在没有现成道路的基础上闯关开拓、大力拼搏、开创奋进而取得大发展、大成就的，我们也得益于大时代的环境和国家对汉语国际教育和孔子学院事业的大力支持，在积极与国家汉办联系沟通并得到积极支持的情况下，我们以对外汉语教育学院名义，首先，积极申报汉语国际教育专业硕士的学位授予资格，获得了招收和培养国内外汉语国际教育硕士的资质。其次，以此为平台，我们积极努力与国外有关大学和单位合作，在国家汉办的引领和帮助下，与加拿大埃德蒙顿公立教育局合作，创办了第一所孔子学院。那所孔子学院有独立的、较大的教学楼和办公楼，环境和师资力量都很好。

在埃德蒙顿公立教育局下属的几十所中小学教授汉语的老师中，很多人过去并不是学习汉语言文学的。因此，他们迫切希望我们能够每年寒暑假提供师资，为这些中小学汉语教师进行培训，同时希望双方合作开发通用的国际化汉语教材。中国传媒大学当时尚不具备中小学语文和汉语教育的师资，在派出教师时也主要从国际传播专业的学者中选拔，没有考虑到对方的需求，加上其他的一些原因，致使双方的合作无法进行下去，最终不得不终止协议。对方转而与某大省的教育厅合作，新合作的中方单位可以为加方提供所需要的师资力量，从全省大中小学选拔汉语或语文教师，以满足对方所有教育教学、师资培养方面的需求。

第一所孔子学院合作的不顺利，致使我们后来在与国外合作创办新的孔子学院时，一方面只与国外的综合性大学合作，因为综合性大学都有比较好的语言系或专业；另一方面量体裁衣，也从我校行业性大学的实际出发，尽量兼顾双方的优势。此后在我担任对外汉语教育学院院长（后改名汉语国际教育学院）和孔子学院处处长期间，先后与东欧地区塞尔维亚最大的综合大学贝尔格莱德大学、西欧荷兰的格罗宁根大学和格罗宁根汉斯大学、南美洲巴西拥有十万名学生的南大河州国立大学，合作建立了孔子学院。多年来这些孔子学院的发展势头良好，其中贝尔格莱德大学孔子学院的本土汉语教师力量很强大，外方院长是20世纪80年代留学北京语言学院（现北京语言大学）信息汉语、南京大学学习中国文化与哲学的“中国通”，汉语教师有的是精通塞语的中国人，有的在北京师范大学文学院留学十年之久并获得博士学位，他们开发适合塞尔维亚汉语学习者学习的本土汉语教材，非常切合实际，是国别汉语教材建设的成功范例。荷兰格罗宁根大学是在欧洲排名靠前的，也是有教授获得诺贝尔奖的综合性大学，荷兰的汉学家也赫赫有名，加之校长重视，倾力支持，所以孔子学院发展势头良好，建立几年后就被国家汉办评为精品孔子学院，假以时日，获得优秀孔子学院也是可能的。巴西是金砖国家，与中国的经济合作领域广泛，联系密切，不仅本国学生出于就业和深造等原因愿意学习汉语，而且诸多在巴西从事通讯、矿产、林业、农业种植和烟草种植的大型国企和民企，也需要孔子学院为他们培训懂得基本汉语的本地员工。因此，社会需求和学校重视使得这所过去就与中国传媒大学葡萄牙语专业建立了校级交流的高校，在孔子学院建立后也取得了长足发展。

在合作创办这些孔子学院的过程中，我们不仅需要经常派出教师和汉语志愿者，还为学校的其他专业与对方高校进行更广泛的学科专业合作提供了交流平台，使得双方的国际化办学都有所受益。同时，也为中国的企事业单位在孔子学院所在国的经济与产业合作起到了桥梁的作用，如我国在塞尔维亚投资建设的很多大型企业和开展的基础建设中，就有贝尔格莱德大学孔子学院的本土汉语教师在承担翻译工作。再如，莫言获得诺贝尔文学奖后，贝尔格莱德大学孔子学院的教师不仅积极翻译中文作品，还召开国际汉学会议，并曾邀请我在贝尔格莱德的“LAGUNA”书店，面对数百读者举办了题为“诺奖尽在莫言中”的讲座，回答了读者和作家们的提问，塞尔维亚国家电视台进行了录制和转播。这种文化传播的功能是孔子学院发展中越来越重要的工作。荷兰格罗宁根大学孔子学院也曾经邀请诸多国内外的汉学家和学者举办有关中国的讲座，而教学、会议、讲座之外的文化传播活动也经常举行，多姿多彩。如四川自贡的以灯火、焰火为形式的灯会展，曾经到格罗宁根举办大型展示，这是当地盛况空前的活动类的中国历史、民俗与文化的成功传播。

在创办和管理孔子学院的日常工作中，我们也以孔子学院为平台，进行了多种多样的数据库和教学资源、教学状况的建设与调研；参与国家汉办举办的年度世界孔子学院大会及会议服务；申报并完成了国家汉办的“汉语教材的多媒体国际开发与推广建立研究”的课题，成果结晶《传媒汉语》一书出版发行。还举办过大型的国际汉学会议，编辑出版了《汉语国际教育与中国文化国际传播》一书；还曾经参与申报国家社科关于孔子学院管理的重大项目，虽然花落他家，但通过申报和对日常管理的思考与经验总结，我们就孔子学院的汉语与中国文化传播，孔子学院面对困局如何创新发展，如何进行管理和功能转型等问题，做了大量研究并发表了多篇论文。还为中国传媒大学其他学院牵线搭桥，一方面与当时的国家汉办建立广泛的业务联系，另一方面让中国传媒大学各学院的教师到孔子学院讲学交流，让全校各学院教师出任孔子学院中方院长，组织学校著名教授到国家汉办的培训基地进行出国汉语教师的教学培训，或者承担专题讲座，讲授孔子学院出国教师媒介素质、媒体应对能力培养等内容。当然，也积极组织全校各个院系学生，频繁地、定期地参加全球孔子学院志愿者的选拔和派出工作，至于汉语国际教育学院的教师，则从无到有、史无前例地以孔子学院外派教师和中方院长身份，纷纷出国从教，人数达到全院教师的80%左右，这对于建立时间较短的汉教学院教师的队伍建设和水平提升，起到了非常积极的作用。

本书的上编里，就包含着对这些经验的总结、管理的探索、模式的创新等问题的思考和研究。这些成果当初计划的内容很多很广，但由于突如其来的疫情一度中断了所有的日常工作，使主编和几位参与本书写作的老师一时难以归国，只好把原有的一些章节舍弃了，正在进行的研究也只好中断。所以对于孔子学院及其文化传播模式的研究，现在拿出来的只是原来计划的一部分，将来有时间和机遇再做增补，以成完璧。

上编第一章由中国传媒大学人文学院汉语国际教育中心教师包学菊撰写，第二章由中国传媒大学孔子学院处的孙玉红撰写，第三章由逄增玉撰写，第四章由中国传媒大学图书馆的杨凤（第一节和第四节，现已调入中国人民大学图书馆）、杨洋（第二节）、王日花（第三节）撰写。

下编主要内容为中国近现代文学与文化中的中国国家形象，中国文化跨国传播的价值与方法，当代中国文化域外传播的现状、路径及其战略策略，中华文艺参与人类命运共同体建设的思路与对策等。其中第八章关于林语堂海外文化传播的内容，是由当时中国传媒大学在读的研究生赵梦媛（现任教于北京市朝阳区芳草地国际学校国际部）完成的，其余几章是逄增玉主撰或与逄乔、孙晓平等人合作完成的。下编的内容大都先期以论文形式发表于《现代传播》等刊物，若干文章发表后还被有关单位的刊物转载，产生了一定的社会影响。

由于原定交稿时间和出版要求得比较急迫，故此各位作者在撰写过程中，虽然尽可能按照要求对引用的观点和资料来源都加以说明注释，但在实际写作中，可能一时疏忽或其他原因，对某些资料参考、采纳或引用等，在说明注释方面容或有所疏漏。在本书校稿、定稿期间，因我身在海外，国内高校也因疫情在上半年没有开学，下半年临近年尾北京又出现疫情的个别反弹，学校于元旦就放假，这给作者们的核查与核对带来极大不便，致使可能存在的疏漏未能及时发现，这是需要说明和注意的。本书出版后，如果发现在资料引用和注释说明方面的疏漏，希望与我们或原作者联系，在重版或修订时加以增补。当然，我们希望没有这方面的疏漏，以免产生不必要的外错或麻烦。尊重知识，尊重知识的创造者和劳动者，是每个从事精神产品生产劳动的人应有的品格和题中应有之义。

本书各章由于作者不同，在写作风格及文笔上可能未必一致。另外，由于时间和其他原因，原有的结构做了调整，有些内容来不及重新撰写，这可能会给整个体例带来一定影响。有些内容还可进行拓展与深化，还有些问题由于国内外环境与形势的变化，在提法、观点及价值判断上，可能会有不当或需要重新加以审视和阐述之处，而这些都会给本书带来一些影响。孔子学院的诞生与发展、教学与管理、转型与创新，以及当前遭遇的百年不遇之世界变局对孔子学院和中国文化的跨国传播都带来了新的挑战。对这些内容和变化，理应有更全面和深入的研究，但本书受主客观原因所限，只是在此领域研究中迈出一小步，尚难称全面和深入，肯定多有不足。如果能够起到抛砖引玉的作用，于愿足矣，也望同行和方家批评指正。

2021 年元旦

上编 / 孔子学院与中国文化传播模式研究

第一章 孔子学院汉语教学中的文化传播

目前，已有超过500所的孔子学院作为非营利性教育机构，正在持续致力于增进世界各国、各地区人民对中国语言文化的了解，加强中国与世界各国教育文化的交流合作，发展中国与外国的友好关系，以及促进世界多元文化发展。"'一带一路'沿线有51个国家建立了136所孔子学院"[①]，"一带一路"沿线的孔子学院也同样已经成了当地人民学习汉语言文化、了解当代中国的重要场所，受到当地社会各界的欢迎。在未来，随着"一带一路"国际合作高峰论坛拟定的合作举措开始深化实施，在加强人文交流和打造民间纽带，深化教育、科技等领域的务实合作，促进不同文明间对话和文化交流等方面，孔子学院也将继续发挥不可替代的作用。

就孔子学院的工作现状来看，在"一带一路"沿线国家甚至世界范围内，以汉语作为第二语言的目标开展教学活动时，中国文化内容的传播也会借助以下渠道同步实现：第一，汉语课程中的文化教学，即在教授汉语知识、语言技能的同时，融文化因素于语言教学之中。这方面基本是以语音、汉字、词汇、语法等语言知识的教学和听、说、读、写、译等言语技能的训练为主要内容，提高学习者运用中文进行表达、交际和思维的能力，文化教学又是其中必然相关的部分。第二，开办各项吸引学习者兴趣的中华才艺体验活动与研习课程，主要目的是丰富汉语学习者对中国文化器物与技艺层面的认知，如学习剪纸、

① 王辉，陈阳. 基于大数据的"一带一路"沿线国家孔子学院分布研究［J］. 云南师范大学学报（对外汉语教学与研究版），2019（1）：10–24.

书法、太极拳，欣赏茶艺、曲艺等。第三，开设专门的文化知识讲座，如讲授文学史、思想史、中国地理、中国政治、中国经济的选修课、专题报告等，以系统介绍与中国相关的理论观念为主要内容，目的是为学习者提供必要的文化知识储备，加强他们对中国的社会历史、政治经济、学术思想、民族心理等理论形态的理解。在以上三种渠道中，汉语课程中的文化教学始终是主干，而中华才艺体验课程也起到了很大的辅助作用，这二者是孔子学院进行跨文化传播活动的主体内容。相对来讲，开设文化知识课程与讲座对学习者接受程度和讲授者本身的要求都比较高，目前在孔子学院工作中比例不大，却起着推动高端文化交流、提升受众对中国文化深层认知的作用。本章第一至三节将就汉语教学、才艺课程、专题讲座中的文化内容分别展开论述，第四节由文化传播的内容出发，讨论作为文化传播主体的教师应具备的专业素养。

第一节　汉语教学中的文化内涵

孔子学院的基本工作是开展汉语教学和中外教育、文化等方面的交流与合作，其所负载的中华文化海外传播的使命就是通过小小一方汉语课堂实现的，而汉语教学活动中的教师提供给学习者的文化内容也是占据主要地位的。通过汉语教学传播中华文化，这不仅源于语言在文化交流中的作用，更是因为语言与文化的必然关系。

语言是文化的重要组成部分，又是文化最基本、最典型的载体，它记录、反映、表现文化信息及其兴衰演变，对文化传承、传播发挥着无可替代的作用；而文化又是语言的内容与底蕴，它赋予语言以丰富、深厚的内涵与持久旺盛的生命力，是语言发展的原动力。所以，孔子学院在世界范围内进行语言教学的同时，传播文化也是题中应有之义。只有学习到了语言所负载的文化，才能帮助使用者熟练、自如地交际。同样地，掌握了作为文化符号的语言才能真正理解这种文化。所以，汉语作为第二语言的教学不应仅仅停留在语言知识传授、言语技能训练的层面，还应将这二者与文化知识的导入结合起来，这一观点在海内外汉语教学界已取得共识。

但是，目前学界对于汉语教学中的文化教学应该包括哪些内容一直存在争议，这是因为对于"文化"概念和范围的理解历来众说纷纭，而且进入第二语言教学的文化内容也往往具有特殊性。故此，这里非常有必要先对适用于"一带一路"国家乃至全世界汉语学习者的中华文化内涵进行梳理。

第二语言教学界最流行的文化概念是"C"与"c"，意即广义文化与狭义文化。前者包括地理、历史、文学、科学、艺术、教育、政治制度、经济制度、家庭制度等；后者指的是风俗习惯、行为举止、思维方式、价值观念等。这是西方外语教学领域在20世纪60年代就开始使用的概念，而提倡狭义文化应该成为第二语言教学中的重要内容，也是从那个时候开始的。在20世纪80年代，我国的汉语教学界，张占一等学者提出了"知识文化"和"交际文化"的概念，"所谓知识文化，指的是两个文化背景不同的人进行交际时，不直接影响信息准确传递的语言和非语言的文化因素。所谓交际文化是指两个文化背景不同的人进行交际时，直接影响交际信息准确传递（即引起偏差或误解）的语言和非语言的文化因素"①。具体来说，前者可以理解为学习者获得一种与所学语言相关的文化理论知识，例如留学生可以通过专业课程了解中国的建筑艺术、曲艺音乐、哲学思想、文学知识，但缺乏这些也不会直接造成日常汉语交际中的障碍。而后者是在一个民族以语言为媒介的交际构成中表现出来的文化精神和行为模式，必然也是一个民族文化系统中的子系统。进入20世纪90年代，吕必松的研究把交际文化的内涵扩大为隐含在语言系统中，反映一个民族的价值观念、是非标准、社会习俗、心理状态、思维方式等跟语言理解和语言使用相关的文化因素。这种"知识文化"和"交际文化"的划分突出了语言教学中文化教学的特点和重点，也为汉语教学界一直沿用。

在两类文化概念的互补与重合地带我们会发现，与母语者所传承的中华文化不完全相同，汉语教学中的文化内容本质上就是外国人学习和理解汉语、使用汉语与中国人打交道的时候需要掌握的相关信息，也就是语言学习和使用过程中所涉及的文化。这其中，适用性强、直接关联性大的就是交际文化。而学习者要深入领会乃至精通汉语，又必须以"狭义文化"的内容为鹄的，同时以广义的知识文化为背景，还需要学习者在汉语教学中从理解、运用和分析等不同层面逐渐获得。

---

① 张占一. 试议交际文化和知识文化［J］. 语言教学与研究，1990（3）：15-32.

所以，综合前述概念，本节以下探讨的就是已被纳入汉语教学中，对语言学习、理解和表达产生影响的四类文化因素，具体包括汉语中的交际与礼仪文化、历史与制度文化、地理与物态文化、思维方式与文化取向。

一、汉语中的交际与礼仪文化

“一带一路”沿线国家的汉语学习者以初级水平为多，在这一阶段的汉语教学如果根据语言知识的难易程度传播中国文化，首先就要着重解决日常生活交往所接触到的问题，使学习者掌握与语言初步运用直接相关的文化内容，于是，称谓、问候、道别、道谢、敬语和谦辞、对恭维和赞扬的反应以及各种禁忌、委婉表达，这些交际与礼仪文化就是孔子学院的汉语课堂中最初展现的内容。对学习者而言，最具有价值的文化资源也是最贴近生活的，也就是贯穿在日常生活和交际活动中的礼俗与语言文化。

无论使用何种语言，在交际的开端，说话双方就要选择适合的称谓，显示出情感关系的指向，配合一定的社交场合使用。汉语尤其重视称呼方式，最常用的姓名称谓虽然不过几个汉字，但往往与中国文化中最有代表性的部分相连，不仅对每个中国人而言是一生的寓意，而且又寄托着来自传统文化中的伦理精神、价值观念、理想追求。在国外，为汉语学习者起一个优雅的中文名字往往是汉语老师的责任，而这个名字甚至会成为许多学习者长久的“中文烙印”。同时，汉语课程的初级内容也必然与亲属称谓有关，家庭成员的教学主题看似容易，实则复杂。在日后延伸至汉语学习的高级阶段时，该主题仍能向学习者揭示中国文化的内涵景观。因为亲属称谓是以本人为轴心来确定亲属与本人关系的标志，汉语的叙称法与世界上大多数民族的亲属称谓的类分法不同，它显示出传统的长幼有序、亲疏有别、男尊女卑等一系列观念。亲属称谓的社会化，又透露出“天下一家”的思维方式。中国人在社会交际中常常把社会当作家庭，把社会交际对象视为亲属成员，这标志着汉民族宗族文化的根深蒂固和传统文化对人们社会行为的深刻影响。对大多数汉语学习者而言，汉语总是蕴含着新奇而繁杂的用法。此外，社交称谓在面对社会交往人群时使用，是汉语学习者使用频率更高的，因而显得更为重要，运用得当与否也会直接影响他们与中国人的交际效果。中国是一个礼仪之邦，社交称谓是交际文化的重要组成部分。

自古至今，官职体系在中国政治社会生活中非常重要，这种现象对今天的社会交往活动有很深的影响。一直以来中国人都喜欢用一个人的职业或职务来称呼他人，以此来显示对某些职业的尊敬，如“李科长”“陈经理”“张老师”等。除这种称呼外，现代社交称谓的构词方式还有十几种，如词头 + 姓、姓 + 师傅、姓 + 先生 / 女士等。如此复杂多样的称谓，母语者基本是习焉不察，而初级汉语学习者往往有口难开，需要在汉语课堂上学习和掌握。

问候是社会生活中频繁使用的言语行为，是人际交往的重要内容之一。问候礼仪和其他礼仪一样，在社会生活中起着促进交往的作用，问候语运用得当与否关系到两个人的交谈能否顺利进行下去。因此，地道的问候语也是汉语学习者需要了解的交际文化内容。问候之前首先要称呼对方，有时还要辅以招呼、欢迎词、寒暄语等内容，这要求使用汉语者有一定的词汇、语法基础。在中国，关心和询问的内容又往往不同于别国，“你吃饭了吗？”“你去哪儿？”“你在忙什么？”都可以作为问候语，这种问答式的使用比例还是很高的，汉语初学者经常不知如何应对。从表达内容的角度来看，问候还可以分为普通式，如“好久不见”；称谓式，如“老师好”。在多变的形式之中蕴含的是礼貌原则，体现了汉语口语的交际导向。

告别语是交际双方在交际结束时道别的礼貌用语，很多场合下都必须使用，比如电话结束、宴请之后、访问或谈话完成、在出门途中或公共场合偶然相遇等。不同的场合使用不同的告别用语，也使之分为多个不同的种类，有直接的告别语，比如“再见”“回头见”；委婉的告别语，如“我得走了”“我还有其他的事情”；还有一些带有叮嘱和祝福的告别语，如“盼望下次再见”“多保重，保持联系”等。中国人在交往中一直非常注重从对方的角度考虑问题，为了不占用对方太多的时间，中国人的告别方式有时会显得匆忙，但是并没有不尊重对方的意思。汉语学习者不仅需要运用适当的道别用语，也应知晓中国人的交际心理。

不同国家对待赞美的反应方式不同，即便每个人都喜欢得到他人的夸奖，但是受传统文化的影响，中国人在听到恭维与赞扬时的回应却显示出一些特异性。中国人受到“满招损，谦受益”这一处世原则的影响，绝大多数人会拒绝赞美，有一些人会降低赞美。比如被人夸赞字写得不错或钢琴弹得很好时，我们常常会说“马马虎虎吧”或是“哪里哪里”，只有很少的人会直接接受赞美。

随着中外交往的深入，中国人的思想变得越来越关注自我价值，在受到别人的赞美时，反应不像原来那样单一。有越来越多的人尤其是年轻人，面对他人的赞美时，往往是会心一笑，道声谢谢。这不仅仅是语言使用者的回应方式在发生改变，也隐含着社会群体交往观念的变化。

当学习者步入汉语的门径时，一些禁忌语、委婉语的表达方式也是必须了解的，否则在与中国人交际过程中难免会出现因误用禁忌称谓而违背交际礼仪的行为。首先，中国人一向有尊祖敬宗的习俗，祖先的名字和长辈的名字都不能直呼，这就是名讳，汉族、藏族等许多民族的祖先崇拜习俗中都有这一类禁忌事项。直至现时，子女仍然避讳直呼长辈的名字，与长辈名字相同或者同音、谐音的字在晚辈取名时也必须有所避讳。

其次，汉语因对不吉、不洁事物的禁忌而产生的普通禁忌语、行业禁忌语数量更多，如北方人忌讳“折本”的兆头而把动物舌头称为“口条”，广州人为待租的空屋贴上“吉屋出租”的标签是碍于“空”与“凶”同音等。禁忌存在的同时，汉语的委婉语也就产生了，在众多表达类型中常见的有关于死亡的几十种委婉说法，如“作古”“归天”“长眠”；还有关于性行为、排泄以及生理现象的委婉语，如“同房”“有喜”“方便一下”“一号”；关于身体缺陷的委婉表达，如“谢顶”“失明”“耳背”；涉及社会领域，中国人对若干不良现象也会采用委婉的表达方式，如“三只手”“走后门”“瘾君子”。这些字形与读音并不复杂的词语经常使汉语学习者感到困惑，尤其需要汉语教师借助孔子学院的课堂为其揭示字面意义之外的内涵。

最后，汉语学习者还需要理解中国文化最基本的交际规约之一，即谦己敬人。具体来说就是对别人要用敬语以示尊重，对自己则要谦逊。对待长辈或是同辈，一般情况下都要用“您”，称对方用“贵”，例如“贵公司”“贵姓”等，其他的如“请教”“拜托”“高见”等；对自己则用“敝”，如“敝人”“敝公司”等，其他的还有如“寒舍”“内人”“浅见”等。不论在口语沟通还是在书面语写作中，谦己敬人的词语与表达都体现着汉语使用者的思维方式。例如，介绍别人的时候，将对方的地位稍微抬高一些，以此来显示对他人的尊重；介绍自己的时候又把个人和相关事物说得低一些，表示谦虚。这在中国文化中被视为言谈得体、恭敬有礼，而在某些文化背景中，反而会被视为不真诚的表现。所以也需要在教学中从交际与文化的角度帮助学习者理解这些语言现象，甚至将其转变为可以运用这些语言手段的“中国通”。

二、汉语中的历史与制度文化

中华民族有着五千年的历史文化积淀，社会制度变迁、政治经济发展、科学技术进步都在汉语中留存了下来。这种深厚的底蕴一方面离不开汉字的记述、传播、传承，另一方面也必然在汉字这面镜子中映现出自己的丰姿与魅力。很多学者的研究都指出，文化的构成要素首先包括符号，那么沿用几千年的汉字作为中国历史文化的集中代表，正是汉语国际教育领域及孔子学院在教学活动中应首要向世界传达的代表性“符号”。汉字的形、音、义本身历来蕴含着丰富的历史文化信息，除了具体的物质形态外，一定社会阶段中国人的认识观在汉字中也是有迹可循的。例如“思”从“心”，因为古人认为心居人体中央，主宰思考。“妇”繁体为“婦”，即女人拿着扫帚，因为家庭之中打扫等杂活多由女性操持。同时“妾”“奴”等名词和“嫌”“妒”“婪”等含有负面色彩的字均为“女”旁，可见古代妇女地位之低下以及对女性的偏见。至于民俗及历史制度在汉字中也有广泛体现，如“夫，丈夫也，从‘大’，一以象簪也”，意思是大丈夫在 20 岁成人礼时，要用簪子束起头发，以表示被视为成人。再如“取”是会意字，“从耳从又”，甲骨文字形上看左边是耳朵，右边是手（又），合起来表示用手割耳，反映出古代战争中战胜方杀死敌人后要割下耳朵作为战绩的凭证。如今汉语国际教育与中国文化“走出去”已经步入了“一带一路”时代，对汉字内涵进行解读和发掘还可以借助语言学、传播学、心理学等视角和各种媒体技术手段，使孔子学院课堂里古老而生动的“中国符号”再次赢得世界的瞩目。

当然，汉字作为当今世界唯一的表意文字，又是最悠久的、发展历程没有间断过的文字，除了展示出中华民族创造和使用文字的智慧外，本身也是对人类文明的巨大贡献。历史上，越南、朝鲜、日本等国先后输入汉字，并将汉字直接或间接地改造成这些国家的官方书面语言，这一过程对他们的民族思维与性格发生了不同程度的影响。正是从这个意义上，一些汉学家提出“汉文化圈”的概念，以此和印度教文化圈、伊斯兰教文化圈、基督教文化圈相区别。与其他文化圈相比，“汉文化圈”中通行着许多反映中华民族政治、经济、法律、教育等制度的词语，而且并非是以宗教原因凝结而成的，主要是在共同的语言文字基础上形成的。也就是说，历史上某些不同文化区域、文化结构在汉字的作用下产生过同化的倾向，汉字曾经充当了“汉文化圈”形成的内在精神动力。在今天的“一带一路”共同体的打造中，我们也特别需要像汉字这样的核心符号与内在纽带，从中亚到欧洲、非洲沿线建立更多文化交融和民心相通的渠道。

在国际汉语教学活动中，汉字虽然总是会成为学习者遭遇的难点与痛点，但同时也是他们学习过程中的焦点所在、兴趣所在。能够吸引学习者坚持一笔一画描摹“方块字”的因素除了汉字的生命力与凝聚力、代表性与独特性外，还在于汉字在长时间的历史进程中，融入了一些精神化、艺术化因素。中国人在利用汉字交流和沟通时，依据汉字自身的结构特征，将汉字与文学、艺术等文化现象有机结合，使之形成了一些独特的审美功能。例如，借助相对隐秘的示义功能，汉字与字谜文化联系在了一起。同其他文字相比，汉字为字谜开辟了广阔的天地，其特有的形体特征可以为字谜充分利用，形成思路多样、内涵丰富、风趣幽默的智力游戏形式。再如汉字与对联文化的关系，很难想象这种体现汉语精妙与汉字美感的艺术形式以其他语言符号来表现。对联作为人们钟爱的一种文学样式，在当今社会依然有着广泛的群众基础，蕴藏着深刻的文化内涵，它深入社会生活的诸多方面，更是节庆活动中盛行的一种文化现象。至于中国的书法文化，也是由文字书写最终发展成为一种艺术形式的，黑白之间把文字的书写性上升到一种审美高度，反映了中国人卓越的精神追求。所以，对学习者而言，汉字不仅是作为语言要素被接受的，也是他们一窥中国文化、文学、艺术堂奥的必由门径。

另外，受制于特定的社会历史和物质基础，民族与群体对各种行为准则、规范和各种组织形式的建构也集中形成了中国的制度文化。这不仅反映在以传统、习惯、经验与知识积累而成的生活层面，而且也会在语言资源的层面被记录和传承，大量的文化词语就是这方面的翔实例证。杨德峰曾把文化词语分为15类，即历史、地理、政治制度、宗教、人物、文艺、服饰、饮食、节令、习俗、礼仪、器具、建筑、成语、其他。[①] 以下简单列举其中一部分。

地理：梅雨、乾坤、三伏、三九、梯田。

政治制度：连坐、宫刑、禅让、丞相、封禅、一国两制。

---

① 杨德峰. 汉语与文化交际［M］. 北京：北京大学出版社，1999：42.

服饰：旗袍、中山装、乌纱帽、马褂、胡服、长袍、冠冕。

饮食：饺子、月饼、粽子、年糕、发糕、莲子、汤圆。

节令：春节、中秋、重阳、清明、元宵节。

习俗：闹洞房、踏青、赏灯、登高、赏菊、划龙舟。

礼仪：稽首、长跪、万福、请安、拜堂。

不仅在以上类型中能体现中国历史发展的印记，文化词语也涵盖了经济制度、教育制度、家族制度、婚姻制度等，如“田赋”“丁口”“休养生息”“屯田”“联产承包”“科举”“举人”“殿试”“文字狱”“百家争鸣”“阿注婚”“妾室”“宗祠”。汉语的一个突出现象就是政治词语很多，除了在古代历史中产生的，1949年以来的每次社会变化都记录在了汉语中，如“红卫兵”“大字报”“黑五类”“上纲上线”“政审”“精神文明”“中国特色”“和谐社会”。此类词语传递的民族文化的独特信息，实际上能让学习者了解到中国人的历史与传统、规范与经验。所以，当汉语学习者步入中高级阶段时，我们的汉语课堂为之提供语言知识的同时，还必须以文化内容作为补充。

除文化词语外，汉语中的颜色词、数字词和动物词也有记录和表述中国历史、制度传承的作用，通过这些方面的汉语教学工作，也可以向“一带一路”沿线国家人民介绍中国人观念层面的语言崇拜与信仰。

首先，颜色词自古至今一直有自己独特的社会文化和民族文化内涵，这是因为各种颜色对于不同民族的人而言，在视觉和心理上所引发的联想和象征意义都不尽相同。可以说，汉族是拥有十分丰富的色彩词汇的民族，远古图腾崇拜与尚色信仰、阴阳五行都蕴含在诸多颜色词中。而且除了主要的如红、黄、黑、白、绿、蓝以及一些间色的表达外，汉语中还有着形式多样的表述方式。例如，以植物喻色的“樱桃红”“姜黄”“竹青”；以动物喻色的“孔雀蓝”“驼色”“鹅黄”；以食物喻色的“茶色”“奶白”“枣红”；以珠宝金属喻色的“金黄”“银白”“宝蓝”。在表述上的丰富性、形象性使汉语中各类色彩词汇的数量大大增加，也造成汉语学习者记忆、理解和运用的难度提升，而其中所赋予的民族情感、时代色彩、文化内涵还需要孔子学院的教师在汉语教学活动中加以揭示。

其次，动物词所具有的文化寓意也是民俗传统、心理和思维模式所赋予的，在汉语教学中解释其本义可能只是很小一部分工作，发掘其文化语义并建立与其他文化中动物词对比的通道，对于学习者而言才是更重要的。比如，古人以“羊”为“祥”字，主要是以羊头示吉祥；“三阳开泰”中“阳”与“羊”同音，意义是预示吉祥。由于中国人倾向于具象思维，希望将吉祥之意表现出来，所以人们将“三阳开泰”也说为“三羊开泰”，在年画中，经常会用三只羊来代表此意。再如，中西方对“龙”的理解很不相同，中国人以龙为神圣吉祥的天地主宰，封建王朝时期，龙便被帝王所垄断，龙袍、龙椅以及其他龙的图案作为历史遗迹保存至今。反映在成语中，汉语表达也常以龙为先，其他动物在后，如“龙争虎斗”“龙飞凤舞”。但不能忽视的是，一些对动物词“龙”及相关词语不熟悉的学习者则可能按照自己文化中“邪恶的象征”去理解中国的龙。

最后，数字词在计数功能之外，因与汉语中某些字发音相同或者相似，而具有与谐音字相同的意义。例如，中国人在选择数字时，往往选择“八”“九”等吉利数字，而不选择“四”“七”等，这正是由这些数字的谐音造成的。而这种数字禁忌与信仰在各种语言中皆有存在，只是不同国家和地区，不同民族对于数字有自己独特的选择和解释。汉语数字文化以心理联想为基础，借助汉语语音方面的特点，使那些听起来寓意美好的数字成了人们日常生活中的高频词，而那些不吉利数字，人们则往往避而远之。汉族的“尚偶”情趣，也需要得到汉语学习者的理解。在中国人看来，事物都是按一化为二、二化为四、四化为八这样的梯级结构发展的，所以双数自然就成了吉利数。因此，中国人在选择结婚日期时，倾向于选择双数月份和日子。在某些地区，甚至丧葬、动土、搬家等日期，也选择农历的双数日期。由数字词衍生出众多传统文化语义，这种现象的确是在其他语言中不多见的，不过与欧洲、非洲、亚洲等地区语言中数字的玄奥色彩相关联，学习者还是能够发现彼此相通之处的。

三、汉语中的地理与物态文化

一个民族的文化构成是多种因素综合作用的结果，地理位置是其中的一个重要方面。每个民族都有自己的独特文化，文化的起源和发展离不开它所依托的自然环境，不同地域的自然环境往往孕育出不同的文化类型，中华民族也是如此。在孔子学院教授汉语、介绍中国文化时，一个鲜活的“中国形象”的塑造实际上往往是由具体的地理概貌的描述、可观可感的实物形态入手的。

可以说是特殊的空间位置塑造了独具特色的中国文化，自古发生在亚洲东部大陆这块丰饶土地上的中国文化，从地理环境上看主要有三个特点：一是地大物博，空间广阔，为民族的生存、发展和创造提供了充足的施展空间，中国历史上几次大规模的民族迁移和融合就充分体现了中华大地的辽阔。二是地形复杂，气候多样，这有利于塑造中华文化的丰富性和多样性。所谓“一方水土养一方人”，这也是中国地域文化类型丰富的原因。三是地理位置连接的关键性，中国地处亚洲之东，面向太平洋，西接欧亚大陆，这使得中国与世界其他国家和地区在两千多年的时间中陆续形成了多个互联互通的道路与平台，陆、海丝绸之路就是这样。身处东西方经济、政治、文化交流的主要通道上，中国文化有了更多广泛传播的可能和动力，从而产生了世界影响。

在孔子学院的汉语课堂中，中国文化所具有的各项空间性特征具体可感，对汉语学习者很有吸引力。对中国地理概况的整体认知，对各种地域文化与方言的深入探索，对中国文化传播源头与路线的梳理，更多属于文化教学的范畴。结合目前“一带一路”沿线文化传播与融合的需要，由丝绸之路的地理分布而产生的汉语词汇、相关省份的地域文化都可以纳入教学活动中，比如介绍瓷器名称与制作技法，在汉语教材中体现西北、东北、西南地区的山川景物等。对于热爱旅游的外国汉语学习者，汉语课堂中了解到的中国的地理方位、地形特点、景点分布，都会成为他们日后亲身游历中国时可能追寻的目标。

从“一带一路”共同体建设的需要出发，国内的新疆、陕西、甘肃、宁夏、青海、内蒙古等的地域文化将会成为未来孔子学院汉语教学重点涉及的部分。这些地区有古代丝绸之路的传统，也是今天通向“一带一路”各支线的连接省份，其特定区域内的生态、民俗等文化形态已经打上了鲜明的地域烙印，具有无可替代的独特性。至于海派文化、江浙文化、东北文化等在语言、文学、艺术、戏曲、饮食、建筑等领域的地理特点也具有充分的代表性，以之作为文化传播内容，既立足中国又面向世界，更能体现“一带一路”的地缘关联。当然，中国还有诸如中原文化、燕赵文化、齐鲁文化、三晋文化、湖湘文化、巴蜀文化……都是可以充分发掘的地域文化教学资源。以实物、图片、影像资料展示具象的居间艺术、遗迹和景观，介绍比较抽象的学术思想、风俗习惯，都是不错的文化传播思路。也已经有教学实践证明，六朝古都北京、十三朝古都西安、七朝古都开封、西南地区四川的成都等地，都给孔子学院的广大受众群体留下了深刻的印象；不仅是吸引国内外众多人士前去旅游观光，还可以帮助他们从本质上把握中国地域文化的特征，扩展知识结构，强化人文观念和交流意识，甚至激发学习者进行文化创造和投资文化建设的热情。

中国地域辽阔，地理环境多样，气候条件丰富，动植物品类繁多，这都为人们的衣食住行提供了坚实的物质基础。国外汉语学习者所接受的文化信息当中也必然包含饮食、服饰、建筑等物态层面的内容，这些也是人类生活共通的部分。

首先，汉语课堂中较早触及的话题往往是"吃"，这正符合中国人"民以食为天"的理念，而中国茶文化、酒文化也都包含在一篇篇汉语对话和课文中。随着学习的深入，不仅中国人对食物名称的繁多表达、制作方式的细致区分、菜系酒品的基本分类等会进入课堂之中，而且这类文化内容在食材利用、食具配置、营养保健和饮食审美等方面的观念与技艺，也已经成为提供给周边国家和地区的物质财富及精神财富。从历史上看，中国饮食文化曾直接影响到日本、蒙古、朝鲜、韩国、泰国、新加坡等国家，可谓是东方饮食文化圈的轴心；与此同时，它还间接影响到欧洲、美洲、非洲和大洋洲，像中国的素食文化、茶文化、酱醋、面食、药膳、陶瓷餐具和大豆等，现在也可以惠及全世界的普通民众。如今借助"一带一路"沿线的孔子学院传播中国饮食文化，除了汉语教材与教学实践中体现的内容外，在才艺体验类文化课程中还有更直观的表现方式，我们将在下一节继续论述。

其次，服饰文化是人类走向文明的重要标志。汉语学习者可以从中国不同时代的服饰样式了解到当时的制度、风俗、礼仪和审美特征。中国古代的服饰除了实用功能外，还体现着人物不同的社会身份，同时也是一种风俗习惯和道德礼仪的标志。例如，明代时官员的官帽以乌纱制成，因此称为"乌纱帽"，后来"乌纱帽"成为"官职"的代名词。清代的"长袍"和"马褂"显示出身份尊贵，当文学作品里的人物有如此衣着时，读者也能获得其身份地位的信息。这些内容都可以通过鲜活的汉语词汇以及生动的实物展示，向"一带一路"沿线国家的民众加以介绍。在我国古代，不同朝代的服饰风格迥异，等级制度明显，官员品级不同，其官服样式、颜色各不相同，且有严格的典章制度作为规范。社会不同阶层的人，所穿着的服饰也不同，地位高的阶层以名贵的丝织品为服饰的主要材料，地位低的阶层则相反。通过丝绸之路远达非洲的中国丝绸曾经使其统治者着迷，中国几千年的丝绸文化也让今天“一带一路”沿线国家的汉语学习者赞叹。除此之外，服饰对于当时的风俗习惯也有明显的反映。例如，在丧葬习俗中，丧服所使用的材料也不同，早期多以麻布为主要材料，随着社会的发展和进步，“白衣”则成为丧葬的主要服饰，“三军俱缟素”就是一个重要的证明。同时，依据血缘关系的亲疏，丧服的形制和轻重都有差异，这样就间接地强化了长幼有序的伦理观念。

最后，建筑活动与全人类的生产生活息息相关，建筑成果是凝固的历史与艺术。对于我国的建筑文化，梁思成曾有精辟论述：“其大小建置，或为我国人民居处之所托，或为我政治、宗教、国防、经济之所系，上自文化精神之重，下至服饰、车马、工艺、器用之细，无不与之息息相关。中国建筑之个性乃即我民族之性格，即我艺术及思想特殊之一部，非但在其结构本身之材质方法而已。”[①] 所以，选择中国建筑文化作为孔子学院文化传播内容之一，对于汉语学习者掌握、解读民族文化性格非常有帮助。从四合院、天安门到拙政园、莫高窟，规整对称、阴阳和合的审美追求，中国人的等级观念、宇宙及人生观都凝结在古今建筑之中。传统中国与当今社会的人文景观也都是借助各地建筑展现出来的，汉语学习者可以还原历史，也可以把握今日中国的现代风采。

四、汉语中的思维方式与文化取向

在孔子学院，汉语教师的工作在表层形态上看是教授或传播一种语言。实际上，每个民族的语言都蕴含着独特的思维特征和认知方式，传播汉语也是让学习者感受语言背后的观念，加深对中国人思维方式的了解与把握。这不仅对学习汉语有着深远的影响，而且也更有可能使学习者接触到中国文化的本质层面。当然，语言教学工作不是转变学习者的思维方式，而是在不同文化之间建立沟通和对话的可能。

在汉语课堂上，学习者实际上从接触汉语的第一天就浸染在中国人的思维与心态中，但只有到中高级水平时，他们对汉语的本质特征和深层内涵才会逐

① 梁思成. 中国建筑史［M］. 天津：百花文艺出版社，1998：11.

步了解。在这一过程中，孔子学院的教师给予他们的是语言应用的要素与技能，虽然还无法由此深入地揭示中国文化的内涵，但在语言学习活动触及中国文化表层特征时，学习者已经能够领会到汉语思维方式与文化取向的“中国特色”，也就是整体思维、具象思维、重主体和重和谐。

中国人强调整体性，关注整体各个部分之间的相互联系、相互作用。宇宙在道家看来就是一个整体，充塞其中的是“道”或“气”，在对天、地、人的探索中从不能孤立、分开进行。把自然、社会、人生看成一体化的系统，互相比附、联想，善于归纳，喜欢整合和总结，中国人思维的一大特点就是整体性。在语言上的体现主要是汉语词汇发展的方式沿用了造字法的方式——字以类从，即先确定一个类属大名，然后加以区分。例如，“马”分为“骥”“骠”“骝”“骃”“骅”“骊”“骢”等。整体性思维造就了汉语这种重意和的语言，中国人的语言往往跳跃性强，不是从文字表面的意义理解的，而是与文字背后的文化、社会意义相联系。而且，意合思维重的语句都有很大浓缩性，根据信息交流的需要，可以省略一些不必要的成分，看似不够通顺却又并非病句。在中国人思维方式的形成中，儒家、道家与中国佛教的影响都很大，而这三者又都将悟性看得很重。东汉以后，佛教传入中国，逐渐与中国传统哲学相结合，“禅宗”要旨就在于不设文字，强调顿悟。所以，在借助情景、语境的整体性思维中，汉语提供了一种语言交流中的高语境文化①，含蓄间接的表达和意合的特点，使得要理解汉语必须更多地从情景性线索，如地点、时机中获得信息，这都与中国人的整体性思维密切相关。

中国古代哲学向来讲究“观物取象”，即在认识客观事物的过程中，取万物之象，经过类比、比喻等思维活动，把这些表象加工成具有象征意义的符号，以此来反映、认识外在事物及其规律。中国人对视觉性强、富于形象色彩的事物情有独钟，很是敏感，因此比较倾向以具体形象来思考和表述。无论是从汉字的构成、词义的具象性还是量词的使用，都体现了汉语具象思维的特点。汉语的构词很多都非常形象，以具体实在、表象丰满的客观事物作为词义的外形，比喻性很强，像“蜂拥”“雪白”“鹅蛋脸”等都属这种情况。一大批表现视觉、味觉、嗅觉、触觉等的叠音形容词都反映了这一具象思维特征，如“蓝莹

---

① 祖晓梅. 跨文化交际［M］. 北京：外语教学与研究出版社，2015：64.

莹”“绿油油”“香喷喷”“甜丝丝”“热乎乎”等。汉语中还常常利用食物的外部形状或食物自身的属性、味道，乃至饮食制作的器具、方式，通过比喻、夸张、借代来描绘人物的外貌、心理、行为等。像“软面团”“菜包子”比喻性格怯懦无能的人；“刀子嘴，豆腐心”比喻嘴厉害，但心却很软；“闷葫芦”比喻沉默寡言的人；“奶油小生”比喻面孔白嫩的男青年。另外，汉语中的成语、典故、谚语、歇后语等，也同样有着丰富的形象色彩，如“楚河汉界”“胸有成竹”“瞠目结舌”“举棋不定”等，都具有汉民族鲜明的具象思维的特点，不仅体现着形象生动的力量，更承载着汉民族深厚的传统文化意蕴。除此之外，量词的大量使用也是汉语语法的突出特点，与印欧语系大不相同。根据表述对象的不同，选用不同的量词，这也使得表述更加具象化。

不论是古代还是现代，“和谐”始终被当作中国社会普遍的价值观念。中国人的文化信念中固然有一套美、善、好与丑、恶、坏的标准，然而，能不能在行为中合乎“礼”的要求，做到“和”却是很重要的一个方面。[①]《论语》云：“礼之用，和为贵”，中华民族还崇尚“中庸”的处世之道，凡事喜欢不偏不倚，追求“万事和为贵”“中和为美”。这种传统思想是儒家的重要文化资源，经中华民族几千年的传承发展，到现在的和谐社会依旧是中国与世界其他文明对话的准则。汉语的大量词语反映了中国人重和谐的文化取向，如“和衷共济”“和颜悦色”“和气”“谦和”“和解”“言和”。在汉语修辞中，对偶、排比的句式也有鲜明的和谐、对称的语言特征，中国人喜欢二、六等成双成对的数字，体现了中国人讲究平衡、不偏不倚的心态。包括中国的建筑和其他艺术形式，例如四合院、故宫，都是对称之美的典范。汉语和中国文化对和谐的重视，也支持了我们在“一带一路”时代与亚洲、欧洲、非洲人民交往的基本理念——和而不同。

汉语思维还蕴含着一种主体性较强的模式。儒家的基本人生态度是入世，参与人们的社会活动，与人生社会同命运。道家和释家的基本人生态度是出世，但道家出世后并没有遁入真空，而是参与了自然界，把自己融入了大自然；佛家的出世进入的是彼岸世界，参与的是生命的轮回。在人与自我、社会和自然的关系上，中国哲学主张的参与和强调主体意识连在了一起，也就是始终以

① 郭锦桴. 汉语与中国传统文化［M］. 北京：商务印书馆，2010：52.

人为出发点。直至今日，我们仍然提倡建立“以人为本”的社会关系。这种主体意识在语言上的体现主要是语序，汉语中不大将物体作为动作句的句首，一般以人开头，通常少有非人称句。汉语的主语省略较多，从语言心理上看，这也是主体意识的一种表现，认为自己的一切不言自明。汉语叙述中使用“看来”“据说”等词，背后都有强烈的主体意识。

汉语作为一种符号系统，也是使用者思维的有效依托。在人类社会发展的历史进程中，汉语也在不断地积淀文化，从而给自己打上民族文化的烙印。当整体思维、具象思维、重主体和重和谐的汉语进入孔子学院，被全世界学习者接受时，中国文化的传播和接受也就确立了深层语码，为中外文明对话提供了更多可能。

可以说，通过孔子学院的教学工作，汉语传播者以及使用者在文化上最终向外界传递的是一种中国式价值观。价值观是文化的核心，文化传播活动如果在核心层面获得了受众的理解，那么传播效果才会实现持续而深远的影响。但同时，价值观的不同也是文化传播主体与接受者之间最大的障碍。

借助克拉克洪的价值取向理论①，我们发现，中国人的价值观在人的本性导向、人与自然导向、时间导向、行动导向、社会关系导向几个方面上，显示出自己的民族特色：中国孔子的儒学论及佛教哲学都认为人性本善，比如《三字经》的开篇便是“人之初，性本善，性相近，习相远”；人类应该同自然和谐相处；相信并重视过去发生的事情，尊奉传统；中国人大部分重精神，轻物质，把内在的或精神的升华看成是人生的主要目标之一；中国文化将集体看作最重要的社会单位，集体利益高过个人利益……当汉语教师对自身的价值观具备清醒的认识后就会发现，汉语课堂上中外师生不同的文化也是可以产生共鸣的，而思想碰撞或孔子学院工作中不同文化的摩擦，常常就是源自价值观的差异。比如有的国家的主要文化传承自基督教传统，其文化定位建立在原罪的基础上，认为人性本恶，但通过具体的规则，人们可以逐渐改善，最终获救。这和中国人的人性观基础不同。面对自然，印度的清教徒认为人类从属于自然，要接受超越人类力量的命运主宰。日本人则和中国人一样采取同自然合作的态度。在时间导向上中国和欧洲的英国、法国等都是过去导向的，重视传统。在行动导

① KLUCKHOHN F，STRODTBECK F L. Variations in value orientation［J］. American anthropologist，1962（4）：850–851.

向上，美国人对一天当中的每一件事几乎都要事先做好计划，对实践和行动的重视胜过一切，他们崇尚的是典型的实践导向型文化。在社会关系导向上，大部分阿拉伯国家的人相信有些人生来就是做领导的，大部分人都对权威持接受的态度。所以，孔子学院的汉语教师面对“和而不同”的课堂环境，既要把握不同文化之间的共性因素，也要对文化差异保持敏感，使语言教学在交流与互补中体现其价值。

第二节　中华才艺教学内容与文化

海外孔子学院的教学内容大致可以分为语言课程和文化课程两大类。在语言课程中，汉语教学所负载的文化传播内容涉及的汉语中的交际与礼仪文化、历史制度文化、地理物态文化、思维方式与文化取向等，已在上一节讨论完毕，以下两节将就文化课程的两种形式分别论述。

对于初、中级汉语水平的外国学生而言，在孔子学院接触到的文化课程多为才艺体验与研习类。随其汉语水平的提高，到了中、高级阶段，文化课程形式会更加丰富。除才艺类课程之外，还会涉及专业知识类文化课程，这类文化课一般采取讲座形式，需要学生有一定的汉语语言基础和文化知识积累。这两类文化课程的内容分别指向文化的行为与观念层面，也是由浅入深的关系，本节首先就面向更广泛受众群体的中华才艺课程展开介绍。

2016 年年底召开的第十一届孔子学院大会所提供的数据显示，“一带一路”沿线 64 国中，已经有 51 个国家建立了 134 所孔子学院和 127 个中小学孔子课堂，2016 年的注册学员达 46 万人，开展各类文化活动近 8,000 场，受众 270 万人，受到各国民众热烈欢迎。2017 年，孔子学院计划新覆盖 9 个国家，并最终实现“一带一路”沿线国家全覆盖。[①] 随着受众数量的攀升和文化需求的扩大，孔子学院中的管理者和施教者，以及文化传播与推广的决策者和设计者更需要对才艺体验类课程的开设现状和发展趋势有所把握。

中华才艺课程以体验、感受为主，目的是吸引更多汉语学习者在行为和技

① 郝平：力争孔子学院在“一带一路”国家实现全覆盖［EB/OL］.（2016-12-12）［2017-05-20］. http://culture.people.com.cn/n1/2016/1212/c22219-28940949.html.

艺层面研习中国文化，促进他们的汉语学习，加深他们对中国语言和文化的了解。目前，世界各国孔子学院的才艺课程形式直观、品类多元，与中国古代教育史上“礼、乐、射、御、书、数”的“六艺”相较更有时代特色，已经产生了更多新的符合受众需求的类型。本着尊儒学、依古法又与时俱进的理念，借用周代的“六艺”分类概念，我们面向海外仍将中华才艺文化的内容大致归为六类，即民乐类、语言类、手工类、书画类、生活类和体育类。以下将在这“新六艺”中选取若干项适合“一带一路”沿线国家汉语学习者的才艺品类进行介绍。

一、民乐类

中国传统民族音乐是中华才艺的重要组成部分，中国传统民族音乐主要分为声乐和器乐，每个门类又分为很多个小类别，如戏曲就分为各种地方戏。考虑到在海外进行才艺教学的现实条件和可接受程度，民歌、京剧、皮影戏以及几种器乐更适合学习者体验和研习。

今天我们所说的民歌，大都是指与流行唱法相对的新时代的民歌，这些歌曲风格自然坦率，能够表达人民淳朴的生活感受，歌词大多朗朗上口，旋律轻快，感情真挚感人，可以作为中华才艺教学的优秀资源。《茉莉花》（江苏民歌）、《掀起你的盖头来》（新疆民歌）、《请到天涯海角来》（海南民歌）、《爱拼才会赢》（闽南民歌）、《美丽的草原我的家》（内蒙古民歌）等地方民歌已成为国外脍炙人口的知名中国歌曲。值得一提的是，以邓丽君演唱的作品为代表的一批流行歌曲，虽不属于民歌，但是其以优美简洁的歌词，以及曲词中饱含的真挚感情，在国外形成了较高的知名度和传唱度。邓丽君的影响不仅遍布东南亚、日本，甚至远扬美洲、非洲地区。以至于提起中文歌曲，外国学生必然会想到邓丽君的《甜蜜蜜》《月亮代表我的心》《小城故事》。这些歌曲无论在任何时候、任何地点，都值得被列入中华歌曲才艺教学曲库。

“一带一路”倡议的提出和推进，引发了我们融汇民心的启示和灵感：结合地域特点，教授民歌。“一带一路”沿线国家不仅与中国有着深厚的历史渊源，而且还有着密切的地缘关系：我国新疆维吾尔自治区毗邻中亚地区，福建省、广东省则与东南亚地区隔水相望。那么，在中亚地区，如塔吉克斯坦、乌兹别克斯坦、吉尔吉斯斯坦等国家的孔子学院推广和教授中国民歌时，可以以新疆民歌为主推曲目。《掀起你的盖头来》《玛依拉》《吐鲁番的葡萄熟了》《达坂城的姑娘》等著名的新疆民歌节奏活泼鲜明，情绪热烈欢快，与中亚地区人民生活习惯、音乐风格有很大的相似性，容易为中亚地区的汉语学习者所接受，从而引起他们的学习兴趣。而在东南亚华人聚居的地区，邓丽君的流行歌曲会唤起充分的共鸣，可以作为文化传播的有利素材。

戏曲是“戏中之曲”，历史悠久，是具有中国特色的传统舞台戏剧形式。我国共有300多个戏曲剧种，京剧、昆曲分别于2010年11月16日和2001年5月18日被列入“人类非物质文化遗产代表作名录”和“人类口述和非物质遗产代表作名录”。汉语学习者熟悉的中国国粹——京剧，早在20世纪二三十年代，就已经成为文化外交的重要名片。在中华才艺教学中，如何将京剧艺术介绍给外国学生，使他们接受并对这种传统的中国艺术形式产生兴趣，也是孔子学院教师应该考虑的问题。

京剧的服饰绚丽多姿，脸谱色彩多样，唱腔丰富、婉转动听，武打动作精彩绝伦，这是京剧能够吸引外国学生的外在条件；同时，京剧台本多京韵对白，和其他戏曲比起来，与普通话更为接近，这也有助于学生理解戏曲内容，使京剧教学进入孔子学院课堂成为可能。美国的宾汉顿大学孔子学院已经建立了第一家戏曲孔子学院，培养出了大批外籍戏曲“票友”。该院曾排演了京剧版《罗密欧与朱丽叶》，受到了大学师生和社区观众的热烈欢迎，近千名观众观看了演出，对推广中国戏曲、表演艺术和文化起到了示范作用。[①] 在2013年孔子学院总部主办的第十二届“汉语桥”网络视频大赛中，宾汉顿大学戏曲孔子学院选送的选手 Carrie Buck（中文名白珂）还凭借京剧《天女散花》的精彩演绎，荣获了大赛优秀奖。[②] 戏曲孔子学院在大赛中的成功，吸引了更多外国学生关注中国戏曲文化。

中国的皮影戏是以剪影形式表演故事的民间戏剧，是一种实物制作的文化形态，皮影的制作过程还综合了中国民间绘画艺术和雕刻（刻纸、剪纸）艺术。2011年11月27日，中国皮影戏入选“人类非物质文化遗产代表作名录”。如今，

---

① 施咏. 中国民族音乐在国际上传播的现状述评：以孔子学院和维也纳金色大厅为例［J］. 音乐传播，2014（1）：98-103.

② 同庆中秋 共赏国粹：戏曲孔子学院艺术团中秋巡演纽约州立宾汉顿大学［EB/OL］.（2013-10-12）［2017-06-10］. http://www.hanban.edu.cn/article/2013-10/12/content_510828.htm.

中国皮影作品被世界各国的博物馆争相收藏，也是中国政府与其他国家领导人相互往来时的馈赠佳品。将皮影戏和皮影制作排入孔子学院中华才艺课程体系已经有院校进行了尝试，而且“一带一路”沿线国家汉语学习者也对此表示了欢迎和喜爱。

中国自古以来就是一个器乐艺术十分发达的国家，“礼乐”更是中国古代文明的重要组成部分。在演奏方式即吹、拉、弹、唱的类型之中，经过教学实践的检验，吹奏类器乐更加简单易学，更适用于“一带一路”沿线国家孔子学院的汉语教学。吹奏类乐器中又首推笛子，笛子在中国广为流传，一般为竹子制成。无论演奏悠长、高亢、辽阔、宽广的旋律，还是欢快、低沉、忧伤、婉转的曲调，都有着十分丰富的表现力。很多国家都有类似竹笛的吹奏乐器，因此教学中有颇多共通的可能性，使得笛子受到众多国外学习者的喜爱。近些年，用陶土烧制的吹奏乐器——埙，因其音色古朴淳厚，颇具古风，形状小巧，方便携带，吹奏技巧简单，容易掌握，也已经成为很多孔子学院必备的配置资源。在孔子学院的文化活动、才艺课堂上，经常可以听到埙幽远绵长的乐音。这声音就像太古遗音，从国内到海外，重新焕发出了民族器乐新的生命力。

另外，葫芦丝作为来自云南少数民族的乐器，音色轻柔细腻，圆润质朴，柔美迷人，常用于吹奏山歌、小调等民间曲调，适用场合广泛，为海外的文化教学增添了许多欢乐。在很多孔子学院中，葫芦丝简单易学，同时以可爱的“葫芦”外形受到广大外国学生的喜爱和追捧，几乎成了他们中华才艺研习的入门技能。在“一带一路”沿线国家中，泰国的主体民族泰族，和我国境内的傣族、壮族有着密切的同源关系，语言同属汉藏语系壮侗语族，其居住环境和云南、广西也有很多类同，泰国人民和我国西南地区的人民自古以来就有密切往来。葫芦丝作为一种民族乐器，早在20世纪初就已经在泰国部分地区流行，中泰两国有关葫芦丝的文化交流源远流长。泰国传统的吹奏乐器竖笛、排竹笙、竹管全笛等，也和葫芦丝有着异曲同工之妙。这些历史渊源和文化相似性使得泰国学生较易接受和掌握吹奏葫芦丝这一中华才艺，因此，在泰国的孔子学院开展葫芦丝才艺课程是非常因地制宜的方式。

二、语言类

语言类才艺一方面与孔子学院的汉语学习活动密切相关，另一方面也是极富表演性、原创性的一类文化体验课程。像曲艺这种由民间口头文学和歌唱艺术经过长期发展演变而来的艺术形式，以“说”“唱”为主要的艺术表现手段，既能辅助汉语教学，又能实现中外共通的审美享受。其中比较容易推广和为大众接受的主要有如下几类：

相声扎根于民间，源于生活，在中国一直是深受群众欢迎的曲艺表演艺术形式。国外有类似于相声的“talk show”（脱口秀），所以对很多外国人来说，相声就是具有中国特色的“脱口秀”，是一种具有吸引力和认同感的中华才艺。第一位在中国正式拜师学相声的外国人是来自加拿大的大山，他在北京大学进修中文结束以后，拜著名相声表演艺术家姜昆为师，学说相声，并几次亮相中国的春节联欢晚会，受到了中国观众的喜爱，他还出版了一张个人专辑《不远万里逗逗哏：大山说相声》。相声大师李广全也收了很多“洋徒弟”，比如来自英国的大牛，来自喀麦隆的捷盖，来自贝宁的莫里斯，来自爱尔兰的董默涵以及来自法国的李霁霞等。可以说，这些来自不同大洲、不同国家的外国人，纷纷折服于相声这一语言艺术的魅力之下。

小品与相声不同，它是较新的艺术表现形式，特点是短小精悍、情节简单、幽默风趣，同时贴近生活，语言精练，内含哲理，属于“文化快餐”。这些特点都使得小品容易为外国人理解和接受，另外由于小品对场地和道具的要求比书画、民乐等相对简便，从而使得在国外进行小品教学和表演的可行性更大。国外的孔子学院在进行中华才艺会演、汉语文化技能比赛时，往往会见到由外国学生表演的相声、小品。相声、小品不仅方便编排，而且侧重点在于可以帮助学生提高汉语水平，还能通过巧妙的构思和剧本编排，让学生体会到中国文化和外国文化的交流碰撞，是中国语言类才艺的代表类型之一。

快板作为汉族说唱艺术，语言简洁，段落鲜明，表演者能够在才艺教学中对台词进行设计，十分有利于学生练习汉语口语。快板吸引人的另一面还在于组成它的“大板”和“小板（节子）”的打击方式，节奏感强，且打击方法通过练习很容易掌握。在正式表演时，口头表演和手头表演同时进行，现场效果颇佳，常能引起“一带一路”沿线国家汉语学习者体验和尝试的强烈兴趣。

三、手工类

手工制作类的才艺多发源于民间，传承自前人，是对民间文化的完美诠释。对于“一带一路”国家汉语学习者了解中国的民俗传统、人生百态非常有益。中国手工技巧有非常丰富的类型和内容，适用于才艺教学的有剪纸、折纸、制作中国结等。它们的共同点是不仅容易上手，而且制作材料简单，方便携带，是孔子学院教师的理想选择。

剪纸是中国汉族最古老的民间艺术之一，窗花、门笺、墙花、顶棚花、灯花等都有着质朴、生动的艺术造型，体现着丰富的艺术魅力。剪纸是一种十分具有生活气息的艺术，它的内容往往与中国民俗、历史故事、生产生活或者祈福纳吉的愿望相关。从剪纸中，可以了解中国人的民俗特点、生活习惯等，鲜艳的色彩也十分具有中国特色。同时，剪纸需要的工具简单，一张纸、一把剪刀足矣，在才艺教学中属于易于实践的类别之一。2017 年 5 月，吉尔吉斯国立民族大学孔子学院在教学点伊塞克湖州卡拉库尔市十一中举办了以“花样剪纸，锦绣年华”为主题的剪纸文化体验活动，让学生们个个拿起剪刀，当起了小小艺术家。

图 1–1　吉尔吉斯伊塞克湖州卡拉库尔市十一中的学生展示剪纸作品

中国结这种装饰手工艺品，几乎已经遍布国外孔子学院的每个中国文化教室或文化活动现场。因为中国结在日常生活中的实用价值（作为盘扣、手链、璎珞等），深受外国学生的喜爱，所以制作中国结一直是手工类文化体验的热门课程。中国结从头到尾都是用一根丝线编结而成，把不同的结饰互相结合在一起，或用其他具有吉祥图案的饰物搭配组合，就形成了造型美观、内涵丰富的中国传统吉祥装饰物品。中国结除了优美多彩之外，作品的命名，如“双喜临门”“吉祥如意”“一路顺风”等也表示了热烈浓郁的美好祝福，使得中国结整体的象征性、符号性极强，甚至已经成为推广中国文化的“名片”之一。

四、书画类

“书画不分家”“书画同源”把书法和绘画结合起来，借助笔墨纸砚的配合进行创作，传播中华艺术和审美意趣的方式已经遍布世界各地的孔子学院。与此同时，篆刻在近些年也成了较受欢迎的才艺体验主题。

在孔子学院，汉语学习者初学汉字，同时也会领略汉字的书写艺术——书法。学习汉字和体验书法在教学中往往会同步进行，使得书法中的汉字变成具有美感的符号。因为汉字是汉语学习的重要组成部分，海外汉语学习者，尤其是非汉字圈的外国学生普遍对汉字的学习存在着畏难心理。汉字作为汉语学习的一只“拦路虎”，影响着很多外国学生对汉语的持续性热情。而蕴含中国传统文化精神的书法则可以作为学习交流的桥梁，由孔子学院专业师资运用书法教学的手段，引导外国学生更好地学习中国汉字。在针对外国学生的书法教学上，应重视与汉字教学的相关性，在书法课内容的教授上兼顾汉字的特点，对汉字进行系统选择，有效、有序地引导学生练习书法。书法是中国传统文化艺术发展史上最具特色的民族符号之一，在世界范围内长期受到推崇。例如，每年乌克兰基辅国立语言大学孔子学院都会举办“孔子学院开放日”活动，通过宣讲、展示、体验与互动等方式，向参加者介绍和推广中国文化。其中，书法展览和体验就是乌克兰基辅国立语言大学孔子学院的金牌活动。

如书法一样，中国画也具有悠久的历史和中国文化特色，国外的汉语学习者研习中国书法的同时，也会尝试用毛笔蘸水、墨、彩在宣纸或绢上作画，体验和“西洋画”风格迥异的艺术创作过程。这种研习过程也是借助绘画体会中国人的空间感知、视觉传达方式的过程，对于汉语学习者把握中国人文思想很有帮助。当然，考虑到绘画的难度，画脸谱、画风筝等简易的创作形式似乎更适合外国学习者。风筝的着色鲜艳亮丽，特别能体现中国的审美风格，一直受到世界人民的喜爱。画风筝不仅可以融入中国画的技法，而且还能让学生了解风筝的绘画特点、文化含义，同时制作风筝还能锻炼学生的手工制作能力，是一项一举多得的才艺内容。2013 年，英国班戈大学孔子学院组织了为期两周的风筝节。风筝节包括 19 场活动，超过 1,000 人参加了此次活动。在活动中还举办了风筝绘画比赛。孔子学院请来了中国风筝之都的风筝艺人王永训，为孔子学院学员进行了风筝制作和文化讲座，吸引了很多当地民众参加。[①]

图 1-2　祖孙在乌克兰基辅国立语言大学孔子学院一起学书法

图 1-3　学生在乌克兰基辅国立语言大学孔子学院学用毛笔写名字

---

① 英国班戈大学孔子学院风筝节吸引过千人参加 [EB/OL]. (2013-11-14) (2017-05-23). http://www.hanban.org/article/2013-11/14/content_515318.htm.

图 1–4　英国班戈 Cae Top 学校的画风筝活动

篆刻艺术是汉字特有的艺术形式，迄今已有 3,700 多年的历史，其本身也是一门与书法密切结合的艺术。它把书法（主要是篆书）和镌刻（包括凿、铸）结合起来制作印章，成品也可以用于书画题记、落款各处。在孔子学院的中华才艺课程中，已经有教师尝试把篆刻和书法结合起来作为系列课程呈现。泰国农业大学孔子学院常年开设书法篆刻班，书法篆刻班的老师采取了前半学期教学生篆书的写法，后半学期教授篆刻的授课模式，让学生不仅可以体会到书法的魅力，还能亲手体验将篆书刻在石头上，形成独创艺术作品的成就感。因此，长期以来，该院的篆刻课程都十分受当地学生的欢迎，每年还会吸引很多社会人士专程到孔子学院学习。

图 1–5　泰国农业大学孔子学院篆刻班

五、生活类

不论是中国人还是外国人，生活的乐趣往往从衣食的获得开始，这是人类一致的基本需求。每逢服装、服饰展示和饮食品味与制作等体验活动出现在孔子学院时，它们经常是最能唤起受众关注的。华服布衣、饭菜茶点都与日常生活相连，都是认识中国风俗民情的鲜活例证。当来自中国的教师身着旗袍、唐装、汉服出现在孔子学院时，一方面这是对自我文化身份自信的展现，另一方面参与丝绸之路文明传承的使命也由此得以体现。随着"一带一路"时代的到来，孔子学院介绍中国服饰文化的体验课程更注重融合丝绸、刺绣等相关内容，使得越来越多的汉语学习者愿意穿上带有中国特色的服饰，让自己也成为文化传播活动中的代言人。

作为世界三大烹饪王国之一（其他两国为土耳其、法国），中国的烹饪历史悠久，源远流长，它不仅关乎人民生活，还是中华文化的一个重要组成部分。中国的烹饪饮食文化在长期发展过程中，形成了独具一格的烹调技艺与富有民族风格传统的饮食风貌。有学者曾经做过一项调查，内容是"你希望了解中国的哪些方面"，调查结果显示"饮食"的得票率最高。所以，在国外孔子学院开设中华烹饪才艺课程，通常都会受到国外学生的欢迎。法国阿尔萨斯孔子学院的第一堂厨艺课在 2014 年 3 月正式开课，汉语老师从色、香、味、意、形、养等方面介绍了中国饮食的特点，向学员们展示了各种刀工技艺，把各种蔬菜分别切成片、段、丝、丁等。随着老师的精彩讲解，学员们分小组进行练习，完成了他们的第一道中国菜——红烧排骨。有的孔子学院坚持每周开设不同专题的烹饪课，如八大菜系专题、中华面食专题等，学员选择自己感兴趣的专题进行学习。在传播中华烹饪技法的同时，孔子学院还辅以音像资料，开发其他补充教学手段，如国内著名的美食烹饪节目《天天饮食》《厨王争霸》，以及优秀美食纪录片《舌尖上的中国》等，诱人的美食画面配上具有人文关怀的饮食文化底蕴的阐述，不仅可以展示中国饮食的直观面貌，还能帮学生更好地了解中国饮食文化的深层内涵。结合"一带一路"沿线孔子学院的地域特点，云南菜、闽南菜、新疆菜等可以作为烹饪课的主推对象。

世界上许多国家也同中国一样有饮茶习俗，而中国长久以来被视为茶文化的发源地。茶叶也是行走在中国海外贸易路线上的重要产品之一，陆、海丝绸之路沿线也有不少茶文化的输出地、接受地。茶在中国是饮食和文化的结合体，亦雅亦俗，散发着独特的魅力。很多外国友人相信学习茶艺，可以更好地理解中国的哲学、宗教、民俗、礼仪等，所以在海外的孔子学院，茶艺一直是不可忽视的中华才艺教学资源。俄罗斯已经连续举办了几届茶艺技能比赛，其中第二届的地区预选赛在俄罗斯国立职业师范大学广播孔子课堂进行，大赛分为工夫茶、茶艺创新、品茶猜茶名三个环节，共有来自乌拉尔地区五个城市的 36 名选手参赛，近 200 名茶艺爱好者前往课堂观摩比赛。身着中国民族服装的选手们分别表演了具有中国特色的金骏眉、冻顶乌龙茶、铁观音、正山小种、大红袍、普洱茶、龙井茶等共 73 种茶的冲泡过程，还展示了融合俄罗斯风情、欧洲口味的丰富多样的创新工艺茶。他们熟练优美的冲泡技艺，精彩的表演内容，除了赢得评委和在场观众们的掌声外，也成了中国茶文化在欧洲传播的典型例证。

图 1–6　俄罗斯选手在国立职业师范大学广播孔子课堂进行茶品创新比赛

近年来，中医不仅持续服务于中国人的生活，还以不可抵挡之势走出国门，为全人类的疾病诊断和防治做出了贡献。围绕传统的中医文化，各地孔子学院开展了较多形式的活动，借助专业人士的指导，学员能够通过食疗、按摩、推拿进行初步感受，而且随时参与，现学现用。特色化的中医孔子学院还推动自己的学生以专业知识服务当地社区居民，为患者进行中医义诊。最近成立的中医孔子学院已经开展了中医针灸专业的本科及研究生教育，培养出了本土的中医师和针灸师，开创了中医文化海外传播的新形式，走向了“中文＋职业技能”

的专业领域。

六、体育类

世界各地的孔子学院在提供汉语教学之余，也会组织众多的汉语爱好者体验富有中国特色的体育运动，其中有相对活跃的肢体运动类，如太极拳；较为沉静的智力运动类，如象棋、围棋。中国传统文化追求的是心灵与体魄的内外丰富，以此为核心的体育文化也早已流传海外。中国武术是最具典型代表的、有着几千年中华文化烙印的“中国创造”，而其内化的精神更是对中国文化软实力的最好诠释，也是对民族文化精髓的高度提炼。[①] 传统武术中最具传播价值和影响力的当属太极。

太极拳由于易教易学，形式多样，受到孔子学院教师的青睐。现在，越来越多国内高校开始了对留学生进行太极拳教学的研究，比如北京大学将太极拳教学列入对外汉语公共选修课系列中，还特地编写了英汉对照版的《学打太极拳》教材。孔子学院有望借鉴国内高校的研究成果，建立太极文化海外传播的特定模式。除了太极拳，太极扇则是融合了太极拳与其他武术、舞蹈的动作，在太极与扇的挥舞动作结合中，充满了飘逸潇洒的美感与武术的阳刚威仪，兼具观赏性及艺术性。太极剑是属于太极门派中的剑术，具有太极和剑术两者的风格特点，是在古代剑术的基础上改造发展而成的。由于“剑术”本就带有浓厚的中国文化色彩，因此很多外国人对太极剑很感兴趣。例如，在中国驻立陶宛大使馆和当地孔子学院的帮助下，立陶宛首都维尔纽斯选定十个公开场所，请来专业人士教人们学习太极拳、太极扇等。据悉，目前在维尔纽斯每天大约有两千人练习太极，很多立陶宛人学习太极的历史已有十年之久。维尔纽斯大学孔子学院本部的太极拳与健身气功是特色文化课程，分别在维尔纽斯大学医学院、立陶宛武术联合会、中国驻立陶宛大使馆和立陶宛体育大学等多所高校和机构中授课，每次结课时都会有100名左右的学员完成学习。当首都维尔纽斯市举办活动庆祝“世界太极和气功日”时，孔子学院师生及立陶宛社会各界

---

① 吕笑容，骆红斌.“中国武术丝路行”传播机制研究：基于“一带一路”的文化学视角［J］.浙江体育科学，2016（4）：5-9.

一般会有数百人参加，从而掀起活动热潮。[①]

图 1-7　立陶宛各界人士的太极扇表演

除了立陶宛，在与中国一衣带水的泰国，学习太极的热潮也十分盛行。每年都会在泰国北部举办“泰北太极气功大会”，皇太后大学孔子学院对此提供了积极的教学支持。通过举办太极大会，不仅促进了太极在泰国的传播，还促进了中泰养生文化之间的交流，推进了中医文化和中华体育文化在东南亚的传播。

中国人偏爱智力体育活动，在象棋、围棋类益智游戏和竞赛项目中都有优势，这种优势目前在“一带一路”沿线国家的孔子学院中也得到了发挥。由于用具简单，趣味性强，作为流行度颇高的棋艺活动，象棋、围棋已经超出了华人及汉文化圈，吸引了欧洲、非洲等国家的学习者。通过棋手和专业教师的讲授，象棋所反映的中国封建社会政治制度的模式与中国历史文化的积淀，围棋发展智力，培养意志品质和机动灵活的战略战术意识的特点，都得到了学习者的认同。和太极拳一样，中国的棋类运动将科学、哲学、艺术、历史和竞技融为一体，蕴含着中华民族文化的丰富内涵，是当今社会各国民众交往、沟通的良好途径。

对于孔子学院来说，对中国语言和文化进行有效传播，借助“新六艺”综合发力是比较理想的格局，当然大部分孔子学院的才艺课程受客观条件限制只能突出其中一二。尽管如此，中华才艺课程无疑已经成为推进教学工作、文化

---

① 立陶宛举办“世界太极和气功日”庆祝活动［EB/OL］.（2014-04-28）［2022-03-03］. http://ci.lnu.edu.cn/info/13119/59190.htm.

交流以及孔子学院建设的重要手段和途径。从国内媒体对“一带一路”沿线及世界范围内孔子学院的中华才艺体验课程的报道来看，民乐类、语言类、手工类、书画类、生活类、体育类都各领风骚。随着中国文化在技艺层面的传播效果得到首肯，《孔子学院发展规划（2012—2020 年）》把“坚持科学定位、突出特色”[①]作为孔子学院今后发展的一项基本原则，鼓励兴办以商务、中医、武术、烹饪、艺术、旅游等教学为主要特色的孔子学院。在打造中国语言文化国际传播的综合性交流平台时，孔子学院首先要向世界传播中国文化中区别于其他国家的文化内容。从这一角度来看，孔子学院的发展也必然形成鲜明的中国“印记”。基于这种思路，全球 67 所中医、武术、艺术、旅游和职业技能培训等特色孔子学院已经陆续成立。例如，2009 年 11 月 6 日，中国戏曲学院与美国宾汉顿大学宣布共同在宾汉顿大学建立全球首家戏曲孔子学院。戏曲孔子学院肩负双重任务，一方面宣扬中国语言和文化，另一方面专注于推广中国戏剧和音乐。2012 年 6 月 16 日，中央音乐学院与丹麦皇家音乐学院合作建立了全球首家以“中国音乐的教育与推广”为核心的特色孔子学院，主要面向丹麦和欧洲展开与中国的传统与现代音乐相关的教学、讲座、音乐会和多种类型的文化活动。音乐孔子学院的建立，不仅是中央音乐学院与丹麦皇家音乐学院拓展丰富音乐教育资源、提升国际知名度和影响力的良好契机，更是成为深化中国与欧洲乃至世界音乐文化交流的重要平台和联系纽带，对于在海外进一步弘扬中国音乐文化产生了积极而良好的推动作用。孔子学院以传统的语言教学为基础，进而在“文化身份”上转型，是孔子学院建设朝着“特色”方向的调整，也是对自身文化传播内容针对性、目标性的再次明确，由此也把学习者文化技艺与行为的获得上升到了新高度。

如今，“一带一路”时代的到来又给予了我们新的启示。依据“丝路精神”结成的人类命运共同体中，我们传播中国文化，促进共建共享，也可以继续寻找中外交流史上民心相通、文化包容的部分。曾沿着民间交往通道广泛流传的民乐类、生活类、体育类等才艺课程，在“一带一路”沿线的孔子学院中再次让学习者有相逢相知的喜悦。相信在丝绸之路上吹奏古老的乐器，把玩茶艺课上精美的瓷器，参详太极拳拳理与技法……都将会在润物无声中增进沿线各国

① 孔子学院发展规划（2012-2020 年）[N]. 光明日报，2013-02-28（7）.

人民的人文交流与文明互鉴。

中国这块土地对有些人来说还是遥远或神秘的，但是当中华才艺作为体验活动和课程教学出现在孔子学院时，外国民众终于能通过直观互动的方式真正触碰到中国的脉动，体会中外文化艺术的交汇。目前，虽然中华才艺教学可选择的角度日渐丰富，而且对于外国学生了解中国文化、培养对汉语的兴趣等都有着不可小觑的意义，但是在才艺教学的推广和实践过程中，还是遇到了很多问题。

首先是传播内容和方式选择的问题。在国外孔子学院才艺课教学中，剪纸、书法、中国结、太极等课程模式过于固化，中国音乐舞蹈、戏曲、茶艺等才艺又难以深入，多限于观摩表演，以至于谈到中华才艺或中国文化，在汉语学习者的心目中已经定型化为一些简单的符号和概念。才艺迫于现实条件而仅止于“欣赏”或“体验”式的旁观，即便产生了兴趣也没有条件长期主修和钻研。目前还很难见到专门针对中华才艺课教学的教材和大纲，这使得国外孔子学院才艺课向科学的课程体系发展成了难题。大部分的才艺课程在“欣赏”“体验”过后就戛然而止了，当然客观条件的限制是可以理解的。在国外教学器具、环境不具备便利条件，书法需要笔墨纸砚等工具，太极、武术需要较大的室外场地，民族音乐需要民族乐器……这些对场地、器材等的硬件要求是很多地方的孔子学院无法满足的，因此也就阻碍了开展某一门类的中华才艺课程。

其次是关于传播主体的建设。中华才艺种类多样，但是专门从事中华才艺课程的师资力量却十分薄弱。在国外孔子学院，中华才艺教学的主力军往往是语言学或文学专业的毕业生，并非专门人才，不能系统地将一门中华才艺完整、专业地教授给学生；同时，孔子学院志愿者和教师流动性很大，这也使得连续几年在孔子学院开设同样的才艺课几乎是不可能的事，导致学生在中华才艺课程的学习流于表面，无法深入下去。目前，在教学方法上孔子学院多采用讲授法和视听法，主要是教师通过口头讲解或播放视频、音频资料来进行中华才艺的教学，但是中华才艺教学不同于语言课学习，更多的是需要学生亲身体验。因此，教师需要接受专业培训方能更好地传授中华才艺，这方面我们还将在第四节展开论述。

在物力和人力上形成的孔子学院才艺课程的短板局面，相信借助“一带一路”设施联通、贸易畅通的规划与推动可以有所改善。我国的云南省、福建省、新疆维吾尔自治区等和东南亚、中亚等“一带一路”沿线国家有着密切的地缘关系，我们应该发挥这种优势，强化国内高校和孔子学院的对口合作模式，使这些核心地区的孔子学院积极拓展在中华才艺课程上的辐射功能和品牌力量，开办一些适应本地实际需求的专业化孔子学院，加强孔子学院办学的本土化。所以，在未来的发展道路上，希望随着“一带一路”沿线国家的孔子学院对于才艺课程认识的深入，借助区域合作优势创造更好的客观条件，使这类着眼于文化技能的课程在规范与实施方面走向成熟，从而帮助汉语学习者多方位接近并理解中华文化的内涵，助益于孔子学院的文化传播与交流。

第三节　文化讲座课程及其他传播内容

在海外各孔子学院的文化类课程中，关于文化知识的专题讲座虽然比例偏少，但涉及的专业角度非常广泛，讲授内容触及中国文化的深层内涵和观念形态，目的是为学习者提供必要的文化知识储备，以加强他们对中国社会历史、政治经济、文学艺术、民族心理等知识的深入了解，对于促进高端文化交流的意义非常突出。实际上，汉语教学、才艺课程、专题讲座这三类内容要素在孔子学院对中国文化的海外传播中已经构成了金字塔模式，即以汉语教学作为必备的坚实基础，才艺课程发挥辅助和补充作用，专题讲座带领受众深入中国文化的学科系统和理论前沿。

自各孔子学院开办以来，专题讲座便成为一项常规内容，为当地学习者提供了丰富的文化资源和信息。虽然受众的汉语基础和知识储备在一定程度上会限制专题讲座铺开的点与面，但这种理论观念上的学术化、专业化传播途径正是国外高校许多汉语专业相关学生、汉学研究人员以及渴望系统学习中国文化知识者所需要的。所以，经过十几年的发展，专题讲座在世界各地孔子学院中都得到了重视和发展，目前来看类型更加多样，角度更加多元。如果以课程设置来划分，有服务于社会大众的普及式宣讲的，有服务于大学课程体系计入学分的；如果以讲授主体来划分，有利用当地师资或孔子学院现有教师开办的，有专门聘请来自国内的专家学者前去开设的；如果以语言媒介来划分，有用当地语言或英语开设的，也有教学语言采用汉语的；如果以传播媒介来划分，常见的是主讲者的现场报告，较新的还有借助视频网络、自媒体平台开设的远程讲座。

按照文化讲座内容的专业导向程度和受众覆盖范围，我们梳理了近年来世界范围内，特别是“一带一路”沿线国家孔子学院开办的专题学术讲座、论坛与研讨会、名人演讲及热点话题讨论的概况，希望从这几类文化推广活动中发现超越了课堂层面的传播形式呈现出哪些特点，发挥着怎样的作用。

一、专题学术讲座

孔子学院的专题学术讲座通常会借助所在大学里与中国研究相关的院系或机构共同主办，邀请的主讲者多为人文科学、社会科学的知名专家、学者，讲座的主题围绕所要探讨领域内的某一具体问题进行。这类讲座对领域内的人来说，是在海外能够享受的一场难得的学术盛宴，但因为对专业领域的要求比较严格，故此受众数量有限，文化知识的传播效果不是大规模可见的。虽然这类讲座相对小众，但正因为此，讲座所涉及的内容相对精专、高端，有较高的学术水平和研讨价值，效果往往持久而深刻。例如2017年4月在欧洲，法兰克福孔子学院邀请《西游记》德文版译者林小发（Eva Lüdi Kong）举办题为“《西游记》——儿童读物还是宗教经典？”的专题讲座暨朗诵会，吸引了当地60余位中国文学爱好者参加。讲座中，林小发介绍了《西游记》的故事梗概和人物原型，并列举了大量文献资料加以佐证。他还讲述了自己经过十年翻译和七年的等待终于成就了《西游记》首个德语全译本。林小发对中国文学的热爱与专业精神感动了现场观众，这对中国古典文学在德国的传播也是一次促动。稍早时候，瑞士日内瓦大学孔子学院还举办了一场关于利玛窦的公开学术讲座，演讲人为巴黎利玛窦研究院院长赫米纳尔教授，他同时也是研究中国17—18世纪耶稣传教士的专家。赫米纳尔详细介绍和分析了利玛窦在中国出版的数本著作的内容，如《交友论》《天学实义》《辩学遗牍》等，把中国在世界文化交流史上的影响映射到了当代。

疫情之后，虽然国际旅行受到影响，但是孔子学院的学术讲座活动并没有就此终止，而是开辟了“走上云端”的新形式，借助线上教学积累的经验，讲座活动的组织者在突破时空限制方面也做出了更多尝试。一方面是国内合作院校与孔子学院保持一对一单向连接，将专家、学者请到“线上课堂”，为海外学习者服务；另一方面有的高校还以自身为连接点，建立一对多或多对多机制，为本校多所海外孔子学院搭建共同的平台，又与国内高校共享学术讲座资源。前者如北京科技大学覃京燕教授的“人工智能与可持续的以意义为中心的交互设计”讲座，这场讲座是2021年10月16日在英国德蒙福特大学孔子学院和莱斯特艺术馆的共同组织下完成的。覃教授在线上，从“天人合一”的中国道家哲学思想出发，讲解了元宇宙（metaverse）和人类智能圈（noosphere）等专业概念，强调了人工智能和人类智能的有机融合，介绍了人工智能和交互设计在全球的最新进展及跨界运用，分享了中国在疫情防控、自动驾驶和清洁能源等方面的成就。后者如上海外国语大学的“2020孔院之声”——新冠疫情中的孔子学院系列讲座，该项活动先后持续六讲，西班牙、意大利等地的孔子学院都参与了进来，上海外国语大学、复旦大学、暨南大学等多所院校的师生也由此获益。

对于海外高校的汉语专业相关学生、汉学研究人员和学者而言，参加这种讲座可以满足他们系统学习中国文化知识的渴望，体验中外学术思路的碰撞，接触来自哲学、文学、历史、政治、经济、艺术的最新学术研究成果。特别是孔子学院提供的专题讲座成为各个大学汉学系、东方语系等专业的学分课程，在一个学期之中连续系统地开设，并进入规范的本科或研究生课程设置，这对于培养知华友华的精英人士和未来的“意见领袖”就更能显示出重要的意义。

从2009年开始，国家汉办的文化“走出去”活动建立了一项长效机制——专家巡讲，也就是“三巡”中最为理论化、深层化的部分。为发挥孔子学院中国文化综合传播平台作用，总部每年结合中国传统节庆、当地社会需求，积极协调国内文化文艺资源，不定期地向海外派出优秀团组及专家，赴全球各国孔子学院开展文艺巡演、文化巡展、专家巡讲“三巡”活动。其中的“巡讲”先后邀请了许嘉璐、袁行霈、杜维明、施舟人、吴建民、舒乙等几百位知名专家学者到各国孔子学院开展文化讲座，传播中国故事，扩大了中国文化的影响力。

二、论坛与研讨会

为满足更多领域和更大群体了解中国的愿望，各国孔子学院会根据当地学习者的需要和自身的特色优势举办各种各样的论坛或者研讨会。这类论坛实际上也可以说是由若干专题讲座和报告组成的，通常围绕某一个具有中国焦点的主题进行一天或一天以上的探讨，设有主会场和分会场的各项议题，内容覆盖广泛，需求吻合度高。受众可以灵活选择，也有机会与主讲者面对面单独交流，这类活动通常有集中而长效的影响。2016 年罗马尼亚的布加勒斯特大学孔子学院开展了一系列以中国文学与传统文化为主题的活动，先后举办了“重塑传统”国际学术会议、“中国主宾国之中罗翻译出版恳谈会”和“中罗作家交流座谈会”，中国著名作家余华、曹文轩、徐则臣、西川、蓝蓝，来自中国高校的学者教授以及来自罗马尼亚和中东欧其他国家孔子学院的代表，罗马尼亚汉学家和布加勒斯特大学孔子学院、中文系学生参与了此次活动。这一系列的论坛与研讨具有极为重要的学术价值和现实意义，是孔子学院树立品牌效应，扩展辐射角度，为中国与中东欧学者架起思想桥梁的实例。另外，2017 年 5 月，意大利米兰国立大学孔子学院携手上海戏剧学院在比柯洛剧院举办“中意戏剧文化论坛”，促进了中国文化在意大利的传播和推广。与此同时，孔子学院也把更多经典剧目引入意大利，让当地民众多角度地感受中国文化的魅力。

三、名人演讲与热点话题讨论

名人演讲与热点话题讨论不局限于专业领域的交流，而着意将中国社会的新闻人物、社会热点迅速介绍到国外，使得来到孔子学院的受众群体能够把握当代中国的脉搏与律动。这一类超出课堂、面向大众的内容接受度更高，文化传播的效果广泛而强烈。几年来，各地孔子学院聘请的主讲者包括国内知名作家、企业家、教育家、政要人物、文艺明星。由于名人演讲一般对受众的限制较少，吸引力强，讲座主题也相对大众化，亲和力较高，容易被更多当地人接受，也常会在孔子学院所在地掀起“明星效应”。2017 年，孔子学院总部组织策划了“刘震云文学电影欧洲行”活动，把知名作家作为当代中国的一张名片推向了荷兰、捷克、奥地利、意大利、法国和德国，这是孔子学院总部开创的文化项目新模式，也是莱顿、维也纳、米兰、巴黎七大孔子学院与当地文化机构的深度合作。2017 年，米兰国立大学孔子学院邀请作家刘震云来到米兰，活动进入欧洲行的第五站。随着刘震云的《我叫刘跃进》和《我不是潘金莲》意大利文版的成功发行，这两本书在意成功“圈粉”，受到了大量读者的欢迎。刘震云表示“自己的作品先于自己来到米兰，受到了广泛的欢迎，这使得今天我和读者之间的交流更加深入，这就是文学的力量。”①

图 1-8　“刘震云文学电影欧洲行”的活动现场

针对中国社会的热点问题，孔子学院有时会邀请中外专家对该问题进行解读和探讨，推动更多受众群体思考和讨论问题的走向。这种热点讨论式的讲座也很受人欢迎，除了孔子学院的汉语学习者外，不少对中国现状和未来热切关心的社会人士也会关注和参与其中。目前，“一带一路”的建设可以说是中国和沿线国家之间最大的热点、焦点问题之一，各地孔子学院对此都有持续的关注，同时也利用其文化资源与人才资源开展了研讨。仅在 2017 年 6 月初，欧洲就有多个由孔子学院总部主办、当地孔子学院承办的“一带一路”相关会议开幕。例如，“一带一路”框架下，亚美尼亚国别区域研究专家论坛在亚美尼亚埃里温布留索夫国立语言与社会科学大学汉语中心举行，论坛围绕“中国人民了解亚美尼亚民族特质的方法与路径”“如何将亚美尼亚融入‘丝绸之路’战略构想之中：回顾过去、展望未来”“‘新丝绸之路’是加深中国与亚

① 作家刘震云携作品走进米兰畅谈文学的力量［EB/OL］.（2017-04-11）［2021-11-18］.http://www.chinawriter.com.cn/n1/2017/0411/c403994-29200897.html.

美尼亚经贸合作、文化及教育交流的基石”三个议题展开讨论。其后，由中国社会科学院马克思主义研究院和塞尔维亚诺维萨德大学孔子学院、中塞文化交流协会联合主办的首届“一带一路”中国与塞尔维亚合作展望国际论坛在塞尔维亚首都贝尔格莱德举行。俄罗斯新西伯利亚国立技术大学孔子学院还承办了上合大学项目与“一带一路”倡议对接圆桌会议。此类热点话题追踪的讲座与论坛对于维持中外信息同步和文化资源共享一直发挥着很强的现实意义。

在汉语课堂之外，孔子学院的专题学术讲座、论坛与研讨会、名人演讲及热点话题讨论汇聚了更为多元化的传播主体，有利于实现资源的优势互补，丰富了文化传播内容和渠道，从而进一步提高汉语和中国文化推广的影响力。除了作为工作主体部分的语言教学和文化课程外，孔子学院的文化推广还借助了其他多种方式，如定期或非定期的艺术团体的演出、专题展览、汉语比赛、企业的商务合作，以及与当地的大使馆、文化协会、政府机构等合作举办的各类文化活动等，还有各个主题的电影节、放映会、中国周、文化嘉年华……涉及的领域包括新闻出版、音乐艺术、文学和影视创作等，受众覆盖面和文化影响力呈递增之势。在未来，利用孔子学院的“人气”和强大的聚合能力，这里会成为“国之交在于民相亲，民相亲在于心相通”的平台，持续有效地为中国文化的全球传播服务。

以近几年为例，列举“一带一路”沿线国家的孔子学院的文化讲座与推广活动，见表 1–1。

表 1–1　近年“一带一路”沿线国家孔子学院部分文化讲座与推广活动简表①

类型	国家	孔子学院	举办地点	活动时间	主题
专题讲座	塞尔维亚	贝尔格莱德大学孔子学院	贝尔格莱德	2017.2.22	“汉字之魂”文化主题讲座
	摩尔多瓦	摩尔多瓦自由国际大学孔子学院	基希讷乌	2017.3.1	“行当之美”京剧知识讲座
	泰国	华侨崇圣大学中医孔子学院	北榄府	2017.6.7	“健康与中医”讲座

① 整合自教育部中外语言交流合作中心官方网站及国内各高校孔子学院活动新闻。

续表

类型	国家	孔子学院	举办地点	活动时间	主题
专题讲座	意大利	那不勒斯东方大学孔子学院	那不勒斯	2019.3.15	“一带一路”对世界的影响
	英国	诺丁汉孔子学院、诺丁汉大学商学院	诺丁汉	2019.6.19	“一带一路”倡议与中国的对外开放
	泰国	勿洞市孔子学院与泰国南方大学	也拉府勿洞市	2020.1.6	中国文化与“一带一路”讲座
论坛与研讨会	塞拉利昂	塞拉利昂大学孔子学院	弗里敦	2017.4.25	国际商务研讨会
	乌克兰	基辅国立语言大学孔子学院	基辅	2017.4.27	“一带一路·中乌建交25周年：成就与前景”国际学术研讨会
	土耳其	中东技术大学孔子学院	安卡拉	2017.4.27	“一带一路”中土合作论坛暨第二届中国学会议
	巴林	巴林大学孔子学院	麦纳麦	2017.5.13	“一带一路”国际学术研讨会
	韩国	济州汉拿大学孔子学院	济州	2017.5.30	“全球化、逆全球化与中韩的对策”国际学术研讨会
	保加利亚	索菲亚孔子学院	索菲亚	2017.6.1	第四届“丝绸之路”（“一带一路”）国际学术研讨会
	白俄罗斯	白俄罗斯国立大学共和国汉学孔子学院	明斯克	2019.3.29	新时代中国特色社会主义国际学术研讨会
	泰国	易三仓大学孔子学院	曼谷	2022.1.8	第四届“一带一路”生物技术研讨会
中国文化展演与赛事	波黑	萨拉热窝大学孔子学院	萨拉热窝	2017.2.7–10	“一带一路”下的中国梦艺术节
	拉脱维亚	拉脱维亚大学孔子学院	里加	2017.2.11	欢天喜地闹元宵
	乌兹别克斯坦	塔什干孔子学院	塔什干	2017.2.27	中国文化展
	斯洛文尼亚	卢布尔雅那大学孔子学院	卢布尔雅那	2017.5.16	“童眼看中国”文化会演活动
	斯里兰卡	科伦坡大学孔子学院	科伦坡	2017.6.22	“丝路津韵”——中国国粹艺术讲座与展演

续表

类型	国家	孔子学院	举办地点	活动时间	主题
中国文化展演与赛事	白俄罗斯	白俄罗斯国立体育大学孔子课堂	明斯克	2018.10.21	白俄罗斯国际中华武术邀请赛
	亚美尼亚	埃里温布留索夫国立语言与社会科学大学孔子学院	埃里温	2018.11.14	首届亚美尼亚高校大学生中文电影配音大赛
	俄罗斯	莫斯科国立语言大学孔子学院	莫斯科	2019.9.18	《中俄友谊万古长青》及《壮美中华——中国的世界文化遗产》系列图片展
	泰国	清迈大学孔子学院	清迈	2019.9.24	第二届“一带一路”泰北高校大学生创新创业大赛
	突尼斯	迦太基大学孔子学院	突尼斯城	2021.1.27	突尼斯第一届“孔子学院杯”中文硬笔书法比赛

第四节　对孔子学院教师文化素养的要求

截至 2016 年底，在 140 个国家的 513 所孔子学院和 1,073 个孔子课堂中，中外专、兼职教师总数已经达到了 4.6 万人，其中大部分是由孔子学院总部派出的教师和志愿者。这些从中国远赴世界各地的汉语教师仅在 2016 年派出的人数就超过了 1.4 万人，如此大规模的中国文化海外传播队伍是史无前例的，那么汉语教师与志愿者面对目前的语言教学和文化传播任务是否能够胜任，他们还应具备什么样的专业素质，还要在哪些方面继续提高，才能使文化传播活动获得更佳的效果，这是我们必须深入思考的。

结合前述对孔子学院文化传播活动的具体实践和内容的分析，我们不难发现，在孔子学院教师所从事的语言文化教学活动中，他们需要具备良好的汉语语言知识和教学能力、文化知识和技能，甚至策划与组织文化推广活动的技能也是必不可少的。此外还应强调的是，走向“一带一路”时代的孔子学院教师为达到有效传播中国文化的目的，还必须以传播学和跨文化交际理论来丰富自身的专业知识结构。

一、语言文化教学能力

（一）汉语语言知识和教学能力方面

拥有良好的语言学知识、基本的第二语言习得理论、掌握专业的汉语本体知识、了解丰富的教育学和心理学知识，这四项条件构成汉语教学的基础。只有具备扎实的汉语教学基础，才能够保证孔子学院教师科学、合理、有针对性地进行教学，完成基本的教学任务。汉语教师本身作为专业应用型人才，还必须了解并善于运用有效的教学方法，这也会直接影响学习者的学习效果。认知派与经验派强调语法翻译法、直接法、情景法、阅读法、听说法、视听法、自觉实践法和认知法；人本派与功能派教学法强调默教法、全身反应法、暗示法、自然法和交际法。作为孔子学院的汉语教师，不仅要深刻理解和掌握这些教学法，更要在教学过程中，针对任教地区的教育文化和学习者的学习特点、性格特点，结合具体的教学内容选择科学合理的汉语教学方法，使学习者的学习效果达到预期的学习目标。

（二）文化知识和技能方面

作为传播中华文化的使者，孔子学院的汉语教师主要以汉语言知识、中国文化等为教学资源，兼容语言和文化也是汉语国际传播内容的重要特征。孔子学院的汉语教师在围绕语言主轴的同时还要提升文化自觉的意识，具备三方面专业的中华文化传播技能。

第一方面是在掌握基本国情和文化背景知识的基础上，结合自身专业背景进一步掌握比较系统的专门性文化知识，如中国文化史、中国文学史、中国历史、中国经济等，这是为了能驾驭文化讲座课程的教学。教师对基本国情、文化背景的掌握要正确、客观，对专门性文化知识要有深厚的功底，避免在教学过程中出现知识性错误。

第二方面是除了文化课之外，孔子学院的汉语教师还要掌握至少一门中华才艺，对中华才艺的掌握最好能广泛地涉猎“新六艺”，努力做到精通精专，不只限于皮毛，以便更好地胜任中华才艺体验类课程的教学工作。实际上，在国内的师资培养方面，语合中心十分注重汉语教师的中华才艺素质。2012 年，国家汉办在2007年旧版基础上发布了新的《国际汉语教师标准》。新标准强调了“中华文化与跨文化交际”这项基本技能。每年语合中心（原国家汉办）组织的汉语教师志愿者选拔都设置了才艺展示环节，要求志愿者具有不同种类的中华才艺。除了语合中心的积极推动，国务院侨务办公室也会特别选派一批才艺专职教师，如音乐教师、美术教师、武术教师等。国内的一些高校对中华才艺传播人才的培养也多有关注，以华侨大学为例，为了更好地面向海外传播中华文化、培养更多的艺术教育人才，该校从2007年春季起开始面向海内外招收音乐学（海外教育）专业、舞蹈学（海外教育）专业本科学生，建立了全国第一所以培养海外艺术教育人才为主的学院，主要培养海外艺术教师以及在海内外传播中华文化艺术的人才，并与英国伯明翰音乐学院签署了合作协议，每学年互派交换生进行交流学习。海外教育方向本科生毕业后，多在海外华文中学、孔子学院等华文教育机构、华人社团、开设华文专业的普通学校与机构，国内与海外艺术教育相关的学校、传播机构以及电视台和企事业单位等，从事中国音乐、舞蹈为主的教育以及传播等工作。

第三方面是需要孔子学院教师具备策划与组织中华文化推广活动的技能，要能够有针对性地进行演出、展览、竞赛、会议等文化活动的策划、筹备和组织。因为在国外，除了汉语教学、才艺课程、专题讲座，多姿多彩的文化活动形式也能够吸引一大部分人对汉语和中华文化的兴趣，促进文化理解，使中华文化的传播效果深入普通民众。不过，文化推广活动相较于专业化和规范化的语言教学活动，更侧重于搭建一个开放的中外文化交流平台，孔子学院汉语教师必须作为文化推广活动的主导者，积极利用各方面资源，特别是传播媒介中的大众传媒，吸引更多海外受众群体，同时扩大活动影响力和传播范围，这无疑对孔子学院的教师提出了更高的要求。

语言文化教学是孔子学院教师最基本的职能，加强这方面的能力建设实际上就是对传播活动主体基本素养的建设。随着“一带一路”国际合作的深入推进，“汉语热”和“中国文化热”的进一步升级，我国汉语国际教育事业的发展以及中国文化海外传播工作的革新，正在引领汉语教师队伍及汉语教学格局的新思路和新变化，这就需要孔子学院更加科学地塑造每一个文化传播主体。

二、跨文化传播知识与技能

不论是语言文化教学，还是在海外的个人生活，孔子学院教师本质上进行的都是文化传播活动，而且是跨文化传播活动。所以，作为传播主体的自觉意识非常重要，他们必须具备传播理论中的基本知识和观念，了解自身跨文化交际活动的特殊性质。

首先，在传播意识层面，作为汉语国际教育活动的主要组织者和实施者，孔子学院教师在文化传播活动中居于主导地位，对具体的传播手段、传播方式和传播内容有一定的选择权和主动性。远赴重洋，肩负着传播中国文化使命的国际汉语教师应具有强烈的文化传播意识，自觉主动地去投身于汉语国际推广事业中，积极主动地通过控制和支配自身行为，对传播对象施以影响，传播和展现中国文化。但同时，孔子学院教师必须认识到自身的文化传播活动毕竟是跨越了中外交际者之间的语言、社会、历史、生活环境、风俗习惯、交际规则、思维方式乃至价值观念，因而在传播环境方面就需要有更科学的认识，预见到我国的语言文化传播活动在海外某些地区会面临友好和抵触并存的复杂局面。可以说，孔子学院教师在跨文化传播中首要依照的原则就是互相尊重、开放包容。特别是"一带一路"沿线国家民族众多，各个国家的文化也缤纷迥异，既有与中华文明相通的儒家文化圈，也有印度教文化以及穆斯林文化，只有互相尊重才能促进各种文化间的交流，进而发展、完善自身文化。

其次，在传播策略层面，社会、人文、风俗习惯等诸多因素的差异要求孔子学院的汉语教师必须在自我认识、人际交往和适应海外社会文化环境等多方面改变原有的观念和操作方法，根据动态的变化来把握传播行为，及时调整与当地相适应的传播策略。随着崭新科技时代的到来，孔子学院教师还应该学会在文化传播活动中利用各种承载着文化资源的物质载体——传播媒介。传统的媒介如图书、杂志、报纸等，现代的媒介如互联网、多媒体、广播、电视等，都是汉语资源和中国文化资源的载体，非常丰富多样。考虑到在不同传播方式上，传播媒介的利用也各不相同，在语言文化教学活动中，孔子学院的汉语教师不仅可以利用室内多媒体进行直观的教学传播，还可以利用各种印刷媒介和电子媒介，如利用杂志、报纸、影像制品等辅助教学，使用现代网络通信设备进行远程教学等。在文化交流和推广活动中，孔子学院的汉语教师可以将一般传播个体难以驾驭的大众传媒如广播、电视和报纸等作为媒介工具，提升汉语和中国文化在当地的影响力。随着科技的进步，特别是互联网的迅猛发展，不管是在语言文化教学活动中，还是在文化交流及推广活动中，孔子学院的汉语教师都应在充分利用传统媒介的同时，加强对各种电子媒介的开发和利用。曾经的丝绸之路主要依靠的是书本以及商人的口口相传进行文化传播，极大地受到空间和时间的制约，如今网络和卫星通信等新媒体技术为“一带一路”中的文化传播提供了优良的介质，使文化传播超越了空间与时间的束缚。新媒体所具有的互动性、大众性以及多元化等特性，使其在文化传播中具有不可忽视的作用。孔子学院的管理者以及教师也应该利用、发挥新媒体的话语权，使文化的传播与交流从“单向”扩展到“多向”，这种转变在很多孔子学院已经有所尝试。

最后，在传播受众的层面，孔子学院教师还应开展更多有针对性的研究。在汉语国际传播热潮中学习汉语和中国文化的海外民众，其突出特征主要表现在数量众多和层次需求各异上，而且作为汉语知识和中国文化资源的接收者，他们不仅被动地接收传播内容，还会通过自身的反应对整个语言文化传播活动施以影响。在汉语国际传播中，孔子学院的汉语教师将汉语和中国文化传递给海外受众，受众在接收这些信息后会发生一定的变化，这些变化便是传播效果的表现。国际汉语教师需要根据这些表现，对自身的传播行为、传播方法、传播内容以及传播媒介进行一定的调整。汉语国际传播本身是一个长期性、多阶段、多层次的文化传播过程，不可能一下子把所有内容全部传递给受众；同时受众的接收量和接受程度也有限，需要一定的时间去消化所接收的具体信息。这就说明传播效果不是一蹴而就的，具有较强的递进性和累加性。基于这个特点，国际汉语教师应注意制订短期和长期的研究计划，关注受众不断变化的需求，并根据实际的传播效果进行适当的调整，在循序渐进中推动语言文化的传播进程，从而达到预期的传播效果和传播目标。

此外，孔子学院汉语教师要具备较强的跨文化交际能力，熟练掌握赴任国语言或通用的英语，这样有利于在教学初期克服学生的语言障碍，更好地进行教学组织与课堂管理，促进学生与教师之间建立信任感，便于更好地进行汉语教学。这要求教师具备对当地语言及英语的应用能力，包括准确的发音、听、说、读、写的能力，以及用英语组织课堂教学的基本能力。只具备汉语语言学科和中国文化的知识而不具备较强的外语应用能力，是目前一些孔子学院教师面临的困境，解决这一困境要从国内院校对国际汉语教师的职前培养开始做起。加强“一带一路”的合作建设，民心相通、语言相通也是对孔子学院教师的要求。

未来的孔子学院在“一带一路”建设中还会大有作为，语合中心在下一阶段规划中，已经将“一带一路”沿线国家作为重中之重。孔子学院将继续提供语言和职业技能培训，传播中国文化，同时在当地发挥智库作用。这就要求我们应更加重视对孔子学院院长和教师的专业素质的培养与培训，把传播主体建设与传播内容建设一道推向新的高度。

第二章 “一带一路”倡议对孔子学院文化传播的影响

第一节 “一带一路”构想及实施的主体：经济发展的“走出去”与国家战略

一、“一带一路”发端与发展

在全球经济复苏乏力，国际形势日趋复杂的今天，能源危机爆发，经济全球性走低，老牌发达国家的经济发展速度纷纷放缓，如何继续发展成为全世界共同面临的课题。作为世界重要的一员，中国在连续近40年经济高速增长之后，也正面临新的发展挑战。2013年，“一带一路”建设蓝图应运而生并逐步成形，正为中国乃至全世界带来全新的发展动力，带来新的发展机遇。这几年一路走来，越来越多国家积极响应“一带一路”一倡议，取得了令人瞩目的成绩。

2013年9月，中国国家主席习近平访问哈萨克斯坦时，发表了题为《弘扬人民友谊 共创美好未来》的重要演讲。习主席回顾了2,100多年前，中国汉代的张骞两次出使中亚，开启了中国同中亚各国友好交往的大门，开辟出一条横贯东西、连接欧亚的丝绸之路。他指出：两千多年的交往历史证明，只要坚持团结互信、平等互利、包容互鉴、合作共赢，不同种族、不同信仰、不同文化背景的国家完全可以共享和平，共同发展。为了使欧亚各国经济联系更紧密、合作更深入、发展空间更广阔，中国倡导用创新的合作模式，共同建设“丝绸之路经济带”。这开启了中国以及全球经济发展新动力的闸门。这次演讲标志着“一带一路”建设的开启，是中国参与建立国际经济新秩序的重要里程碑。“丝绸之路经济带”分为三条线路：以欧亚大陆桥为主的北线（北京—俄罗斯—德国—北欧）、以石油天然气管道为主的中线（北京—西安—乌鲁木齐—阿富汗—哈萨克斯坦—匈牙利—巴黎）、以跨国公路为主线的南线（北京—南疆—巴基斯坦—伊朗—伊拉克—土耳其—意大利—西班牙）。

在2013年10月亚太经合组织（APEC）领导人非正式会议期间，习近平提出，东南亚地区自古以来就是“海上丝绸之路”的重要枢纽，中国愿同东盟国家加强海上合作，使用好中国政府建立的中国—东盟上海合作基金，发展好海洋伙伴关系，共同建设“21世纪海上丝绸之路”。“21世纪海上丝绸之路”的重点方向是从中国沿海港口过南海到印度洋，延伸至欧洲；从中国沿海港口过南海到南太平洋。

“丝绸之路经济带”与“21世纪海上丝绸之路”（简称“一带一路”）成为21世纪亚非欧跨地区合作模式。至此，“一带一路”决策初步形成。这恰是中国传统文化思想的体现。

2014年，“一带一路”建设完成顶层设计。2015年2月，张高丽组织召开“一带一路”建设工作会议，强调“一带一路”对开创我国全方位对外开放新格局、促进地区及世界和平发展具有重大意义，成为今后外交工作的重点。

2015年3月28日，国家发展改革委、外交部、商务部联合发布了《推动共建丝绸之路经济带和21世纪海上丝绸之路的愿景与行动》，这份愿景与行动从时代背景、共建原则、框架思路、合作重点、合作机制等方面阐述了“一带一路”的主张与内涵，提出了共建“一带一路”的方向和任务。指出“共建‘一带一路’旨在促进经济要素有序自由流动、资源高效配置和市场深度融合，推动沿线各国实现经济政策协调，开展更大范围、更高水平、更深层次的区域合作，共同打造开放、包容、均衡、普惠的区域经济合作架构。”

2016年，“一带一路”建设全面推进，始见成效。1月15日召开的“一带一路”建设工作会议为开年部署的一个重要节点。随后，3月17日，《国家“十三五”规划纲要》正式发布，“一带一路”倡议写入其中，成为未来一年中国经济社会发展的重要任务。这是这一年工作的第二个重要节点。8月17日，中央再次组织“一带一路”建设工作座谈会，习近平主席充分肯定了工作成果，指明了实践方向。

2016年年底，习近平主席主持召开中央全面深化改革领导小组第三十次会议，提出了突出软力量建设的想法。即加强理论研究和话语体系建设，推进舆论宣传和舆论引导工作，加强国际传播能力建设，为“一带一路”建设提供有力的理论支撑、舆论支持和文化条件。“一带一路”是经济合作，更是国际文化交流。遥想当年的丝绸之路，商贾络绎不绝，而不同文明也得以碰撞交流，在这条路上行走的，除了茶业、香料、丝绸和瓷器，还有不同的政治、宗教、文明。今天的“一带一路”也是如此，跨区域的全方位经济交流与合作，必然带来文化的交流。也可以说，文化交流也将促进经济交流。遍布全世界的孔子学院，在“一带一路”沿线亦分布众多，如同这条路上的驿站，在“一带一路”的文化交流中发挥着重要作用。

2016年，“一带一路”的国际合作几乎每月都有新的发展，势如破竹，“一带一路”正由中国倡议转变为全球共识。[①] 2016年，“一带一路”的多边国际合作机制实现了突破性进展。1月，亚洲基础设施投资银行（以下简称为“亚投行”）开业仪式盛大开启，习近平主席指出，亚投行将成为专业、高效、廉洁的21世纪新型多边开发银行，成为构建人类命运共同体的新平台。3、4月间，习近平主席访问中东欧，对接“一带一路”。4月，中国与联合国亚洲及太平洋经济社会委员会签署《中华人民共和国外交部与联合国亚洲及太平洋经济社会委员会关于推进地区互联互通和“一带一路”倡议的意向书》，强调双方将共同规划推进互联互通和“一带一路”的具体行动。6月，联合国经济与社会事务部希望将“一带一路”建设与联合国《2030年可持续发展议程》结合起来，以期推动“一带一路”建设有序开展。6月，中、蒙、俄三国元首见证了《建设中蒙俄经济走廊规划纲要》以及三国关于特定商品海关监管结果互认的协定。9月，中国与联合国开发计划署签署《关于共同推进丝绸之路经济带和21世纪海上丝绸之路建设的谅解备忘录》，这是中国政府与国际组织签署的第一份政府间共建“一带一路”的谅解备忘录。10月，习近平在金砖国家领导人会议上，呼吁各国合作推动“一带一路”建设和“环孟加拉湾多领域经济技术合作倡议”有关规

① 赵磊.“一带一路”年度报告：行者智见：2017［M］.北京：商务印书馆，2017：3.

划、有机对接。11月，习近平在亚太经合组织会议上，呼吁通过区域伙伴共商、共建、共享，为亚太互联互通做出贡献，推动“一带一路”建设。11月17日，联合国大会一致通过决议，呼吁各国推进“一带一路”倡议，得到193个会员国的一致赞同。

2017年5月14—15日，“一带一路”国际合作高峰论坛在京举行。这是“一带一路”提出4年多来最高规格的论坛活动。29位外国元首、政府首脑及联合国秘书长、红十字国际委员会主席等重要国际组织负责人出席高峰论坛，来自130多个国家的约1,500名各界贵宾作为正式代表出席论坛，来自全球的4,000余名记者注册报道此次论坛。开幕式上，习近平主席发表题为《携手推进“一带一路”建设》的主旨演讲。他在演讲中指出：和平赤字、发展赤字、治理赤字，是摆在全人类面前的严峻挑战。自2013年习近平主席在哈萨克斯坦和印度尼西亚提出共建“丝绸之路经济带”和“21世纪海上丝绸之路”，即“一带一路”倡议以来，在4年时间里，该倡议得到了全球100多个国家和国际组织的积极支持和参与，联合国大会、联合国安理会等重要决议也纳入了“一带一路”建设内容。习近平主席强调坚持以和平合作、开放包容、互学互鉴、互利共赢为核心的丝路精神，携手推动“一带一路”建设行稳致远，将“一带一路”建成和平之路、繁荣之路、开放之路、创新之路、文明之路，迈向更加美好的明天。

2019年4月25—27日，第二届“一带一路”国际合作高峰论坛在北京举行，150多个国家和90多个国际组织的近5,000名外宾应约而来，共同开启共建“一带一路”高质量发展的新阶段。习近平主席出席论坛，会见各国领导人并致辞。论坛期间，各国政府、地方、企业等达成一系列合作共识、重要举措及务实成果，中国作为东道国，对其中具有代表性的一些成果进行了梳理和汇总，形成了第二届高峰论坛成果清单。清单包括中方打出的举措或发起的合作倡议、在高峰论坛期间或前夕签署的多双边合作文件、在高峰论坛框架下建立的多边合作平台、投资类项目及项目清单、融资类项目、中外地方政府和企业开展的合作项目，共6大类283项。论坛最后，各方通过了《共建“一带一路”开创美好未来：第二届“一带一路”国际合作高峰论坛圆桌峰会联合公报》。在论坛筹备进程中和举办期间，各方达成了283项务实成果。论坛期间举行的企业家大会吸引了众多工商界人士参与，签署了总额640多亿美元的项目合作协议。这些成果充分说明，共建“一带一路”应潮流、得民心、惠民生、利天下。在成果清单中，还有中国国家汉办举办“一带一路”共建国家青年学生“汉语桥”夏令营活动、各类“一带一路”奖学金项目等。

自2013年“一带一路”倡议初步提出至2017年“一带一路”国际合作高峰论坛召开，将近4年的实践可以说成果超乎预期。如同习近平主席在讲话中所谈到的，这4年里，政策沟通不断深化，中国同40多个国家和国际组织签署了合作协议，同30多个国家开展了机制化产能合作；在这4年里，设施联通不断加强。目前，以中巴、中蒙俄、新亚欧大陆桥等经济走廊为引领，以陆海空通道和信息高速路为骨架，以铁路、港口、管网等重大工程为依托，一个复合型的基础设施网络正在形成；这4年里，贸易畅通不断提升，2014年至2016年，中国同“一带一路”沿线国家贸易总额超过3万亿美元，中国对“一带一路”沿线国家投资累计超过500亿美元，中国企业已经在20多个国家建设56个经贸合作区，为有关国家创造近11亿美元税收和18万个就业岗位；这4年里，资金融通不断扩大，亚洲基础设施投资银行已经为“一带一路”建设参与国的9个项目提供17亿美元贷款，“丝路基金”投资达40亿美元，中国同中东欧“16+1”金融控股公司正式成立。

短短几年中所取得的成就，一步步验证着“一带一路”这一伟大构想的前瞻性、正确性与可操作性，让中国更坚定信心地走下去，也得到了全世界越来越广泛的支持与参与。“一带一路”倡议的提出并非凭空问世，其背后是中国文化精神的深厚积淀。“和”文化精神，千百年来指引着中华文明一路发展，包容、分享让中华文明得以五千年绵延不绝。普天之下，人与天地万物的联系都是千丝万缕的，更何况人与人之间，全人类的文明成果互补、共享，也就是我们今天所说的利益共享，风险共担。全人类应该是一个利益共同体、命运共同体，彼此学习、彼此包容、彼此促进。“一带一路”的成就，再一次印证了中华千年文化之经典。

二、全局战略，中国智慧

清代战略家陈澹然在《寤言二·迁都建藩议》中有这样一句：“不谋万世者，不足谋一时；不谋全局者，不足谋一域。”

全局的眼光要求立足全局，着眼未来。中华五千年文明不中断地延续至今，堪称世界奇迹，不得不说这是源自全局的、普遍联系的观点。只有立足全局，着眼长远，才能得到可持续性发展。美国哲学家詹姆士·卡斯曾对有限游戏和无限游戏做过一个区分。在有限的时间里，有着有限的规则，一个是赢家，另一个是输家，必定要有个胜负区分，这就是零和游戏。而无限游戏则很不一样，游戏双方都尽最大努力达成一个最好的结果，游戏不是一定要有个赢家和输家，而是让每个人都受益。无限游戏没有规定时间，可以一直持续下去。中华文化正是在几千年的发展中，以这种无限游戏的智慧，让华夏文明生生不息，延续至今。共赢，是一种立足全局的追求，全人类应该是一个命运共同体，穷者更穷、富者更富的现状必须得到改变，世界需要新秩序让全人类得以继续存续下去。“一带一路”正是从这样一种中国智慧中孕育出来的，它着眼于全球的可持续性发展，这正是中国智慧参与国际新秩序、帮助全人类应对世界性危机的关键一步。

“一带一路”东连亚太经济圈，西接欧洲经济圈，涉及多个国家。综合统筹国内与国际发展，推动国内外共同发展，维护和平、稳定的发展环境。“一带一路”不是中国独奏，而是世界合奏。“一带一路”总体工程涉及基础设施、金融投资、经济走廊、跨境经济合作等方方面面，围绕着共享、包容与发展的奋斗目标展开。

一是共享。以共享的态度，确保全世界的平衡发展。不是中国独享，而是世界共享。常常有这样一种声音，就是把“一带一路”与“马歇尔计划”相提并论。然而“马歇尔计划”的实质是通过对欧洲经济的援助，使其复兴之后成为对抗苏联的工具，同时方便美国控制欧洲市场。从出发点来看，“马歇尔计划”是以对抗、竞争为出发点的。而“一带一路”是要打造互利共赢的合作平台，目标是促进沿线国家的经济发展，实现利益共享，共同繁荣。这里没有对抗，更无所谓竞争，亦不会争个你输我赢。这样的共享是着眼全人类的共同发展，不是为了自己强大，而把别人远远抛在身后，为了自己的发展而忽略甚至扼制别国的发展。

二是包容。对外来文化抱持着包容的态度，也是中国文明得以持续繁荣、发展的根本原因。“一带一路”对于其他沿线各国已有的经济政策强调对接，而非排斥。《推动共建丝绸之路经济带和21世纪海上丝绸之路的愿景与行动》中就提出了“一带一路”与周边国家的发展战略对接，包括与哈萨克斯坦的“光明之路”新经济政策对接、与越南的“两廊一圈”对接、与俄罗斯的“欧亚经济联盟”对接、与蒙古的“草原之路”对接、与韩国的“欧亚倡议”对接、与欧盟的“容克计划”对接、与英国的“英格兰北方经济中心”对接、与印尼的“全球海洋支点”对接、与澳大利亚的“北部大开发”对接、与东盟的“互联互通总体规划”对接、与波兰的“琥珀之路”对接……正是这种包容，一步步走成了古“丝绸之路”；也正是这种包容，逐渐形成了“一带一路”。五千年的中国历史，因包容而在历史长河中沉淀出博大精深。

三是发展。以发展的眼光看待问题，在时间的维度上既有前瞻性，亦不忘前人的宝贵经验。以发展的态度聚焦现实，在“一带一路”建设中，时刻不忘动态地评估与调整。政府项目在事前、事中和事后都要有专业部门的评价，并根据评价结果进行调整。发展的观点包含着传承与创新。“一带一路”看似横空出世，然则并非凭空而来，它既是西部大开发的延展，也是改革开放的深化和创新。

三、融通发展，惠及世界

“穷则变，变则通”是中国的千年古训。中医里讲“通”则不痛，世界发展也是如此，当今世界正面临着发展的诸多问题、症候，而“通”则是世界得以持续健康发展之道，如同血脉通畅人才会健康一样。

当今的互联网世界，也同样是以“通”为驱动力的。美国思科公司在全球范围内发起“万物互联”（Internet of Everything），定义为将人、流程、数据和事物结合在一起，使得网络连接变得更加相关，更有价值。万物互联将信息转化为行动，给企业、个人和国家创造新的功能，并带来更加丰富的体验和前所未有的经济发展机遇。这也是在“通”这一思路启发下的全球发展观。

“通”亦是“一带一路”倡议的一个重要关键词，其核心内容包括：政策沟通、设施联通、贸易畅通、资金融通、民心相通这“五通”，亦即世界的互联互通。“一带一路”之通更加广泛、深入，从上层的政策层面到具体的经济实施层面，再到更具体和深入的人与人之间的相互信任，这是一种深度融通。

政策沟通，首先从政府层面、政策层面打好基础，对接经济战略，共谋、共商发展大计，协商解决合作中遇到的问题。设施联通，即基础设施互相联通，包括交通设施、能源设施、通信设施等。俗话说“要想富，先修路”，运输便利势必为发展提供有利条件。输油、输气管道以及电力运送通道等能源设施建设，为能源通达创造了有利条件。通信联通，提高国际通信互联互通水平越来越重要，信息交流与合作是当今社会交流的重要保障。贸易畅通，即各方贸易投资便利化，消除各方投资和贸易壁垒，释放合作潜力。资金融通，是“一带一路”的重要支撑，降低资金流通成本，增强抵御风险的能力。民心相通，弘扬睦邻友好合作精神，深入开展人文合作，促进文化交流，促成文化认同感，为沿线国家合作提供内在动力。孔子学院建设在民心相通上要担负起重要作用。

这“五通”相互支撑，共同实现“一带一路”的互联互通。正如习近平主席所言：“我们要建设的互联互通，不仅是修路架桥，不光是平面化和单线条的联通，而更应该是基础设施、制度规章、人员交流三位一体，应该是政策沟通、设施联通、贸易畅通、资金融通、民心相通五大领域齐头并进。这是全方位、立体化、网络状的大联通，是生机勃勃、群策群力的开放系统。”①

“五通”的实现直接惠及沿线各国，这是前所未有的。中国人讲“己欲利而利人，己欲达而达人”，这种互联互通，打通了沿线各国血脉，给各国人民造福，几年来的实践已经证实了这一点。从政策沟通上来看，中国目前已和40多个国家、国际组织签署了合作协议，和30多个国家开展了机制化产能合作。“各方通过政策对接，实现了‘一加一大于二’的效果。”②从设施联通上来看，中国目前是当之无愧的高铁强国，这是“一带一路”建设的重要资本。截至2015年10月底，中国各地已经开通23个欧亚快线，比海运所用的时间缩短一半。③2015年1—7月，我国企业就在“一带一路”沿线的69个国家新承揽了786个对外承包工程项目，合同金额近495亿美元，其中大多数为电力、交通和石油化工项目。④在贸易畅通方面，习近平主席在第一届“一带一路”国际合作高峰论坛开幕式上讲道：2014年至2016年，中国同“一带一路”沿线国家贸易

① 习近平在“加强互联互通伙伴关系”东道主伙伴对话会上的讲话［EB/OL］.（2014-11-08）［2021-11-17］. http://www.xinhuanet.com/world/2014-11/08/c_127192119.htm.

② 习近平在第二届“一带一路”国际合作高峰论坛开幕式上的主旨演讲［EB/OL］.（2019-04-26）.［2021-11-17］. http://www.xinhuanet.com//2019-04/26/c_1124420187.htm.

③ 王义桅. 世界是通的［M］. 北京：商务印书馆，2016：29.

④ 北京大学“一带一路”五通指数研究课题组. “一带一路”沿线国家五通指数报告［M］. 北京：经济日报出版社，2017：107.

总额超过3万亿美元，中国对“一带一路”沿线国家投资累计超过500亿美元。中国企业已经在20多个国家建设了56个经贸合作区，为有关国家创造了近11亿美元税收和18万个就业岗位。在资金融通方面，亚洲基础设施投资银行已经为“一带一路”建设参与国的9个项目提供了17亿美元贷款，“丝路基金”投资达40亿美元，中国同中东欧“16+1”金融控股公司正式成立。从民心相通角度来看，中国政府每年向相关国家提供1万个政府奖学金名额，地方政府也设立了丝绸之路专项奖学金，鼓励国际文教交流。各类丝绸之路文化年、旅游年、艺术节、影视桥、研讨会、智库对话等人文合作项目百花纷呈，人们往来频繁，在交流中拉近了心与心的距离。

“一带一路”建设得到了国际各方面的支持和高度评价。俄罗斯各界对“一带一路”倡议表现出较大的兴趣和研究热情；在韩国的媒体和学术界，越来越多人认为中国的“一带一路”对韩国来说是发展的新机遇；英国、法国等欧洲国家也对“一带一路”发展倡议积极回应；亚洲基础设施投资银行虽冠以“亚洲”之名，但地处欧洲的英国却执意加入意向创始成员国之列……“一带一路”倡议已逐渐成为全球共识，平等互利的观念已成为世界大多数国家的共同追求。

第二节 “一带一路”经济背景下的文化“走出去”与传播的国家战略

赵磊在《文化经济学的“一带一路”》中，将“一带一路”的内涵提炼为三个层次：经济层次（合作共赢属性）、文化层次（文明互鉴属性）、全球治理层次（国际公共产品属性）。经济“走出去”，是“一带一路”的首要属性，是对外开放的进一步深化。首先要从经济层面，让中国以及沿线各国看到“一带一路”带来的收益。文化“走出去”，文明互鉴是“一带一路”的重要内容，甚至是核心属性。面向未来，经济文化化，文化经济化，经济与文化一体化的趋势将越来越明显。如前一节所述，“一带一路”伟大构想正是中国智慧在背后的有力支撑。同时，这个看似以经济“走出去”为主体的构想，也在为文化“走出去”搭建广阔舞台。

一、民心相通，文明互鉴

遥想“丝绸之路”时期，古老的商贸往来，行走间的丝绸、瓷器、茶业、香料、各种作物背后，其实是不同文明、文化的相互吸引，而后逐渐形成了一条文化通路，宗教、艺术、中医乃至语言文字等在这条路上，看似无形，却在今天的沿线各国都刻下了深深的印记。“丝绸之路”时期，实际上已形成了国际化、全球化的雏形。

今天，“一带一路”构想把“民心相通”作为“五通”中的重要一条。民心是什么？民心是思想，是人与人之间的交往，承载的是善意与友谊。“文明在开放中发展，民族在融合中共存”①，这是华夏文明的千年发展之道。与“丝绸之路”一样，“一带一路”上的文明交融，亦是一种文明向周边的自然辐射，这与西方文化的征服式进入截然不同。人类在文化交流、融合中逐渐达成“和而不同”的共识。

2017 年 4 月 28 日，国家发展改革委、外交部、商务部联合发布了《推动共建丝绸之路经济带和 21 世纪海上丝绸之路的愿景与行动》（以下简称《愿景与行动》）。《愿景与行动》中这样阐述：“一带一路”倡议主张沿线各国应该是命运共同体、文化共同体。2014 年 3 月 27 日，国家主席习近平在巴黎联合国教科文组织总部的演讲上，阐述了对文明交流的看法和主张。他指出，文明交流互鉴，是推动人类文明进步和世界和平发展的重要动力。推动文明交流互鉴，需要秉持正确的态度和原则。人类文明是多彩的，因多样才有交流互鉴的价值；人类文明是平等的，因为平等才有交流互鉴的前提；人类文明是包容的，因为包容才有交流互鉴的动力。

与其他“四通”相比，民心相通更难于推进和看到效果。民心相通涉及文化生活的方方面面，《愿景与行动》中谈到，民心相通是“一带一路”建设的社会根基。沿线国家间互办文化年、艺术节、电影节、电视周和图书展等活动，合作开展广播影视剧精品创作及翻译，联合申请世界文化遗产，共同开展世界遗产的联合保护工作。深化沿线国家间人才交流合作，加强旅游合作，互办旅游推广周、宣传月等活动，联合打造具有丝绸之路特色的国际精品旅游线路和

① 习近平在“一带一路”国际合作高峰论坛开幕式上的演讲［EB/OL］.（2017–05–14）［2020–07–18］. http://www.xinhuanet.com/politics/2017–05/14/c_1120969677.htm.

旅游产品，提高沿线各国游客签证便利化水平。强化与周边国家在传染病疫情信息沟通、防治技术交流、专业人才培养等方面的合作，提高合作处理突发公共卫生事件的能力；加强科技合作，共建联合实验室（研究中心）、国际技术转移中心、海上合作中心，促进科技人员交流，合作开展重大科技攻关，共同提升科技创新能力；等等。

民心相通既需要国家层面顶层设计，又需要企业、组织以及个人等社会各界的积极参与。

民心相通，需要长期积累，润物细无声，因此教育方面的合作尤为重要。分布在“一带一路”沿线国家的孔子学院已经在默默耕耘、积累民心相通的经验以及成就了。同时，借力“一带一路”，孔子学院也将获得更多机遇，在所在国传播中国语言文化。

文明互鉴，自古以来就是人类文明发展进化的一个重要途径。早在唐朝时期，中国就是国际交流非常活跃的大国，与唐朝通使交往的国家达到了70多个，那时首都长安的各国使节、商人、留学生云集。欧洲、非洲在中国的影响下开始种茶、品茶。古代印度产生的佛教传到中国之后，与中国的儒家、道家思想相结合，形成了独特的中国佛教文化，并传入东南亚。今天，“一带一路”将继续承载文明互鉴功能，进一步增进民族间、国家间的了解和往来。“丝绸之路”中国政府奖学金、孔子学院奖学金，以及地方政府的丝绸之路相关专项奖学金，将接收“一带一路”沿线国家的来华学习者，帮助他们了解中国文化。

民心相通，文明互鉴，是一个双向交流的过程，增进彼此了解，看到彼此的文化价值所在，增强彼此的文化认同感。同时，了解对方也更加有利于文化“走出去”，用对方更容易接受的方式讲述中国故事。文明互鉴，对各国要怀着彼此尊重的态度进行交流，拉近感情，增强感召力、亲和力和凝聚力，进而彼此学习，共同促进。

二、植根传统，继往开来

既然文化要“走出去”，那么中国有什么样的文化需要“走出去”，并且适合“走出去”？这是首先需要思考的问题。

2016年5月17日，习近平在全国哲学社会科学工作座谈会上谈到，文化自信是更基本、更深沉、更持久的力量。同时他指出，中华民族有着深厚的文化传统，形成了富有特色的思想体系，体现了中国人几千年来积累的知识智慧和理性思辨，这是我国的独特优势。中华文明延续着我们国家和民族的精神血脉，既需要薪火相传、代代守护，也需要与时俱进、推陈出新。要加强对中华优秀传统文化的挖掘和阐发，使中华民族最基本的文化基因与当代文化相适应，与现代社会相协调，把跨越时空、超越国界、富有永恒魅力、具有当代价值的文化精神弘扬起来。要推动中华文明创造性转化、创新性发展，激活其生命力，让中华文明同各国人民创造的多彩文明一道，为人类提供正确精神指引。要围绕我国和世界发展面临的重大问题，着力提出能够体现中国立场、中国智慧、中国价值的理念、主张、方案。我们不仅要让世界知道“舌尖上的中国”，还要让世界知道“学术中的中国”“理论中的中国”“哲学社会科学中的中国”，让世界知道“发展中的中国”“开放中的中国”“为人类文明做贡献的中国”。

如习近平主席所说，中国的深厚文化传统，形成了富有特色的思想体系，是我国的独特优势。无论哪类文化，传递的都是一种中国文化精神，这也正是我们需要让世界人民看到的。“一带一路”的伟大构想也正是根植于中国传统文化精神而提出的，让中国智慧造福全人类。中国传统的平衡与和谐的思想，缔造了天人合一、平衡永动可持续的发展观，导引了人与自然和谐共处的传统的中国生活方式。在以往我们一直向世界介绍和展示的武术、京剧、中医、饮食、茶艺等各个方面的文化中，也都体现着中国文化精神。中国文化经典中蕴含着无穷的智慧，蕴含着未来人类发展的不竭动力，以及全世界面临的重大问题的解决方法。

然而，近代以来，西方中心论思潮在很大程度上冲击着我们的文化自信，唯西方文化思想至上的思想一度席卷中国。而事实上，自改革开放以来，中国经济的高速发展已经向世人证明了，中国可以走属于自己的路，无须效仿西方模式，甚至我们的模式成了其他发展中国家借鉴的对象。因此，我们首先要根植传统，找回我们的文化自信，正确认识自己的文化。西方经济围绕着利益、竞争，在资源、市场的抢夺中，将世界推向各种危机。环境破坏、贫富差距、战争、恐怖主义……人与人之间、国与国之间失去了相互信任。而中国文化一向倡导仁、和，信奉人与人之间、人与自然之间的相互依赖、和谐共生、共同发展。每个人、每个国家的生存和发展，都以他人、他国的生存和发展为前提。

“一带一路”在对深厚的文化根基的承载之下应运而生，讲求的是人与人之间、国与国之间的互助合作，追求的是互助共赢、谋全人类福祉的目标。国家之间的关系将发生彻底改变，变霸权为共商，变独占为共赢，在共同发展的共同目标、共同追求中，贫富差距将会缩小，自然而然地也将减少仇恨、降低恐怖事件的发生概率。建立文化自信，正确看待中国的传统文化及其价值，坚定中国文化信仰；建立文化自信，看到五千年文明历经大浪淘沙带给中国的绵延不绝的文化精华；建立文化自信，确信近年来中国迅速崛起所依赖的厚重文化积淀。

以往的西方霸权以坚船利炮，强行打开别国大门推行其文化。而中国从“丝绸之路”时代起，就以文明的自然融合而与沿线各国之间相互往来。今天中国的“一带一路”倡议本身就带着浓郁的中国文化气息面世，为越来越多世界各国和国际组织所接受和认可，实现越来越广泛的参与，“一带一路”倡议已经成为中国文化“走出去”的一个强音。习近平主席一次次在国际上宣讲“一带一路”，其实就是在亲力亲为地为中国文化代言。“一带一路”为国际社会广泛接受的同时，也为中国文化走向世界造了一艘大船，而如何将优秀的中国文化思想、中国文化产品运送出去是我们面临的问题。植根传统，从传统文化中提炼出文化精品，将是我们文化“走出去”的未来发展方向。

比如，中医、太极都是中国传统文化的代表，充分体现了“天人合一”的思想。中医将人体各部位、器官看成一个整体，从内在的平衡、循环来关注人体健康，完全不同于“头痛医头、脚痛医脚”的治疗思路。同时将人与自然看成一个整体，从大自然的万事万物中找寻治病良药。在澳洲，中医是非常受欢迎的，澳大利亚成为第一个以立法方式承认中医合法地位的国家。

2016年12月9日，在第十一届孔子学院大会上召开期间，中医、太极等中华文化对外交流座谈会也在昆明同期召开。教育部副部长郝平出席会议并发表重要讲话。郝平指出，党的“十八大”以来，以习近平同志为核心的党中央高度重视中医、太极等中华文化对外交流的工作。中医、太极文化是中华民族的瑰宝，也是全人类的共同财富。要切实增强使命感和责任感，积极统筹协调各方资源，推动中医、太极等中华文化走出国门、传播普及。要支持各国孔子学院开设更多中华文化课程，推动所在大学开设相关专业，举办更多社区推广活动。要大力发展开设中医、太极等中华文化特色孔子学院，充分发挥示范引领作用。

既要根植传统，还要不忘立足当下，继往开来。近代中国曾经历了一个封闭、动荡、衰落的阶段。新中国成立以后，中国逐步在现代化建设中迎头赶上。改革开放后更是迎来了全面发展的新阶段。当今中国在高铁、新媒体、电子商务、微生活等方面发展迅猛，文化“走出去”的方式、方法也因此而更加多样化。相较“丝绸之路”时代，骆驼必定已经不是最适合的运送工具了，现代化的信息、交通工具决定了我们今天可以更快捷、更广泛地进行文化交流。现代化的联通设施将加速各种政治、经济、文化的互通，中国古老的传统文化、中国现代的科技文化将以崭新的姿态重新出现在世界面前。

而我们需要做的则是更细致地梳理，更精心地打磨，更世界化地表达，让中国传统文化精神更清晰地呈现出来，为全人类造福。

三、抓住机遇，打造精品

“一带一路”为文化“走出去”提供了新机遇。“走出去”的文化，必定要体现中国价值 。赵磊在《文化经济学的“一带一路”》中提炼出了“中国价值”的四个特征：一是要体现中国特色；二是要能够被世界分享；三是要简约、要美；四是要以人为本，关注“人的价值”。①

古“丝绸之路”上“走出去”的丝绸、瓷器、茶等无一不是中国文化瑰宝，凝结着中华民族的智慧。针对“一带一路”上“走出去”的文化产品，我们仍然需要的是精心打磨的文化精品，是精致的文化提炼和文化表达。文化产品一样需要包装，需要以容易接受的方式进行表达，用当代世界能够读懂的方式讲述中国故事，将中国精神进行国际化表达，打造中华文化旗舰项目。

莫言、屠呦呦因为诺贝尔奖而在全世界名声大噪，刘慈欣的科幻小说《三体》荣获国际科幻大会大奖雨果奖……他们的获奖，标志着中国文化实力的世界认可度在增强。从文化产品角度而言，莫言的作品、全世界年轻人追捧的《三体》以及其他优秀文学作品，如何以文化产品的方式将它们呈现于世界；屠呦呦的科研成果如何进一步得以转化和传播，都是值得探索的现实问题。

2016年年初，一部由英国广播公司（BBC）、美国公共电视网（PBS）联

① 赵磊. 文化经济学的“一带一路”［M］. 大连：大连理工大学出版社，2016：53.

合制作的《中华的故事》火爆西方，这几集讲述中国历史和传统的纪录片，占据了BBC二台黄金时间。好莱坞大片《爱丽丝梦游仙境2》，女主角爱丽丝一身的“中国风”服饰让影迷眼前一亮。《琅琊榜》《芈月传》等国产剧也在海外掀起收视热潮。

“一带一路”的机遇已在眼前，打造文化精品，开启新一轮文化交流迫在眉睫。进入现代社会，中国在文化交流中明显处于弱势。能够吸引国际社会关注的文化产品、文化事件或文化人物屈指可数。孔子学院可以说是难得在短短十几年中产生巨大国际影响的一个。自孔子学院诞生十几年来，从无到有，从小到大，蓬勃发展，遍及全球。截至2020年7月，我国已在全球162个国家和地区设立548所孔子学院和1,193个孔子课堂，带动60多个国家将汉语教学纳入国民教育体系，推动170多个国家开设汉语课程或汉语专业，拉动全球汉语学习人数迅速攀升至1亿。然则喜人的数字背后，仍然存在诸多问题。深化内涵、打造精品并使其成为一个强大的世界品牌，仍有一段很长的路要走。发展理念的前瞻性和国际化、语言教学的课程精品化、文化活动的品牌化……每一种文化产品都关乎国家形象、国家声誉，是文化是否成功“走出去”的重要载体。

第三节　孔子学院在经济与文化传播中的作用

一、全新的中国文化全球化打开方式

2018年2月，中央电视台《新闻联播》曾报道过美国知名投资家吉姆·罗杰斯（Jim Rogers）培养两个女儿说得一口流利中文的故事，两个小姑娘说中文的视频也被屡屡热传。罗杰斯在一次演讲中说：“我在美国经常跟我的朋友说，如果你有孩子的话，应该让他们学习中文。因为中文将是他们余生最重要的语言。”扎克博格在清华大学演讲时，全程用中文，并表示“我觉得中国是伟大的国家……我觉得学习语言帮我学习文化……”美国前总统特朗普的外孙女阿若贝拉也在学习中文，并在推持上发布唱中文歌、朗诵中文诗歌的视频。傲立千年、大浪淘沙的中国文化一直具有独特魅力。在中国迅速崛起的今天，更有无

数目光转向中国。有人说，汉语教学在这个时代可谓“生逢盛世”，越来越多的各国有识之士立足未来，看到了中国不可限量的发展前景，意识到学习中国语言文化的紧迫性。因此可以说，孔子学院的诞生是这个时代的必然。孔子学院的诞生，也正加速全世界对中国的了解。在全球化的今天，孔子学院以最适合这个时代的姿态，让世界了解今天的中国、真正的中国。

经济全球化、信息一体化，让国与国之间的相互依存越来越明显。各国需要将各自发展纳入全球化语境之下，增进彼此间的相互了解比以往任何一个时代都更加紧迫。孔子学院恰是这个时代的产物，让中国文化得以在全球化语境下获得一个被正确打开的全新方式。

孔子学院总部党委书记、副总干事马箭飞在《中国教育报》2018 年 1 月 24 日头版发表的题为《办好孔子学院 贡献中国智慧》的文章中指出：孔子学院的初心是面向全球开展汉语教学、传播中华文化，促进中外人文交流和民心相通，推动多元多彩的人类文明发展。孔子学院自创办以来，始终坚持中外双方平等合作、互利共赢的办学模式，砥砺奋进、开拓创新，从无到有、从小到大，蓬勃发展，遍及全球。作为世界认识中国的重要平台，孔子学院有力地推动了全球范围内的“汉语热”“中国热”持续升温，有效加快了汉语和中华文化走向世界的进程，为促进中外人文交流、增进中外人民友谊、推进世界多元文明互学互鉴发挥了独特作用，做出了重要贡献，受到各国人民的热烈欢迎。

（一）立体呈现中国文化本来面貌

自 2004 年 11 月 21 日中国第一所海外孔子学院在韩国首尔挂牌，孔子学院应世界各国高校等要求，在世界各国生根开花。

与其他文化传播方式相较，孔子学院比一本书、一种视听媒介、一次文化交流更具有全方位、立体化的意味。语言教学，为有意愿了解中国、有兴趣学习中国文化的各国人民提供了一个长期、全面、循序渐进地与中国交流、对话的方式。孔子学院的主要工作就是根据所在国需求开展语言教学。各国孔子学院学员被中文这种独特、古老而神秘的语言所吸引，愿意走进孔子学院学习。美国亚利桑那大学行星科学系教授萧丹（Adam Showmen）说：“我很欣赏中国的古诗，我觉得这和英文的诗完全不一样，它有特别的美，但又不能翻译成英文，只有用中文读。”萧丹教授一直在亚利桑那大学学习中文，学习中文让他获得了很多乐趣，也了解了很多有意思的文化。语言是文化的载体，而文化也同时助力语言学习。孔子学院里各种丰富多彩的文化活动，让各国汉语爱好者在语言学习中接触到有趣的文化活动。一些原本不了解中国的人，开始接触、了解甚至开始喜爱中国文化。电影周、图书展、文化讲座、文艺演出、摄影展、语言文化日、汉语桥比赛……是很多孔子学院的常规活动，也有孔子学院结合自身特色和优势，做了一些有关中医、武术、艺术、商务等特色活动。仅2012—2017年，全球孔子学院和孔子课堂就累计举办各类文化活动10万多场，参加人数达6,000万人。同时这5年间，还组织100多所国内高校派出艺术团组和专家学者赴世界各地孔子学院进行文艺巡演、文化巡讲、艺术巡展等3,000多场，观众达300万人。一所孔子学院，在所在国的一方小空间中，营造出一个“小中国”的文化环境，通过这扇窗口，立体地呈现中国的样貌。孔子学院的工作人员来自中外双方，孔子学院总部每年也会派出一定数量的汉语教师和志愿者，他们会在一个延续的时间轴线上，持续不断地以各样方式呈现最新、最立体的中国。中国不再只是存在于某些视听片段中、文化传播中，孔子学院在一定程 度上有效避免了盲人摸象、断章取义的传播隐患。

在许多“一带一路”沿线国家，孔子学院一直起着独特的文化桥梁作用。孔子学院在开展汉语教学活动的同时，也极大地带动了本地区、本学校和“一带一路”沿线国家，在人文交流、姊妹学校、友好省州、经贸往来等各领域、全方位的合作。在2016年12月11日召开的“孔子学院与‘一带一路’建设工作座谈会”上，教育部副部长郝平在总结讲话中指出，孔子学院扎根本土，因地制宜、灵活多样地开展语言教学和文化交流活动，为巩固和夯实与“一带一路”沿线国家的民意基础做出了重要贡献。郝平指出，“一带一路”是中国教育国际合作交流的顶层设计，是在更高层次、更大范围推进教育国际合作交流的重要抓手。

孔子学院的文化传播方式，囊括了影视、图书、讲座、展览以及访问、演出等各种文化交流活动。孔子学院在作为文化交流窗口的同时，也兼具文化容器的功能，为文化交流提供了绝好的平台。全球500余家孔子学院遍布世界各地，每个孔子学院几乎都兼具了中文图书馆的功能。中文书的海外收藏量较之中国高校图书馆的英文藏书量，可以说少之又少，而各孔子学院的藏书则成为所在国中文藏书的有益补充，为中文爱好者提供了便利。

此外，孔子学院还具有其他传播方式难以达成的深度交流互动的传播功能。围绕汉语教学主线，HSK 考试、汉语桥比赛、中国夏令营、中小学校长考察团、孔子学院奖学金、新汉学计划等各种项目，为各国汉语爱好者提供了机会，通过孔子学院走向中国，以亲身体验来感受真正的中国。语合中心每年组织 HSK（新汉语水平考试）、HSKK（汉语口语水平考试）、YCT（青少年汉语水平考试）、BCT（商务汉语考试）等多种汉语水平考试。

“十三五”期间全球参加 HSK（中文水平考试）、YCT（中小学中文考试）等中文水平考试的人数达 4,000 万人次。2020 年新冠疫情期间，许多考点开始探索网考模式。2021 年来自印度尼西亚雅加达、泗水、北干巴鲁、玛琅、三宝垄、梭罗、占碑、坤甸和巴厘岛 9 个分考点的 1,000 余名考生，参加了 HSK 居家网考。同日，在俄罗斯，通过居家网考形式举办的 HSK 考试和 HSKK 考试涵盖了 HSK1—6 级、HSKK 初级至高级，吸引了 530 余名考生参加。与上次考试相比，本次考试各级别考生人数都有明显增加，尤其是参加 HSK5 级、6 级的考生，人数增长显著。在泰国普吉考点，2021 年度第五次 HSK 考试以线下方式进行。考试分别在宋卡王子大学普吉校区、素叻校区、董里校区、甲米府阿玛众成中学和素叻府圣母玛利亚学校 5 个考点进行，参与人数突破 600 人。

由语合中心组织的“汉语桥”已成为全球最重要的中文比赛，自 2022 年举办首届比赛以来，已有 150 多个国家，超过 140 万名各国青少年踊跃参加。截至 2021 年，世界大学生“汉语桥”中文比赛已举办 20 届，世界中学生“汉语桥”中文比赛已举办 14 届。因这座语言之桥、文化之桥，以往每年都会有 3 万多名各国教育官员、大中小学校长和师生来华参加夏令营或文化考察，亲身体验中国文化。

孔子学院全方位、立体、多元化的传播方式，助推中国文化学习在全球形成风潮。

（二）广泛深入与当地文化契合

作为文化传播载体，孔子学院、孔子课堂在全球的建立已枝繁叶茂，从东方到西方，从北半球到南半球，从发达国家和地区到极不发达国家和地区，有汉语学习需求的地方，就有孔子学院存在的可能。孔子学院 2017 年在全球的分布情况由图 2–1 清晰可见，覆盖全球 142 个国家，美洲 22 国、欧洲 43 国、亚洲 33 国、非洲 38 国、大洋洲 6 国，与各种文化产品相比，孔子学院的传播效果可谓最为广泛。

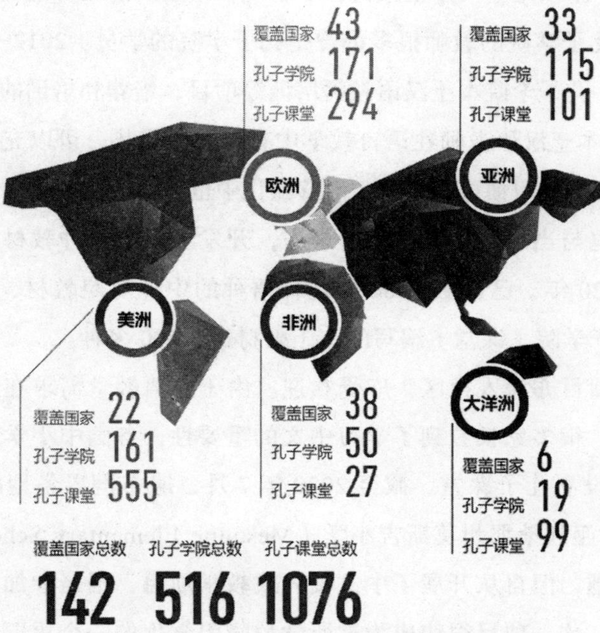

图 2–1　孔子学院及课堂分布图①

在孔子学院建设放缓步伐的情况下，仅就 2012—2017 年来说，新增孔子学院仍然达到了 116 所，新增孔子课堂 541 所，而且又覆盖了 34 个空白国家；现有专兼职教师 4.6 万，各类学员 210 万，其中包括网络学员 55 万。

作为所在国的一个文化机构，孔子学院是根植所在国，按照所在国的法律、规章、习惯、风俗，以当地的方式存在的。同时通过各种合作，其渐渐与当地本土汉语教育教学机构打成一片甚至融为一体。汉语教学工作者除了有国内汉语教师及志愿者以外，还有当地本土汉语教师。孔子学院许多学员也通过之后的继续学习和深造，成长为当地本土汉语教师。因此，在全球各种孔子学院汉语教学和文化活动中，有相当一部分是本土教师或工作人员。

本土教师可以走到最普通的民众中间，以本土语言、本土思维方式来讲解中

① 砥砺奋进的五年：数据看孔院（2012—2017）[EB/OL].（2017–10–25）[2020–10–19]. http://www.sohu.com/a/200183354_100009184.

国语言文化，汉语教学由“我说我讲”变成“你说你讲”。许多孔子学院学员，通过孔子学院开始了解中国文化，进而迷上了学习汉语语言文化，有的还通过申请孔子学院奖学金到中国深造了汉语国际硕士，然后再回到孔子学院，由从前的学员变成教师。塞尔维亚贝尔格莱德孔子学院在本土汉语教师培训方面的成绩可圈可点。目前孔子学院的教师很多都曾是孔子学院的学员。2012—2017年，孔子学院奖学金、孔子学院本土汉语教师培训等项目，培养和培训的本土汉语教师达20万人次。本土汉语教师在语言教学中有着独特优势，可以充分结合本土学生的文化背景、接受习惯进行教学，潜移默化中也进行了文化融合。

孔子学院也与当地教育机构充分合作，开发编写各语种教材。据语合中心统计，截至2020年，已出版了80种注释语种的中外对照教材，120多个国家的400余所孔子学院（课堂）编写的本土教材达3,000多种。

孔子课堂项目亦深入社区，广受欢迎。由于汉语教学需求在许多国家、地区越来越强烈，很多家长看到了学习中文的重要性，各国中小学纷纷主动联系孔子学院要求设立孔子课堂。截至2020年7月，遍布世界各地的孔子课堂达1,193个。美国亚利桑那州莫斯吉小学（Mesquite Elementary School），所处地理位置并不优越，但自从开展了中文浸入式教学项目，报名参加中文浸入班的学生越来越多，这一项目很快成为这所学校吸引学生的一个重要优势。美国学生在这里和中国小学生一样，用中文学数学、学科学。最初学校担心这会影响学生的数学学习水平，每天要追加英文数学课，后来渐渐发现中文项目班级学生的数学水平反而在同年级保持了较高的水平，以至于后来只用中文教数学。更多家长看到了接受中文教育的学生得到了更多的学习能力开发机会，得到了更多开眼界的机会，得到了两种不同思维思考的锻炼，因此中文项目炙手可热，一再扩大规模。每到举办汉语日、中国年庆祝活动等大型活动的时候，这些孔子课堂的庆祝活动就成了师生家长共同参加的中国文化大联欢，实现了真正的情感互通。这是其他传播方式难以企及的效果。要实现“一带一路”倡议中的“五通”，语言互通是一个重要基础。“五通”中很重要的一点是民心相通，而语言互通是民心相通的基本保障。“一带一路”沿线65个国家，至少有50多种国家通用语、200多种民族语言。在全世界各地的孔子学院、孔子课堂，不同民族、不同肤色的学生在文化交流中享受着无穷的乐趣。台上的孩子们开心地表演中文歌，台下的家长们欢呼喝彩，其乐融融，这便是民心相通。

除了在中小学设立孔子课堂，孔子学院还根据当地需求，为中国文化爱好者开设各类文化课程。商务、中医、武术、国画、中国乐器、中餐制作……不一而足。美国亚利桑那大学孔子学院有个紫竹乐团，是个中国民乐演奏团，活跃在当地的各种演出中。弹琵琶、拉二胡、弹古筝、敲扬琴的中美音乐爱好者们，在一个美国小伙子的指挥下，呈现出一派民族文化交融的和谐画面。在许多国家，你都可以看到各国人民挥毫泼墨或是舞刀弄棒，享受中国文化的学习乐趣。

中西文化充分融合、碰撞，是孔子学院文化传播的一个重要特色。孔子学院在当地越生根，就越发呈现出本土化风貌，各国文化自然融入的同时，也从这里传向中国。这里像丝绸之路上的驼队，承载的是各国的文化财富。辜正坤教授在其《中西文化比较导论》中提道：西方文化本身价值恰好是要在中国文化的比照下才能够显示出来的；同理，中国文化的特殊价值，也是需要在西方文化的陪衬下才显示出来的。因此，世界如果碰巧只是存在中国文化或只存在西方文化，都无疑是一种悲剧。没有中国文化模式，西方文化将永远片面下去，并会迅速导致爆炸性灭亡；没有西方文化，中国文化将必然萎缩下去，并会最终导致止水一潭的僵化性灭亡。[①] 文化的保护、文化的传承、文化的交流，无论哪一方面都对每种文化很重要，东西文化交互构成统一的、全人类的阴阳太极文化圈。

孔子学院还延伸出各种中外教育文化交流合作。因为孔子学院，各国汉语爱好者走向中国，中国文化交流者走向世界各国。孔子学院成了汇集各国智慧的中枢，文化之河交汇的节点，得到了许多国家的认可和重视。2017 年 9 月 9 日，“一带一路”亚洲孔子学院联席会议在泰国曼谷召开，来自“一带一路”沿线 30 个亚洲国家的 77 所孔子学院、部分中方合作院校及泰国中资企业共 250 余名代表出席。10 月 6 日至 7 日，马其顿圣基里尔·麦托迪大学孔子学院成功举办第三届“中国·东欧”论坛，马其顿总统加尔盖·伊万诺夫出席并致辞。2017 年 11 月 3 日至 11 日，来自美国 28 个州和华盛顿哥伦比亚特区的 187 位教育行政官员和主流中小学校长受邀来华访问。在这一周时间里，代表们不仅在北京访问了北京中小学，体验了中国传统文化，参观了长城和故宫，还分成了 6 组赴天津、河南、山东、陕西、四川、福建等地交流访问，体验当地特色文化，

① 辜正坤. 中西文化比较导论［M］. 北京：北京大学出版社，2007：169.

参观当地中小学，观摩课堂，并与学校校长及师生进行深入交流。代表团共访问了60所大中小学，有121所中方学校参与了当地中美校长论坛暨合作洽谈会，签署了158份合作谅解备忘录，内容涉及校际合作、教师和学生交流等。每年的孔子学院大会、全美中文大会、北美联席会议、欧洲联席会议、南美联席会议、非洲联席会议、亚洲联席会议等，成了世界各地的全球性盛会。世界各国的教育界甚至商务人士，都在这个由孔子学院搭建的平台上资源共享，文化互通。“一带一路”沿线的俄罗斯、乌克兰、白俄罗斯、格鲁吉亚、阿塞拜疆、亚美尼亚和摩尔多瓦七国，与中国的双边关系始终表现出强大的生命力。2006—2019年，这七国在30个城市设立了34所孔子学院和8个孔子课堂。[①] 2018年亚美尼亚埃里温布留索夫国立语言与社会科学大学孔子学院举办首届亚美尼亚高校大学生中文电影配音大赛，吸引了许多汉语学习者参赛。2018年，白俄罗斯国立体育大学孔子课堂举办了白俄罗斯国际中华武术邀请赛，着力打造中华武术文化推广品牌。摩尔多瓦自由国际大学孔子学院举办“行当之美”京剧知识讲座，通过图片和现场展示等方式介绍了中国京剧的生、旦、净、末、丑以及各行当内的细致分工，并进行了现场表演，组织了气氛热烈的互动环节，从而增进了摩尔多瓦民众对中国京剧的了解与欣赏。2019年，俄罗斯布里亚特国立大学孔子学院举办“太极拳日”，吸引了许多当地爱好者参加。俄罗斯下诺夫哥罗德国立语言大学孔子学院举办端午节文化体验活动。2020年，新冠疫情暴发后许多孔子学院开始开展线上文化活动。2020年，中智建交50周年之际，中国传媒大学共建智利边境大学孔子学院成功完成线上揭牌，正式启动，成为对中智建交的一份宝贵献礼。2021年，边境大学孔子学院举办了线上中秋诗词戏曲鉴赏会，并在网络播放，吸引了大量网络观众。

本着自主、自愿的原则，中国文化正通过孔子学院广泛深入地与当地文化实现契合。

二、中外经贸的新桥梁

近年来全球汉语热的兴起，与中国经迅速济崛起有着必然的联系。很多汉

① 孔子学院：一带一路沿线国家的文化“驿站”[EB/OL].（2020-04-17）[2022-03-23]. https://baijiahao.baidu.com/s?id=1664183984798894015&wfr=spider&for=pc.

语学习者看到了中国的未来，认为学好中文将大有可为。孔子学院的汉语学习需求与中外商务往来密切相关。因此，从语言学习本身而言，孔子学院为中外经贸合作创造了可能性；孔子学院中各种语言文化活动，又为中外企业创造了无尽的合作可能性。

（一）语言文化带来新机遇

语言不仅具有文化传播的功能，还可以有效促进经济发展，而且语言本身也具有一定的经济价值、社会价值。[①]在孔子学院的语言教学中，很重要的一类课程就是“商务汉语”。一些学员因为个人发展需要和对中国经济商贸的兴趣等注册学习，另外一些则是各种跨国企业直接与孔子学院合作。

在语言学习中，学习者随着对中国了解得越多越深，就越有可能产生文化认同，增强对中国的文化产品乃至其他商品的认可和接受。根据统计数据，我国向建立孔子学院数量比较多的国家（地区）出口贸易额也比较大。[②]

2015 年 4 月 20 日，英国兰卡斯特大学孔子学院首个商务汉语硕士学分课在大学校园里正式亮相，24 名兰卡斯特大学国际创新专业硕士生开始修读该必修课程。课程周学时数为 8 节，老师们在课堂上创设沉浸式学习环境，采用讲座（lecture）和研讨（seminar）的方式组织教学活动。课程以培养学生商务汉语交际能力为目的，帮助他们实现拓宽择业范围的长远规划。

孔子学院中这种商务课程广受欢迎，同时也有一些企业主动找到孔子学院，要求为其定制商务课程。南非德班理工大学孔子学院与南非著名国有企业 Transnet Engineering 公司合作开设商务汉语班，分批、分期为即将赴华进行商务交流和合作的数十名高管进行商务汉语培训。泰国普吉孔子学院董里分部应董里府泰商会的邀请，为其开设商务汉语培训班。荷兰格罗宁根孔子学院曾多次应邀为美素等本土企业，以及华为公司、中国工商银行等驻荷中国集团进行汉语、中国文化等培训、讲座。

2016 年 9 月 9 日由伦敦商务孔子学院举办的第六届“商务汉语教师培训班”在伦敦举行，驻英使馆公使衔教育参赞王永利应邀出席开班仪式并致辞。他表

① 唐淑宏. 孔子学院发展中面临的问题与对策［J］. 沈阳师范大学学报（社会科学版），2011（6）：142–144.
② 谢孟军. 中华文化“走出去”对我国出口贸易的影响研究［J］. 国际经贸探索，2017（1）：32–46.

示，语言是不同国家的人与人之间增进友谊、加深了解的纽带，希望参加培训的教师能充分利这一机会，在专家、学者的指导下通过集中授课、教案分析及经验分享来提升商务汉语教学的水平，为推动中英教育、商贸合作做出贡献。同时，伦敦商务孔子学院的商务汉语教学课程自 2011 年开设以来，已经为英国及欧洲地区培训了近 200 名从事商务汉语教学的专业人才。

美国学生高登（Gordon）是华尔街一家投资咨询公司的总经理。毕业于哥伦比亚大学商学院的他，一直为不懂汉语、无法加入中国投资热而苦恼。幸运的是，他被朋友推荐到了纽约州立大学商务孔子学院学习商务汉语。“我每周上两次商务汉语课，上课的内容大多围绕当下最鲜活的案例。”高登说，“老师不仅教给我们中国商务场合的表达，还侧重介绍现今中国经济发展的趋势和特点。这样的课程无论是对公司的未来决策，还是对个人的职业发展都有益处。”①

不同国家、民族有其各自不同的文化背景和消费方式，民族间的文化差异常常会对双边贸易产生影响。文化互通对于双边贸易具有至关重要的作用，会大大降低交易谈判成本，有效避免因文化差异造成的障碍，提升成功率。两国进行文化沟通时，随着语言输入国对语言输出国学习人数增多，语言输出国对语言输入国的对外直接投资会明显增加。②Wheeler 认为孔子学院与中国在该地区的经济利益密不可分，特别是非洲要加强与中国的贸易关系，孔子学院的分布反映了中国的利益分布。③孔子学院的语言文化教学活动也在国际贸易的需求中不断完善，自然地搭建起经济交流的桥梁。

（二）经贸互通的新窗口

根据统计数据显示，我国向建立孔子学院数量比较多的国家（地区）的出口贸易额也比较大。对外直接投资一般是长期活动，彼此之间的信任在其间发挥了较大作用，对语言和沟通的便利性要求更高，在孔子学院等稳定的语言推广机构出现后，可以有效增进贸易双方的了解和沟通，因此可以大大提高直接投资。而且孔子学院还可以增进两国民众之间的沟通和交流，促进跨国友谊和

① 美国商务孔子学院成就美国人的中国商业梦［N］. 中国教育报，2016-12-02（5）.

② KIM M，LIU A H，TUXHORN K，et al. Lingua mercatoria：language and foreign direct investment［J］. International studies quartely，2009：312-341.

③ WHEELER A.Cultural Diplomacy，Language Planning，and the Case of the University of Nairobi Confucius Institute［J］. Journal of Asian & African Studies，2013（1）：49-63.

信任的建立，这些都可以弥补国与国之间的信息不对称，增进两国及其人民之间的联系，降低交易和沟通成本，从而促进对外直接投资的显著增加。[①] 随着孔子学院的发展，根据当地需求，开始出现专业型孔子学院，其中就有一种叫作“商务孔子学院”。作为语言文化桥梁，孔子学院天然自发地产生了商务功能。而在这种商务需求日趋增大的趋势下，商务孔子学院应运而生。

2006 年，在英国建立的商务孔子学院是中国教育部和汇丰银行等五家英国企业在伦敦联合设立的全球首家商务孔子学院，是专门为英国公司中高层管理人员开设的。商务孔子学院除教授汉语和中国文化以外，还讲授中国商务知识，将语言教学和商务专业性相结合。这正是根据当地需求应运而生的孔子学院，让从事中国商贸行业人士得到专业的行业语言文化培训，以提升工作效率。孔子学院开发创新性商务汉语课程，包括前英国外贸与投资部部长、太古集团执行董事、BP 集团政治顾问、阿联酋公主、伦敦石油公司总裁等在内的大批高层次学员。另外，平时商务孔子学院还会并组织汇丰银行中国文化日等高端商务和文化活动。

2008 年 9 月 4 日，丹麦的哥本哈根商务孔子学院也正式开始运行，自建院起组织了各类学术研讨会、孔子学院工作会以及新书发布会等一系列学术交流活动，并定期举办各类讲座。2013 年 3 月 21 日，哥本哈根商务孔子学院举办了主题为“全球化视角下的丝绸之路”的中国文化讲座，由外方的中国学研究者 Birgitte S. Crawfurd（比吉特 · S. 克劳弗德）女士向当地人讲授中国的丝绸之路。在讲座中，Crawfurd 女士将丝绸之路研究资料与自己实地考察各国的历史文物、图片等相结合，把具有两千多年历史的东西方贸易、文化等的交流渠道——丝绸之路全方位地展现给听众。

2008 年雅典商务孔子学院成立；2010 年纽约州立大学商务孔子学院成立；2012 年英国利兹大学商务孔子学院成立；2014 年 3 月 28 日，法国欧诺商务孔子学院成立；2015 年 12 月，澳大利亚维多利亚大学商务孔子学院成立……

2017 年 11 月 24 日，中国国务院副总理刘延东和法国外长勒德里昂共同见证了孔子学院总部与法国巴黎大区工商会签署《关于合作设立法国 ESCP 欧洲高等商学院商务孔子学院的协议》……商务孔子学院接连诞生，且在“一带一路”沿线的欧洲国家尤其集中。

① XU L. Report on the 2011 work and 2012 plan of the Confucius Institute Headquarters [R]. Confucius Institute，2012.

法国诺欧商务孔子学院以推广中法经济与商务交流合作为重点，多次举办中国商务和跨文化管理的讲座、研讨会以及培训课程。仅2016年就举办了10场有关中欧商务方面的讲座，并推出了“相遇中国企业”“作者谈书”等系列企业活动。选题上不仅关注“一带一路”“绿色经济”等宏观课题，也重视中小企业在“跨境”“品牌管理”等方面的经营实务。

除了专门的商务孔子学院外，许多孔子学院也以商务文化交流为特色。作为“一带一路”上重要的中欧商务贸易伙伴，荷兰对孔子学院有着天然的商务合作需求。荷兰格罗宁根孔子学院根据当地需求，自创办之初就一直开设商务汉语课程，与当地企业合作举办汉语及中国文化培训讲座。还曾于2013年联合格罗宁根大学商学院，共同邀请被称为“中国风险投资之父”的成思危教授赴荷演讲，在当地引起了极大反响。成思危在提到外国资本和外国公司进入中国的话题时表示:“海外企业想要同中国做生意、打交道，必须先学习好中国文化，中国文化重视友谊，强调理解和信任关系，外国企业要耐心地同中国同行加强沟通，建立信任关系。对中国文化有着深入了解，才能给外国企业带来真正的成功。”这番话赢得了满场听众的热烈掌声。格罗宁根孔子学院国内合作院校中国传媒大学，在格罗宁根汉斯应用技术大学设立了“中欧品牌研究中心”。2015年，格罗宁根孔子学院还与中国传媒大学联合举办了“当代中国广告荷兰巡展”，当地政界、商界、文化界人士纷纷前来参加。格罗宁根市市长彼得·登奥斯登出席并致辞，感谢孔子学院为促进荷兰人民了解中国所做的努力。他说，从教授中文、举办文化活动，到搭建更广泛的合作平台，活跃在荷兰北部地区的格罗宁根孔子学院不仅是知识传播机构，也是当地企业、民众与中国伙伴间有效沟通的桥梁。他表示，今后格罗宁根市政府将继续致力于推动当地企业与中国进行更广泛、更有成效的交流与合作。开幕式当天还举办了“沟通·交流——中荷交流与合作论坛”，中荷企业家和学者还就数字时代发展机遇、中荷食品农业合作前景、中国品牌全球形象等议题展开交流与讨论，为中荷企业家提供了探索合作的宝贵机会。

2016年5月，巴西圣保罗孔子学院携手圣保罗中资企业和巴西祎思公司举办首届圣保罗中资企业人力资源大会，中国三峡、中国电网、华为等9家大型中资企业参加，提供93个高级工作岗位，吸引了近500名求职者，为孔子学院学员就业拓展渠道。孔子学院与华为巴西公司等签订战略合作协议，在汉语培训、人才培养等方面开展合作。墨西哥尤卡坦自治大学孔子学院作为桥梁，使得墨西哥梅里达市和中国成都市结为姐妹城市。孟加拉国南北大学孔子学院面向当地中资公司开设商务汉语课程，与中资企业建立密切的联络，与华为技术（孟加拉）有限公司、东方航空公司、中国外运长航（孟加拉）有限公司等企业达成合作，向企业输送了一大批优秀的本土汉语人才。斯洛文尼亚卢布尔雅那大学孔子学院，根据当地需求开设特色商务课程，已为当地政府和员开设商务讲座，并通过教授"如何与中国做生意"等课程，为斯洛文尼亚最大食品企业、知名汽车公司进入中国市场提供战略咨询。

在2016年孔子学院大会的校长论坛上，英国利物浦大学副校长加文·布朗（Gavin Brown）认为，孔子学院通过与地方政府合作支持当地企业与中国合作，进而推动该地区企业与中国的长期合作。中信建设有限责任公司副总经理刘桂根认为，孔子学院与商界企业合作，不仅能够得到企业的经济支援，也能与"一带一路"倡议相关的建设工程结合起来培养人才，促进当地经济发展，让文化融合变得更加有效。罗马尼亚锡比乌卢奇安·布拉卡大学校长约安·邦德雷亚（Ioan Bondrea）说，文化不仅能加强国家经济和政治影响力，它还是公共外交政策的基本框架和支柱，"一带一路"倡议连接了欧洲、亚洲和非洲国家，也将中国和中东国家双边关系推上快速发展的道路。

孔子学院为中外经贸互通打开了一扇全新的窗口，创造了更多可能。说到底，孔子学院这扇奇妙的窗口，是国与国之间交流的通道。语言学习过后的语言相通，必然带来各国之间增进了解、加强对话和往来的概率。借助孔子学院的力量，"一带一路"倡议也得以更加顺利的实施。

（三）助力"一带一路"

如前所述，世界各地对与中国商贸合作需求积极活跃的地区，往往对孔子学院的商务功能提出了新要求。不难看出，"一带一路"沿线的孔子学院建设更多呈现出商务特色。首先，孔子学院与"一带一路"倡议一脉相承，增进了解，相互学习，利益共享，风险共担。其次，"一带一路"为各国提供了培训活动，如给合资企业人士上中文课，给中国驻外企业员工上英语课。我们因此有理由说，孔子学院为助力"一带一路"做出了巨大贡献。

先说汉语课堂，这就是一扇了解"一带一路"的窗口。2016年6月11—

12日，上海财经大学举办了“商务孔子学院发展与汉语国际教育暨第六届中外商务合作跨文化交际与商务汉语教学研讨会”。北京大学陆俭明教授为大会做了主题为“‘一带一路’建设需要商务汉语教学”的发言。陆教授开门见山地提出要认识“一带一路”的深远意义，重点强调了商务汉语教学在“一带一路”建设中的重要作用，并认为“一带一路”建设前景光明，而汉语教学特别是商务汉语教学更是在“一带一路”建设中大有用武之地。《人民日报》海外版2016年5月23日载文《跟着〈新闻联播〉学汉语》，讲述了俄罗斯国立人文大学孔子学院李桃在课堂上通过播放《新闻联播》视频，让学生了解了“一带一路”“十三五”，以及淘宝和京东。学生们都很想了解中国最新的经济状况，比如小米手机和“双十一”现象。近两年来，京东和阿里巴巴开通了速卖通在线交易平台，被称为国际版“淘宝”。学生中有不少人使用这些网站购物，对中国“双十一”购物节很感兴趣。李桃老师针对学生的兴趣点，讲解了“双十一”购物节的缘起、发展、数据分析和营销策略，再配合一本俄语杂志《中国》（*Китай*）上关于2015年中国“双十一”的报道，让学生比较全面地了解了“双十一”购物节的来龙去脉，也了解了中国电商发展状况。当他们看到《新闻联播》“数说”系列中关于“双十一”的销售数据时，啧啧赞叹。

汉语课堂教学之外，孔子学院也根据当地需求，围绕“一带一路”组织各种讲座、论坛、展会等。2015年6月24日，全球第一家海上丝绸之路（海上丝路）孔子学院在泰国博仁大学正式成立。海上丝路孔子学院主席赵昆通猜说，中国的“一带一路”倡议是中国对世界和平及促进周边国家共同发展的贡献。2015年是东盟一体化的起点，也是泰中建交40周年。海上丝路孔子学院的成立，旨在更好地发展和提升泰国作为海上丝路枢纽的汉语教育水准，为促进泰中两国各领域交流服务。2017年9月9日，“一带一路”亚洲孔子学院联席会议在泰国曼谷召开，来自“一带一路”沿线30个亚洲国家的77所孔子学院、部分中方合作院校及泰国中资企业共250余名代表出席。孔子学院总部副总干事、国家汉办副主任夏建辉在开幕式上致辞，他表示，孔子学院开展语言和文化交流，就是在促进民心相通，孔子学院是实践“丝路精神”的先行者。泰国教育部副部长巴那达亲王表示，泰国孔子学院发展的速度在亚洲是最快的，为泰中两国各领域的合作输送了语言人才。中国驻泰国大使吕健表示，希望孔子学院今后为泰国人民了解中国文化、促进中泰友谊、发展泰国经济提供更多的汉语教学和职业教育服务，成为“一带一路”中泰人文交流的重要平台。在会议举办的同时，海上丝路孔子学院与泰中罗勇工业园开发有限公司签署了战略合作伙伴协议。这是孔子学院响应“一带一路”建设的新尝试，为泰国东部经济走廊建设贡献力量。根据协议，海上丝路孔子学院不仅会为工业园区泰籍和其他外籍人士提供汉语培训，还积极开展中泰文化交流活动，为中泰学生提供实习、实践和就业机会，促进中泰教育、文化、经贸合作。

2018 年 1 月 24 日，孔子学院总部副总干事马箭飞在《中国教育报》发表题为《办好孔子学院 贡献中国智慧》的文章。文章中指出：支持和鼓励各国孔子学院根据自身实际情况，在开展汉语教学的同时，分别朝学术研究、文化交流、职业培训等特色方向发展，积极参与“一带一路”建设和中外姊妹学校、友好省州建立以及人文交流、经贸往来等各领域、全方位的合作。①

第四节 基于“一带一路”建设的孔子学院自身传播能力建设

习近平在十九大报告第七部分指出，我们要推进国际传播能力建设，讲好中国故事，展现真实、立体、全面的中国，提高文化软实力。孔子学院本身就是一个真实且立体地展现中国、讲述中国故事的存在。习近平主席开创性地提出了国际关系新思想、新概念，倡导打造人类命运共同体。这一倡议被写入联合国有关文件，而孔子学院正是以分享中国语言文化，让这唯一还在使用中拥有象形文字的独特语言和五千年延续的人类文明为全人类所共享的语言文化机构。

就目前中国的传播能力来看，其在世界传媒业的位置：第一，栖身中游，但绝非砥柱。在近 80 个世界级的传媒集团中，中国仅有 3 个。第二，信息提供匮乏且被动。目前全球五个人之中至少有一个是华人，但全球信息量只有 4% 来自华文媒体，远不及四大英文通讯社所占的八成；互联网上 90% 以上的内容都是英语，近些年中文的内容才开始上升，由以前不足 5% 已经达到 12%，但还远远不够。②

① 马箭飞. 办好孔子学院 贡献中国智慧［N］. 中国教育报，2018-01-24.

② 姜飞. 新阶段推动中国国际传播能力建设的理性思考［EB/OL］.（2015-12-22）［2021-03-17］. http://www.scio.gov.cn/zhzc/10/Document/1459675/1459675.htm.

孔子学院如何立足自身的独特优势，优化中国国际传播渠道和传播效果，成为有待探索的新问题。继乒乓外交、熊猫外交、奥运外交以及高铁外交之后，会不会也诞生一个更接地气的民间孔子学院外交？这需要加强孔子学院自身的传播能力建设，一方面要增强孔子学院在当地的知名度、影响力，为孔子学院课程、活动做宣传；另一方面要生动真实地展示中国。

当今世界，谁的传播手段先进、传播能力强大，谁的思想文化和价值观念就能更广泛地流行，谁就能更有力地影响世界。

一、携手当地媒体，借船出海

每所孔子学院的建立，都是由所在国机构（主要是大学）主动提书面申请而建立的。申请中需要详细阐明当地的汉语学习需求等情况，故孔子学院的建立、存在都是为了满足当地的汉语学习需求。然而，如何让潜在学员知晓有这样一所能满足自己需求的汉语学习处所存在，则要借助当地媒体力量，让想知道、要知道的人了解，在更大范围内分享课程及活动。除脸书、推特、照片墙（instagram）这些备受年轻人追捧的社交媒体外，传统媒体仍然是必不可少的补充，诸如报纸、广播、电视等，常常与孔子学院合作报道相关活动。

2009年，喀山大学孔子学院与俄罗斯鞑靼斯坦共和国“新世纪”电视台THB频道合作，播放了电视专题片《喀山大学孔子学院欢迎您》。该电视台还播放了与喀山大学孔子学院联合制作的专题片《易经》。在泰国，普吉孔子学院董里分部在2014年与泰国国家电视台（The National Broadcasting services of Thailand）合作的《你好，汉语》汉语学习TV秀在电视台播出，片中呈现了初次见面、邀约、购物、就餐、旅行等实际生活中常见的十大场景，为泰国电视观众学习汉语提供了一个新的平台。2015年11月26日，哥伦比亚麦德林孔子学院参与了当地寰宇视野电视台《最阳刚》栏目的拍摄，为观众们呈献了一期精彩的汉语直播课。

除合作文化节目外，孔子学院还做客电视台直播间接受采访。黑山国家广播电视台（Radio Televizija Crne Gorn，简称RTCG）曾经对黑山大学孔子学院中外方院长进行访谈，二位院长绍了孔子学院奖学金、汉语桥和夏令营等项目，鼓励黑山年轻人赴华进修。RTCG还曾采访“汉语桥”参赛选手佩杰和刘玲。

RTCG 作为当地最好的电视台，与黑山大学孔子学院一直保持着友好稳定的合作关系。

2018 年 2 月，玻利维亚圣西蒙大学孔子学院分别做客全国收视第二的红色一台（Red Uno）和圣西蒙大学电视台，为玻利维亚全国民众讲解中国新年风俗习惯。

除了电视台访谈、报道，将孔子学院的活动介绍给大众外，有的孔子课堂是与电视台直接合作建立的。在埃及，尼罗河电视台于 2015 年 8 月与北京语言大学合作创建了尼罗河电视台孔子课堂。孔子课堂节目随后不久在尼罗河电视台教育频道、文化频道和高教频道同时开播，每周播出 4 次，每期节目时长 30 分钟。尼罗河电视台是埃及主要电视台之一，目前共有 11 个频道，在中东及非洲等地区有较大的影响力。

除了广播、电视媒体外，脸书、推特、YouTube 等都可以相互搭配，共同覆盖不同年龄、不同层次的受众。活动事前宣传、事后报道，借助当地大众媒体、网络媒体力量，对孔子学院的工作内容进行展示和宣传。

二、壮大自身媒体力量，造船出海

多年来，中国日新月异的变化总是难以得到及时更新和恰当展现，要么存在中国仍然贫穷落后的刻板印象，要么就是盲目认为中国崛起成为世界的威胁。说到底，中国在海外的形象还是应该由中国自己去打造和维护。2008 年 12 月，在纪念中国电视事业诞生暨中央电视台建台 50 周年大会上，时任中央政治局常委的李长春要求中国的媒体要发展传播能力，“要加快‘走出去’步伐，加强外语国际频道建设，推动电视节目海外落地”。[①]

我们自己的媒体落地海外是其中重要一环。海外受众获取新闻一般还是以本国媒体为主。在美国民众了解中国信息的主要渠道中，美国媒体占 84%，通过中国媒体了解的占 7%。[②] 如果能在海外拥有属于自己的媒体，让中国媒体在

① 李长春：努力构建现代传播体系 提高国内国际传播能力［EB/OL］.（2008-12-13）［2021-10-17］. https://news.ifeng.com/c/7fYWDLCQQjh.

② 蔡名照. 加强国际传播能力建设 讲好中国故事 传递中国声音：学习贯彻习近平总书记关于做好对外宣传工作的重要论述［J］. 理论导报，2015（12）：34-37.

当地落地生根，必将对中国形象的海外建立做出贡献。孔子学院可以借助当地力量，创办能够在当地落地的媒体。

荷兰格罗宁根孔子学院在当地成功创办了《全球中国洞察》全英文杂志。该杂志一面世，立刻引起了当地众多读者的兴趣。杂志从欧洲当地受众的视角出发，从设计、排版到内容的选择充分考虑到当地受众的习惯和喜好。杂志侧重于展示真实的当代中国面貌，以及融合了传统文化的当代中国。因为该杂志的影响力不断扩大，众多欧洲高端商务论坛邀请杂志主编、中方院长刘婧一参加，并邀请她以杂志主编身份主持中国分论坛。当地的中国企业、荷兰企业也因此与孔子学院建立了更广泛的联系。

通常我们所说的“两级传播”，其中第一级被称为“直接传播”，在这里指中国媒体报道中国；第二级被称为“间接传播”，是指外国媒体充分利用（转载）中国媒体的内容材料进行传播。我们的媒体在海外落地，造自己的船出海，利用自己的力量展示更真实的信息，同时也能更大概率地得到海外媒体的关注。美国俄克拉荷马大学进行了中国文学海外传播项目，完成了《今日中国文学》杂志的出版。乌克兰南方师范大学孔子学院创办了以治学、汉语为研究方向的学术杂志《中国乌克兰科学及教育前沿研究》，杂志编委由 2 名院士、3 名教授及 2 名副教授组成。西班牙瓦伦西亚大学孔子学院编写、发行了中西文版《孔子学院》院刊，每年发行杂志 6,000 余册，同时致力于开发 11 个语种《孔子学院》院刊的电子版、移动客户端和网站，受到广大读者的欢迎。2014 年，瓦伦西亚大区授予该孔子学院 COPE 文化奖，表彰其对瓦伦西亚地区多元文化与跨文化交流的影响与贡献。这些用当地语言，通过孔子学院在当地落地的媒体资源，如涓涓细流般地向当地塑造着中国应有的形象。

孔子学院在所在大学和社区举办文化活动，如开放日、中国节庆活动等，从数量到质量上的保证，均是传播能力建设的一部分。2017 年，各国孔子学院共举办了近 7,000 场次文化活动，参加人数多达 200 多万。国家汉办还专门派出了 40 多支师生小分队，同 270 多所孔子学院联合开展中华文化巡讲、巡演和展览活动。中国书画、太极拳、茶艺等文体项目和春节、中秋节等节日活动展示了中国文化的方方面面，具有很强的文化艺术感染力，产生了良好的社会效果。

当然，自己造船绝非易事，需要媒体本身有足够的含金量和吸睛能力，从内容选择上严格把关，能够迎合当地受众的需求和品位，并发掘其潜在需求；从内容表达上符合本土接受习惯，充分体现民间文化交流的特质，创造出具有可持续性的关注点；找准目标受众，有针对性地设计内容以及发行、发布方式。

三、传播方式与效果

2005 年联合国提出文化联盟（AOC）的倡议，旨在通过社区，在社会主体之间建立桥梁，促进对话和理解。孔子学院正是这样一个植根校园、辐射社区的对话桥梁。孔子学院的中外方人员共同工作，彼此了解对方的文化。孔子学院的自身传播能力，通过多样化的、具有创造性的传播手段得以实现。

美国西肯塔基大学孔子学院，曾经开创性地使用了中国文化移动体验车和中华厨艺展示车，在肯塔基全州内推广中国文化，行程 12,000 公里，累计受益人数超过 7 万人，人民网等媒体对该孔子学院做了全方位报道，引起了中美各界的广泛瞩目。

2016 年，韩国东亚大学孔子学院在庆祝孔子学院成立 10 周年之际，与韩国 KBS 电视台合作举办了全韩国中文演讲大赛，承办韩国孔子学院联席会，与大韩中国学会、釜山统一教育、韩国 BK 事业财团合作举办国际学术会议等。很多知名专家和智库都认为，孔子学院极大地带动了全球范围内的“汉语热”和“中国热”，助推了中国从语言大国迈向世界语言强国。

由此可见，孔子学院的传播方式可以很多元，甚至有更多创意空间，让孔子学院工作者们在这一平台上充分发挥，接洽各类资源。当然，孔子学院最核心的工作是汉语教学，这也是孔子学院传播的主体。因此，孔子学院进行自身建设，也就是进行传播能力建设。孔子学院的学员人数、活动规模及影响力，直接决定着孔子学院的传播能力。图 2–2 是孔子学院与其他语言文化推广机构的情况对比。孔子学院在短短的十几年中迅速发展壮大，仅凭这一点，我们就有理由相信，孔子学院的传播能力不可估量。

语言文化推广机构	法语联盟	英国文化委员会	歌德学院	塞万提斯学院	孔子学院
国家					
创立时间	1883	1934	1951	1991	2004
覆盖国家	133	106	98	44	142
分支机构	813	182	159	87	1592
学员（万）	56	1100	27	18.5	210

注 ①英国文化委员会 1100 万注册学员是指其参加考试人数；
②孔子学院 1592 个分支机构包括 516 所孔子学院和 1076 个孔子课堂。

图 2–2　孔子学院与其他语言文化推广机构情况对比图[①]

2017 年 12 月 12 日，第十二届全球孔子学院大会在西安举行。国务院副总理、孔子学院总部理事会主席刘延东出席并致辞。此次大会以“合作与创新构建人类命运共同体”为主题。刘延东在致辞中强调，孔子学院要以语言交流为纽带，以文明互鉴为平台，努力成为增进友谊的桥梁、合作共赢的推进器。要优化布局，提高办学水平，深化教师、教材和教学方法改革，加强本土师资力量培养，为各国多样化、本土化需求提供服务。要完善体制机制，发挥中外双方力量，打造包容共享、和谐共生的人文交流品牌，为构建人类命运共同体做出新的贡献。孔子学院需要始终牢记职责、目标，把握方向，以各国本土化需求为目标，打造和谐共生的人文交流品牌。这个目标决定了孔子学院的语言文化传播内容的定位，以及如何赢得受众的接纳，预期怎样的传播效果。

本着满足多样化、本土化需求的原则，孔子学院需要创新品牌项目，以确保传播效果，促进人文交流。为此，孔子学院实施了“了解中国工程”，围绕中国改革发展成就和优秀传统文化，开展文化巡讲、文艺巡演、艺术巡展“三巡”项目。拓展“孔子新汉学计划”，推动国际汉学繁荣与发展。培育“新六艺”品牌，支持各国孔子学院开展丰富多彩的文化活动。办好“汉语桥”世界大学生、中学生中文比赛和全球外国人汉语大会。将“走出去”和“请进来”相结合，充分利

① 砥砺奋进的五年：数据看孔院（2012—2017）[EB/OL].（2017-10-25）[2020-10-19]. http://www.sohu.com/a/200183354_100009184

用孔子学院平台，加强中外人文交流，积极吸收和借鉴国外优秀文化成果。①

进一步落实这些文化传播活动的时候，如何用智慧和技巧开展相关工作，传播中国声音，讲述中国故事，是直接关系到传播效果的另一个重要方面。语言培训是其表，语言培训过程中如何让学员对中文感兴趣，这必定离不开语言教师自身较高中国文化修养。每一个孔子学院教师都是决定孔子学院传播效果的关键因素，每个教师都是孔子学院的名片。一堂中文课、一次中国文化活动，既可以是一次简单的活动，也可以成为一个引发兴趣、引发思考、对未来产生影响的节点。国际传播的有效性就在这里得到体现。不得不提到，我们的孔子学院外派教师大都是语言相关专业背景，出国前，以前的国家汉办，现在的语合中心，都会组织一系列培训，而跨文化传播能力是一个至关重要且很难一蹴而就的能力，这需要文化积淀，也需要较强的学习能力和适应能力。每个派出的教师、院长，都应该在跨文化传播理论的指导下，提升自己的语言教学能力，以及非语言行为、价值观、价值取向，甚至政治修辞等诸多方面的能力。就这一点来说，我们有必要要借鉴其他国家的先进经验。美国、加拿大、德国、荷兰等国都有各自相对完整的跨文化培训体系，彼此的培训目标也针对各自的国家和社会形势有所区别。比较有代表性的培训机构包括荷兰的跨文化合作研究所（Institute for Research on Intercultural Cooperation，简称IRIC）、加拿大不列颠哥伦比亚大学的跨文化中心（Centre of Intercultural Communication，University of British Columbia，简称CIC-UBC）、美国俄勒冈州波特兰跨文化研究院（the Intercultural Communication Institute in Portland，Oregon）等。

孔子学院文化传播绝非单向传播，尤其需要注意传播过程中的平等交流，文明互鉴。要考虑到选择对方愿意接受的内容，让对方感觉到我们对当地文化的了解与尊重，建立平等交流的平台。选择受众比较感兴趣的内容，如传统中国文化精神；选择与当地文化相关或是完全不同却极有借鉴价值的内容，如当代中国的政治、经济、文化等发展现状，以及这种发展现状与传统中国文化之间的关系，与其他现代化国家发展路径的差异性。另外，孔子学院还需要探索“讲好中国故事”的路径。如何把中国故事移植到世界文明多样性语境中，是孔子学院亟待研究的问题。“适应需求、融合发展”是我们要始终坚持的孔子学院

① 马箭飞. 办好孔子学院 贡献中国智慧［N］. 中国教育报，2018-01-24.

未来的发展路径和价值目标。上海外国语大学新闻传播学院副教授吴瑛，曾在2017年5月上海交通大学举办的“软实力与国家形象暨上海交大孔子学院建设十周年学术论坛”中谈到，通过问卷调查发现，孔子学院的汉语学习者对中国普遍抱有好感，但是对于文化中的行为文化、精神文化的认同度较低。通过对孔子学院的舆情监测，我们发现孔子学院的国际传播效果比想象中好。由此可以得出以下三个观点：第一，做好国家形象的建设和宣传，最终要落在关键的行为个体上；第二，应该对我国的国际形象有客观和清晰的认识；第三，进行国家形象宣传时不要总是盯着西方媒体，要关注中国自己媒体的影响力。这也即本章一直在论述的一个观点，具体践行传播活动的人至关重要。国家形象的体现，可以小到一个人的面貌甚至一句话的表达。从宏观的大众传播媒介来看，无论是外媒还是中国媒体的海外传播，也许看起来是以比较大的事件为对象，但也常常聚焦于某一个点或面，因此个体行为不可小觑。从孔子学院整体到教师个体，都应该对中国国际形象和传播内容的大方向有清晰的认识和把握。此外，外媒报道固然更有传播优势，但也要关注中国媒体的国际影响力。一是国内网站、国际性大众媒体等，如网络孔子学院、国际在线，以及中国电视台国际频道等；二是国内机构在海外的社交媒体，直接落地海外的大众传媒以及孔子学院自己的机构或个人的社交媒体。

孔子学院提升传播能力，追求的是高品质的传播效果，并非单纯为“宣传”而“宣传”，重点在于孔子学院主体由内而外各个角度的品质提升，以此塑造良好的国家形象。同时还要注意中外文化差异，这将对沟通效果产生影响。

在传播中，要创新对外话语体系，要考虑对象国在文化背景、风俗、接受习惯、宗教信仰等方面的差异性，抓住利益交汇点、情感共鸣点，运用易理解的语言，用事实、数据说话。将当今中国的发展成就、发展观念融入个人、家庭、企业的故事中，将中国文化精神的精髓融入语言教学、文化活动中。

另外，孔子学院中国文化的传播内容还需要进一步拓展和深化，展现中国文化的独特魅力，增加文化吸引力，获得对象国人民的认同。1990年在意大利召开的世界普世伦理大会一致认为，只有一条法则可以共同遵守，那就是《论语》的“己所不欲，勿施于人”的思想。仁爱和老子的道德思想具有超越民族、超越宗教的思想特点，是建立世界普世伦理的基础。虽然孔子学院是借用“孔子”这个文化符号命名的汉语教学机构，以汉语教学为主要任务，但是只要是中国语言文化，都会流露出孔孟之道的气息。孔子学院在语言文化传播中，首先要对中国文化本身有足够的认识，进而思考如何树立文化自信，将传统与现代相结合呈现文化精神；如何将中国文化中那些独特的或普世的内容进行国际化讲述，满足时代需求。近几年来，海外引进的五花八门的综艺节目占据荧屏，收视率和点击率倒是你追我赶，不过其思想性和艺术性却令人担忧。然而，《中国诗词大会》《经典咏流传》横空出世，其思想性、艺术性、创新性令人眼前一亮。以中国诗词经典为核心内容，将传统文化制作成一档广受赞誉、掀起新一轮收视热潮的节目，不能不说这是一个特别值得借鉴的壮举。作为文化交流的平台和窗口，孔子学院应该努力思考如何将中国故事讲述得有趣、生动、受欢迎，使孔子学院推出的中国文化能够让人眼前一亮，让外国人愿意继续了解下去，甚至学习下去。

在“一带一路”倡议下，孔子学院对于传播中国语言和文化又有了新的使命。在 2016 年 12 月举行的第十一届孔子学院大会上，孔子学院总部副总干事、国家汉办副主任夏建辉介绍说，目前已正式提交申请希望建设孔子学院和孔子课堂的有近 300 家机构，近 70 个国家把汉语教学纳入国民教育体系。随着中国与各国对话交往的领域增加，也凸显了高层次汉语人才短缺的问题，表明世界各国对学习汉语的需求仍十分强烈。夏建辉表示，孔子学院下一步将聚焦于打造精品，推动中国与各国优秀文化的双向交流，讲好中国故事。抓紧培养高端翻译人才，为中外经贸合作和“一带一路”建设服务。①

英国谢菲尔德大学校长、孔子学院总部理事会理事凯思·博内特（Keith Burnett）说：“孔子学院是非常重要的，因为很多人并不了解中国，包括中国的文化和汉语。但是大家想了解，于是我们建立孔子学院就给大家提供了这样的机会。对于学员来说，他们不仅想了解中国的语言和文化，而且很多英国人都想和中国人做生意，想和中国人交朋友。”

西班牙瓦伦西亚大学孔子学院外方院长安文龙表示：“通过孔子学院，我们也了解了陕西西安。这个城市不仅因为兵马俑而举世闻名，而且它在经济发展方面也呈现出产业良好的发展态势，在与‘一带一路’沿线国家中的贸易往来

① 国际汉语需求强 近 70 国纳汉语教学入国民教育体系［EB/OL］.（2016-12-18）［2020-08-23］. http://www.itact.com.cn/hyzx/2016/1208/7413.html.

中表现突出。”[①]

从古老到现代，从中国到世界，从原有的传统传播方式到新兴平台，孔子学院的中国文化传播能力需要不断升。在大数据思维下，信息渠道的巨变给孔子学院传播能力建设提出了新的课题。

① 孔子学院：传播中华文化 助推“一带一路”人文交流［EB/OL］.（2017-12-15）［2020-10-18］. http://www.gujianchina.cn/news/show-3339.html.

第三章　孔子学院汉语教育中的中国文化类教材编写问题

第一节　中国文化类教材简述

在汉语国际教育学历生层面，汉语言文学本科、汉语国际教育专业硕士的课程教学中，都有国内生与国外生。特别是在汉语国际教育的专业硕士教育中，各个学校的生源构成基本上是国内国外硕士两个系列同时培养。在专业硕士的培养方案中，汉语言教学是主干课程，中国文化是核心课程。但是在教学实践中，教师们普遍感到中国文化教学的教材是个大问题。

新中国成立以前就在高校中开设有中国文化一类的课程，如《中国文化概论》《中国文化导论》《中国文化史》一类的论著和教材，相关论文则有几百篇。1949 年后，高校一度中止了中国文化类教学，代之以中国历史或中国通史，在“文革”时期，中国通史类课程亦被停止开设。

1977 年“文革”结束、恢复高考后，教育部于 20 世纪 80 年代提出在高校开设中国文化课程的要求。北京大学哲学系李中华教授、中山大学李宗桂讲师率先分别在 1987 年、1988 年写出《中国文化概论》教材，颇受欢迎。1993 年，在当时国家教委（教育部）高教司统筹下，以国家教委高教司组编，张岱年、方立克主编，联合全国十余所大学学者共同编写了《中国文化概论》，并将其作为国家教委推荐教材向全国发行。此后，林林总总的中国文化教材不断出现，达几十种之多。其中比较有影响的，大概有以下几种：

（1）李宗桂《中国文化概论》，中山大学出版社 1988 年版。

（2）李宗桂《中国文化导论》，广东人民出版社 2003 年版。

（3）张岱年、方立克《中国文化概论》，北京师范大学出版社 1994 年版；2004 年，北京大学出版社出版了该书的修订版。

（4）阴法鲁、许树安、刘玉才《中国古代文化史》（上下册），北京大学出版社 2008 年版。

（5）叶朗、朱良志《中国文化读本》，外语教学与研究出版社 2008 年版。

（6）张岂之《中国传统文化》，高等教育出版社 1995 年版，后分别于 2005 年、2010 年两次修订出版。

（7）王宁《中国文化概论》，湖南师范大学出版社 2000 年版。

（8）金元浦、谭好哲、陆学明《中国文化概论》，首都师范大学出版社 2008 年版。

（9）余同元《中国文化概要》，人民出版社 2008 年版。

（10）程裕祯《中国文化要略（第 3 版）》，外语教学与研究出版社 2011 年版。

（11）宁波诺丁汉大学中国文化课程教研组《中国思想文化概论》，科学出版社 2010 年版。

（12）田广林《中国传统文化概论》，高等教育出版社 1999 年版；2011 年进行了修订。

（13）余明、李飞《中国历史文化概论》，西南交通大学出版社 2008 年版。

（14）龚书铎《中国近代文化概论》，北京师范大学出版社 2010 年版。

上述众多中国文化教材，大体分为通史类与专史类。通史类包括中国文化史的方方面面，如历史地理、民族源流、思想流派、宗教民俗、语言文学、历史哲学、中医巫术等，从物质文化到精神和制度，从思想到器物，无所不包。专门史则是侧重中国文化的某一方面内容的具体阐发。

这些教材除了程裕祯的《中国文化要略（第 3 版）》之外，都是以国民教育系列的国内本科生和研究生为使用对象的，各个高校开课的课时不尽一致，主要对文科学生开设。由于各个高校的重视程度不一，授课教师水平不一，授课效果也不尽相同。总体上看，与大学的思想政治教育课程庶几相似。又因进入全民娱乐狂欢、大学生进入多媒体碎片化阅读和读图时代，所以学生对中国文化类课程兴趣不大。各个大学缺乏精良的中国文化史教师，即使有这样的教师，也与各个高校的大学语文教师处境相似。另一种情况是，目前虽然提倡国学和弘扬传统文化，但各高校开设中国文化类课程及教材建设情况，以及学校性质属类的不同而导致的重视程度也不尽一致。

第二节　中国文化教学中存在的问题

由于上述教材编写的主导思想、使用对象的性质，把它们用于汉语国际教育专业硕士（以下简称“专硕”）的培养，存在诸多矛盾和极大问题。

首先，国内专硕的学制只有两年，其中用于学习的主体时间只有两学期。一学年的时间里，语言学、对外汉语教学类核心课程占据了主要授课时间，而用于讲授中国文化类的课时只有 32 学时或 64 学时。在有限时间和课时内讲授浩如烟海的中国文化课程，是根本不可能完成的。课时的有限性和中国文化内容的渊博性乃至庞杂性，构成了教学上的明显矛盾。讲什么和怎么讲，是培养汉语国际教育专硕面临的难题。

其次，实事求是地说，目前各个高校招收的国内生源的专硕生，其学养和知识结构、学习接受能力参差不齐。以中国传媒大学而论，专硕生大致可以分为三类：一类来自“211”或“985”大学的中国语言文学专业，但比例甚低；一类毕业于普通二本甚至三本高校的中文学科；一类是各种层次高校的非中文学科的学生，以外语类居多，也有其他专业的，这类学生大学阶段的专业中一般不开设中国文化的课程。面对这样的学生，讲授任何中国文化内容都不容易，他们的知识基础和结构给他们的学习和接受带来困难，当然也给教师授课带来困难。

再次，汉语国际教育专硕中的外国人，即孔子学院奖学金生和部分政府奖学金生，他们尽管通过了相应的汉语水平考试，但是实际水平参差不齐，用非母语的汉语学习语言类课程尚感困难，学习历史悠久的、包罗万象的、浩大渊博的中国文化，更是难上加难。根据一般性调查，外国学生感兴趣的是中国民俗、饮食、服装、武术、中医、器物、民乐、建筑、书法、物质文化遗产等。原国家汉办虽启动了新汉学博士培养计划，但就实际而言，很多孔子学院奖学金硕士生即使毕业后，也是难以被吸收到这个计划中进行培养的。孔子学院奖学金生[①]与国际教育硕士毕业后回到本国从事汉语或中国文化的教学，人数比例很低。其中的原因，一是本国没有市场，二是本身的汉语与汉学文化水平不高，他们的水平与中国国内生无法比拟，更与中国到国外留学、以非母语学习专业的学生的水准不能相比。门槛太低、学习积极性差、监督与管理过程不严格、中国语言文化的渊博难学等，都影响着孔子学院奖学金生的水平。相比而言，他们远不如欧美日等国汉学专业培养的汉学家。由于孔子学院奖学金生自身的水平和学习主动性、学习能力问题，他们一般对语言类课程的学习热情与兴趣还比较大，对中国文化类课程则普遍厌学或学习主动性不高，从而导致学习效果差的普遍局面。

最后，教师问题。从事汉语国际教育的教师以学习语言专业的为主，他们从事留学生的汉语类教学还比较顺利，包括语言中的文化问题，在教学方式和效果上也比较好。专门从事文化类课程教学的教师、中国文化类专业或文史哲专业毕业的教师，人数比例较低。在很多情况下，都是从事语言教学的教师承担部分文化课教学任务。这就带来了教学的难题和矛盾：教师自身的知识结构、造诣、兴趣都有欠缺，文化类课程教学的经验也不足。这也给中国文化类教学带来操作、设计和效果上难如人意的问题。现有的高校体制和学院性质，又不可能建设专职的中国文化类师资队伍，原有的教师自身也不愿意转型或转型存在实际的困难——对外汉语性质的学院普遍存在语言中心主义倾向和传统，语言类专业教师排斥、轻视文化类教师。实际上，中国文化类专业或文史哲专业毕业的教师经过锻炼和培养，可以从事语言类教学，甚至还会有很好的教学效果，而语言专业类教师则很难转型为好的文化课教师。如何解决文化课教师的专业素质和教学水平，是个问题，更是个难题。

目前在从事对外汉语教学的教师队伍中，语言类教师经过多年的建设，数量和质量都取得了长足进步，但可以有效从事中国文化教学的教师还是比较稀缺的。为了汉语国际教育事业的更好发展，培养语言和文化素养兼备的教师是最理想状态，此外就是加大力度培养可以独立从事中国文化包括书法艺术教学的教师。建议有条件的高校和单位，有针对性地举办面对汉语国际教育专业的中国文化专业教师、书法教师等的培训班，尽早储备和打造合格的教师队伍，适应中国文化类课程的教学，为汉学时代的到来和汉语国际教育向文化的转型奠定基础。

---

① 孔子学院奖学金生，一般分为一年制进修生、本科生和硕士研究生。

第三节　中国文化类教材难题的解决之道

提出问题相对容易，关键是如何解决问题，如何在汉语国际教育专硕培养中进行有良好效果的中国文化教学，如何编写面对汉语国际教育的高质量中国文化类教材，初步思考之后，我们认为可以从以下诸方面着手。

第一，自编或合作编写针对汉硕国内生的中国文化类教材。它们不同于一般大学的通论性质的中国文化概论，而是以中国的思想文化为主，以实用器物类文化为辅。这就涉及如何精心考量和梳理中国文化的核心内容与价值，即我们到底应该把中国文化中的哪些东西作为中国文化的核心价值，并将其在短时间内讲授给学生，使他们掌握最基本的文化内容。因此，梳理中国文化主流与核心价值文化非常重要。

第二，对国内生的中国思想文化教学教材和教学内容，有两种思路：

首先是以儒释道为主，把基本面的东西作为主体予以编写和讲授。如儒释道与中国文化、中国文化核心价值、中国文化关键词等。

其次是把核心文化内容分解化与专题化，如可以设计为儒学与中国文化、佛学与中国文化、道家与中国文化、禅宗与中国文化、兵家与中国文化、士与中国文化、中国历史文化、中国文学、中国简明哲学、中国思想文化流派简介等。

因为是母语学习，内容可以适当具有点与面、范围与深度的比例。而物质器物类、民俗民族类的内容大可忽略——在母语环境成长的中国学生，自然知晓。

第三，对汉语国际教育专业的国外孔子学院奖学金生（硕士），以中国器物、实用类文化为主，侧重建筑、武术、中医、饮食、民俗、民乐等属于广义的物质文化遗产的内容，通过具体可感的物质器物文化，了解其中包含的文化意义与价值。不求多、不求精通而只求初步知晓。以中国思想精神文化为辅，把思想精神文化中最具有代表性的核心价值和内容，精准又相对简单地进行讲述。这类教材在教学中需要多种教学手段，特别是多媒体手段，如音视频、课件等，还要把校内与社会文化资源教学有机融合。选取合适的纸质教材、多媒体教材非常重要。

第四，还可以拓展思路，从教学目的性入手——让外国专硕在有限的时间内大致了解中国文化，或了解中国文化的某一方面。因此可以设计和编写侧重某一方面的文化专题性质的内容，如汉字与中国文化、建筑与中国文化、饮食与中国文化、服装与中国文化、动物与中国文化、植物与中国文化、戏曲与中国文化、中医与中国文化、武术与中国文化、自然遗产中的中国文化、书法与中国文化。

上述各种各类的教材可以自己组织力量编写，也可以合作编写，在编写内容、体例、形式及相关的资源库方面做好设计，自编和合作的教材建设应该尽早纳入汉语国际教育专业硕士的培养规划里。

第四章　孔子学院信息资源建设

第一节　孔子学院信息资源现状

一、孔子学院发展概况及功能定位

在全球化背景下，文明多样性成为共识，加强不同文化之间的了解和理解成为各国谋求发展的共同需求。孔子学院作为跨文化交流平台，在自身发展过程中，探索出了适合自身特色的文化传播渠道和信息资源服务模式。

孔子学院是中外合作建立的非营利性教育机构，致力于适应世界各国人民对汉语学习的需要，增进世界各国人民对中国语言文化的了解，加强中国与世界各国教育文化交流合作，发展中国与外国的友好关系，促进世界多元文化发展，为构建和谐世界服务。它是继法国的法语联盟（成立于 1883 年）、英国的英国文化协会（成立于 1934 年）、德国的歌德学院（成立于 1951 年）、西班牙的塞万提斯学院（成立于 1991 年）后，中国在全世界推广本国语言和文化的标志性品牌。自 2004 年 11 月全球首家孔子学院在韩国成立至 2020 年 7 月，我国已在 162 个国家（地区）建立了 548 所孔子学院和 1,193 个孔子课堂。孔子学院的发展不仅有利于汉语和中国文化的对外传播，更有利于我国新型外交的开展，从而有利于我国综合国力的提升。

孔子学院的定位是非营利性机构，主要功能是推广中国语言、传播中华文化、提升中国软实力、促进多元文化发展，具有普适性、民族性、时代性特点。

孔子学院缘于我国经济社会快速发展，国际地位大幅提升，世界各国更加重视发展与中国的友好合作关系，汉语在国际交流中的作用日益凸显，汉语的文化价值和实用价值不断提升，以及在全球化背景下，文明多样性成为共识，加强不同文化之间的了解和理解成为各国谋求发展的共同需求，所以孔子学院成为展现我国文明、民主、开放、进步的国家形象，增进国际社会对我国的理解和认同的文化品牌。孔子学院把开展语言教学作为基本职能，通过为不同国家、不同民族、不同语言的受众进行跨文化的语言教授，来提高受众比例；通过开展丰富多彩的文化活动来进一步提升跨文化传播的效果。

从信息资源传播和服务角度看，孔子学院的语言推广和文化传播可以看作是信息资源的重新聚集（建设）和扩散（服务），是社会资源进行优化配置、良性循环的又一过程，体现了孔子学院社会功能的价值与作用。孔子学院的社会功能决定信息资源服务的性质、范围、模式和途径，决定它的聚集程度和扩散效果。

二、孔子学院的信息资源聚集模式

孔子学院主要是通过中外合作的途径，以民间运作、政府支持、民办官助的方式建立的。相关国家都建立了相互独立的孔子学院，每个孔子学院都有各自的管理和运行模式，所以，其图书馆的建设也因当地条件的不同而不同，有的建立了具有相当规模的图书馆，拥有图书数万册，有的则只建立了一个简单的图书室，图书数量只有数百册到几千册。例如，加拿大埃德蒙顿孔子学院图书馆就具有相当规模，是目前阿尔伯达省最大的中文图书馆，现有24,000册图书和视频资料，包括中文学习以及有关中国文化、历史、地理、旅游、医学、艺术、烹调等不同内容的图书，另外还有中国电视连续剧、中国不同时代的电影和有关中国文化、艺术、旅游、音乐的视频资料，图书资料全部输入网络图书馆系统，读者可以在网上搜索图书馆的全部资料。而菲律宾布拉卡国立大学孔子学院的图书室只有不到3,000册图书。

海外孔子学院图书资料的建设主要以政府购买的方式为主，由语合中心统一采购。语合中心汇集国内各出版社发行的汉语教学和中国文化推广出版物，建立图书资源库，并向海内外符合资质要求且有明确需求的机构和个人提供免费图书资源。语合中心对赠书资质、赠书流程、受赠管理有着明确的规定。各孔子学院和孔子课堂根据年度计划，在语合中心网站赠书书目上挑选所需资源，一次性提出书面申请，审批通过后在网上提交订单，审核通过后通过海运的方式进行配送。

孔子学院的文献聚集模式是建立相对独立的图书馆或图书室作为信息资源传播的重要场所，图书经费主要由政府提供，文献内容的推介主要以中国文学艺术、历史文化为主，图书配送基本上是语合中心向各分支机构进行调配。孔子学院的信息资源建设模式比较单一，它通过中外合作的方式在一国建有若干个相互独立的孔子学院和孔子课堂，它们受设于中国的语合中心的领导和管理，它们会根据当地的不同条件和实际需要，建立相互独立的图书馆或图书室，所藏图书都由语合中心统一配送，图书总量多，辐射范围广，传播速度快。

三、孔子学院信息资源扩散模式

孔子学院在信息资源服务方面，除了传统的纸质媒介服务外，还充分利用新技术，加大电子媒介的创新服务。在纸质媒介服务方面，语合中心主要通过向海外孔子学院赠送各类图书如教材、工具书，建立孔子学院图书馆或图书室，作为信息资源的服务中心和文化的传播阵地。这些图书馆或图书室都免费向学生和当地居民提供阅览服务，图书外借服务只限于师生，借阅规则和我国图书馆的借阅规则大同小异。不同特色的孔子学院所提供的图书各有侧重，但图书内容都普遍涉及中国文化、历史、经济、地理、旅游、医学、艺术、烹调等方面。图书语种比较丰富，如《中国三常》就根据学习者母语的差异出版了英语注释、法语注释、德语注释、韩语注释、日语注释等9个版本，这本书由浅入深地介绍了“中国文化常识”“中国地理常识”“中国历史常识”。报刊服务是纸质媒介服务的又一种形式，如《孔子学院》院刊，它提供了中英文、中法文、中俄文等8个对照纸本，主要发布权威资讯、交流学习心得、探讨汉语教学、解读中国文化。该刊内容丰富、视角独特、采访深入、风格清新、栏目多样、组稿多源。目前，《孔子学院》院刊面向全球近百个国家和地区发行，影响力不断扩大，深受国内外读者的喜爱，发行量持续攀升，每期发行逾3万册。另外，各孔子学院通过新书发布会、图书展、教材开发、读书会、文献互译、合作出版等形式，提供多样化的信息服务。

在电子媒介服务方面，孔子学院不断创新，开发了多种新媒体服务形式，主要包括网络、广播、电视、电影、歌曲、移动终端等信息服务平台。网络孔子学院设有汉语教学、网络中文课堂、资源库、中文交流项目等几个栏目，数字图书馆中的中华数字书苑提供的数字资源相当丰富，目前有电子图书150万册、数字报纸500种、工具书约2,000种3,000余册、年鉴约1,000种6,000册、图片库35万种。广播孔子学院由中国国际广播电台与孔子学院总部携手创建，依托众多国际台海外听众俱乐部，以广播孔子课堂、无线广播、在线广播为载体，用38种外语向世界各地的学员教授《汉语900句》，传播中华文化。移动孔子学院学习平台则为汉语学习者量身定制课程，实现了信息传播的精准化、个性化、趣味化。

孔子学院遍及世界各个国家和地区，数量多、辐射广，所提供的纸质资源数量多，范围广，电子媒介的服务呈现多元化，充分利用了现有的网络、电视、广播、电影、音频等不同媒体形式，以海量的信息储备能力，跨越时空障碍的优势，大大提高了信息服务传播的速度和效果。不过，它也存在着与社交媒体融合度低、跨媒介的联动性差，以及由网站和移动终端进入Twitter、Facebook、Linkedin等国外社交平台的渠道相对欠缺等问题，这也在一定程度上制约了信息服务、文化传播的效用。

在全球化背景下，作为跨文化传播的孔子学院，扮演着对内促进传统文化兴起，对外构建文化和文明对话平台，塑造积极的国家形象这一重要角色。为了实现这个角色所担负的重任，它在努力探索着更为有效的信息服务模式和文化传播手段，不遗余力地推介中华民族的文化产品和价值体系。孔子学院的迅速发展引起了世界各国的普遍关注，这无疑与中国式的文化传播策略和信息服务模式有很大关系。

第二节　语言文化推广机构的信息资源建设

一、法国法语联盟和法国文化中心

法语联盟创建于1883年的法国巴黎，是一个旨在传播法语及法国文化的非营利性半官方组织。法语联盟的目的在于向全世界传输法语及法国传统文化，让全世界人民感受法语的魅力和法国传统文化的深厚底蕴。法国政府对法语联盟的建设和发展也给予了大力支持，历届法国在任总统都会担任法语联盟名誉主席一职。法语联盟以高质量的语言教学闻名，教学手段灵活多变，通过独特的教学模式和实用的课程设置，不断增强其国际影响力。自成立至今，法语联盟在语言文化推广方面取得了巨大成就。2008 年其在全球范围内设立了法语联盟基金会，并联合世界各地的法语联盟，在世界范围内建立了广泛、有序的网络体系。基金会在整体上对全球法语联盟的下设机构和院校进行梳理，力图建立一个能够代表法国政府的对外文化网络。目前全球有 1,000 多个分支机构分布于 136 个国家和地区。

法语联盟在中国的真正发展最早开始于 20 世纪 50 年代初。1953 年，法语联盟在中国香港开设了第一家分中心并取得巨大成功之后，它在中国的发展犹如雨后春笋，先后在广州、上海、北京等地成立了法语联盟。截至2022年3月，法语联盟已经在中国设立了 16 个分支机构，其中 14 个位于中国内地，1 个位于香港特别行政区，1 个位于澳门特别行政区。作为传播法语和法国文化的民间使者，法语联盟以其独特的组织方式、高质量的法语教学、丰富多样的文化活动，履行着自己在世界范围内推广法语、传播法国文化、促进世界文化多样性的使命。它的独特之处在于在完成法语教学使命的同时，还激发学生对全世界讲法语地区的文化的兴趣。中国的法语联盟每年都在其网络内组织多种活动：法语广告之夜、音乐节、博若莱新酒节等，以及贯穿全年多方位展现法国文化及创意的活动，比如音乐、戏剧、故事、讲座、绘画或照片展览。

在信息资源方面，各地的法语联盟都建立了多媒体阅览室，为人们了解法国和法语文化搭建平台，大家可以在这里阅读文学、人文科学、学习方法等方面的法语书籍，以及报纸杂志和青少年读物。此外，法语多媒体音像资料也在馆内供法语学习者随时使用。法语联盟官网开设了专门的数字图书馆，供用户获取语言学习所需的视频资料，用户可以按级别和技能选择资源，并可浏览法国报纸。见图 4–1。

图 4–1　法语联盟官方网站界面

另一个值得关注的法语文化传播机构是法国文化中心，它是隶属于法国大使馆文化合作处的官方机构与 160 多个国家有文化合作上的项目。位于北京的法国文化中心是第一个在中国设立的外国文化中心。在 2002 年底签订的政府间双边协定的基础上，中法双方成立了两个文化中心——北京法国文化中心和巴黎中国文化中心。北京法国文化中心于 2004 年 10 月 10 日在法国总统对中国进行国事访问之际举行了落成仪式。11 月 25 日，该中心正式启用。北京法国文化中心共有面积 3,000 平方米，一层为多媒体图书馆、电影放映厅和法国书店；二层为法语培训中心；三层为法国留学咨询中心。北京法国文化中心向所有对法国和法国文化感兴趣的人开放。爱好阅读、看电影以及听音乐的中国公众可以来文化中心的多媒体图书馆借阅法国原版图书、CD 和 DVD。该图书馆有 3.5 万余册中法文图书。馆藏由五部分构成：报刊角，提供最新的法国报刊；音乐角，可以试听中心收藏的音乐；视听角，读者可观看 DVD 和法国 TV5；图书角，可供借阅馆藏图书；儿童角，启发儿童文化兴趣。电影放映厅有81个座位，平时会组织放映法国纪录片、新旧电影或举办预演及座谈会。北京法国文化中心的所有部门都全天对外开放：多媒体图书馆周一至周日每天开放，放映厅每天都放映电影。另外，文化中心设有“旅人蕉”书店，拥有近15,000册图书，主要对外销售法国文学、诗歌，中国图书的法译本，以及人文科学图书（哲学、历史、心理学、社会学、人类学、宗教学等）。

二、英国文化协会

英国文化协会成立于1934年11月5日，是英国提供教育机会与促进文化交流的国际机构。作为一个在英国注册的非营利性组织，英国文化协会致力于积极促进思想碰撞与知识交流，构建英国与各国人民的相互融合及信任。英国文化协会的工作涉及多个方面，即艺术、英语、教育和社会，同时也包括科学与体育领域。英国文化协会于1943年在中国建立了第一个办公室，现在中国共有5个办公室，分别是北京的英国大使馆文化教育处，上海、广州和重庆的英国总领事馆文化教育处，香港的英国文化协会。

海外图书和信息服务主要是依托英国文化协会来开展的，这项服务也被看作是英国文化外交的一部分。英国文化协会在多个国家拥有图书馆，既为学习者查询资料的学习目的服务，也开展借阅服务。通过在全世界各地提供英语图书查询服务和借阅服务，召开各类主题性图书研讨会，英国文化协会将大量教材及相关英语读物输出到各国英语学习者手中，为他们不间断提供最新最全面的语言学习信息和咨询服务。英国文化协会在各国建立的学习中心已经形成网络化的信息共享平台，特别是各地图书馆和信息中心还有针对性地对书籍内容进行控制，利用专业、兴趣和阅读习惯对特定群体施加影响。全面的咨询服务、丰富的图书和信息资源吸引了大量英语爱好者在这里学习交流，大大提高了英国文化协会推广英语的效果和本机构的影响力。

对外语言推广是一个涉及面极广的系统工程，需要数量足够的优秀师资队伍，并依靠一定的教学素材才能顺利进行。意识到这一点，英国文化协会每年向世界各地派出成千上万的“专家”和“学者”；英国国内的出版社和作者积极地编写和出版海外英语教学教材，并通过设在国外的图书和情报服务中心积极地把英国的英语教材推向全球。

三、德国歌德学院

歌德学院于1951年成立，是一家非营利的协会性机构。它主要致力于促进德语知识的推广，开展国际文化合作，介绍有关德国文化、社会以及政治生活等方面的信息，展现一个丰富多彩的德国国家形象，推动科学研究、教育、艺术、文化的发展以及人民之间的了解。目前德国已在全球98个国家设有158所分院和200多个考试语言中心。经过70多年的发展，已形成了一个由歌德学院、歌德中心、文化机构、图书馆（阅览室）、语言学习及考试中心等构成的成熟网络。北京歌德学院成立于1988年，设有现代化的教室、图书馆和学习中心。从1994年起，歌德学院在北京、上海、青岛、西安、重庆、天津、广州、南京、香港设立了歌德语言中心。

歌德学院国外分院都建有图书馆，在其附属的德语信息中心建有德语资料室（区）。其图书资料的聚集模式主要有三种：政府购买、项目合作 / 社会捐赠、翻译资助。政府购买的方式指由德国政府通过慕尼黑歌德学院总部提供资金，统一购买图书资料，然后歌德学院分院通过调配的方式，为其附属的歌德信息中心配送图书资料。图书的配置强调时效性和本土性，馆藏类型包括反映德国文化和社会的媒体资料、德文日报和周报、专业性的德文杂志期刊、德语故事片和纪录片、音乐CD及有声书、外语教材、电影、数据库、电子报纸和杂志等，内容涉及德国文学、艺术、哲学、历史、经济、自然科学和德国重要人物传记等。图书资料的另一来源就是项目合作 / 社会捐赠。歌德学院通过项目合作，在上海图书馆、北京西城区图书馆、广州孙中山图书馆、成都图书馆、重庆沙坪坝区图书馆设立了德语图书资料区（室），所有资料都由北京歌德学院提供，场地和工作人员由当地图书馆负责。歌德学院每年都努力从社会各界发展关系、筹措资金、接受捐赠，可以说歌德学院将公民社会的理念发挥得淋漓尽致。图书资料还有一种聚集模式就是翻译资助，这项计划的目的是以多种方式促进文学和翻译事业的发展，但客观上却生产了新形式的图书资料。翻译资助项目由歌德学院图书馆直接负责，为德国现当代人文和社科、纯文学、儿童和青少年文学领域精选的优秀图书提供翻译资金。有数据显示，德语在图书出版方面，作为翻译的目标语种和被翻译的语种都在全球排前三位，这是和歌德学院长期以来所坚持的翻译资助项目相关联的，歌德学院每年翻译资助的德国文学作品为250部到300部。这一点对我国孔子学院的发展有积极的借鉴作用。2015年我国学者刘慈欣凭借《三体》获得雨果奖，随之而来的评论认为，中国作品之所以未获得国际大奖，不是水平不够，而是欠缺好的译本。因此，歌德学院支持本国作品翻译的做法很值得孔子学院学习借鉴，二者在传播本国文化方面的目标是高度一致的。

歌德学院下设的图书馆是信息资源服务的主要提供者和传播者。以北京歌德学院为例，它拥有798艺术区和数码大厦德语书吧两个图书馆，图书馆建设精巧，设计独特，环境优美，服务形式多样，途径多元。目前藏书23,000余册，其中80%为德文原版图书，其余是德译中著作。北京歌德学院所提供的文献种类有德文图书、德译中著作、介绍德国的英文版图书、德文日报、德文杂志、介绍德国文化的中文版书籍、多媒体资料等。图书馆向所有感兴趣的人开放，使用图书馆和借阅图书馆均免费。但它对借书有着详细的规定，借书者需在北京居住，持身份证或学生证申请办理借书证，每次最多可借10份资料，借阅期限为3周，逾期不还按照每天1元进行罚款，可以续借和预借，图书损坏或丢失需承担赔偿责任；提供资料复印服务，由于版权问题最多复制20张。北京歌德学院图书馆俨然成为中国广大读者了解德国历史文化，学习德语、增进双方了解和友谊的重要场所。

歌德学院还充分利用网络资源和广播资源，提供与德国相关的文化活动、语言培训、德语教学、图书出版等各类一手资讯。其中典型的就是歌德学院电子图书馆的服务，这项服务弥补了实体图书馆服务所受的地域限制。只要在歌德学院图书馆登记注册，经工作人员审核通过后，通过电子邮件发送一个用于激活电子图书馆服务的注册码，就可以从歌德学院电子图书馆中下载23,000种德语电子书、有声读物、德语学习材料、杂志和报纸，并在线观看电影。歌德学院电子图书馆界面如图4–2所示。

图 4-2　歌德学院电子图书馆界面

歌德学院电子图书馆的信息资源分为六大类，具体包括：儿童图书馆、青少年图书馆、学校与学习、专业指导书、文学与娱乐、音乐。资源类型有六种：电子书、音频、视频、电子报纸、电子杂志、数字音乐。该馆的信息资源数量也较多，截至 2022 年 3 月 21 日，电子图书 12,661 册，音频 2,813 条，视频 553 条，电子报纸 11 份，电子杂志 51 份，数字音乐 88 种，并在持续更新中。在页面布局上，歌德学院电子图书馆呈现了一个典型的数字图书馆的特征。每条电子图书或音视频资料的展示，均按照资料名称、作者、出版年、出版社、语言、ISBN、数据格式、篇幅长短、内容简介、作者简介等字段排列，并配有简单分类。目前歌德学院电子图书馆面对注册用户网上开放借阅，借阅时间为 14 天，受版权所限，所有电子图书不允许复制和打印。

歌德学院图书馆还将开展和加强中德图书馆间的业务交流作为信息服务的有效途径。有针对性地聘请德国图书馆方面的专家，组织各种报告会、交流会、研讨会、培训会和书展。例如，歌德学院图书馆与陕西省图书馆联合举办了“公共图书馆作为生活和体验的空间”报告会，举办德国哲学书展、德国中文现代出版物中的德语文学和文化作品展，进行德国图书封套设计、中国社区小型图书馆的建立和发展合作研讨等，以此来加强中德在管理和读者服务方面的经验和交流。此外，歌德学院图书馆还与中国各地图书馆建立项目合作关系，在信息领域共同组织研讨会、工作访问、文化交流，提高文化交流的针对性和实效性。

四、西班牙塞万提斯学院

塞万提斯学院是西班牙于1991年创办的非营利性官方机构，隶属于西班牙外交部，西班牙国王担任董事会名誉主席，主席是西班牙首相。其宗旨是与以西班牙语为官方语言的二十几个国家合作，共同推动全世界的西班牙语教学和西班牙其他官方语言的教学，传播西班牙语文化。塞万提斯学院职能主要包括语言教学、学术活动、文化推广三大块，在30多个非西语国家设有机构，分院遍及世界四大洲。塞万提斯学院的办学意图为“改进西班牙语作为第二语言的教育、学习和使用，在全部非西班牙语国家推广西班牙语和拉美西班牙语国家文化”；同时通过推广西班牙语，语言学行业会繁荣，国家形象也会得到提升，与西班牙有关的一切事物的普及和对待西班牙的积极态度，反过来都会刺激对这个国家相关产品的购买，并且会产生对于西班牙公司等的包容性。

塞万提斯学院在北京设有分院。在北京塞万提斯学院网站中包含电子图书馆模块。通过电子图书馆，读者可以借阅数字图书，可以聆听音乐、有声读物，可以访问电子资源（数据库、字典、百科全书、目录……），还可以参与虚拟俱乐部活动。该数字图书馆为收费电子资源，需进行网站注册，费用为每年10欧元。具体资源类型包含：有声读物、电子图书、影片、在线资源、虚拟图书俱乐部等。

塞万提斯学院还在所在国家建立实体图书馆，并以历届塞万提斯文学奖得主、知名作家及文化界杰出人士的名字命名。塞万提斯学院在中国拥有两个可以自由出入并且免费的图书馆。北京安东尼奥·马查多图书馆和上海米盖尔·德·塞万提斯图书馆，它们的目标是传播西班牙语和西班牙文化。

（一）北京塞万提斯学院及安东尼奥·马查多图书馆

2006年7月14日，西班牙王国阿斯图里亚斯王储夫妇为北京塞万提斯学院举行了揭幕仪式。2007年4月23日国际图书日正式对外开放安东尼奥·马查多图书馆。安东尼奥·马查多是出生于西班牙塞维利亚的著名诗人，图书馆珍藏了安东尼奥·马查多将近100本诗集作品。该图书馆拥有400平方米的阅览室，馆藏图书及其他资料超过2万册，其藏书类别包括：西班牙和西语美洲古典文学；加泰罗尼亚语、巴斯克语和加利西亚语作品；百科全书、字典、名册、手册、书目及综合参考书；西班牙语教学用书、教材和教学资料；翻译作品；日报、周刊和专题杂志；电影、录像和音乐。阅览室免费向公众开放，包含50个座位、4台电脑及2台电视，另外还包括100多万册的电子资源可供网上直接查阅。

（二）上海米盖尔·德·塞万提斯图书馆

2007年11月6日，西班牙阿斯图里亚王储夫妇为上海米盖尔·德·塞万提斯图书馆揭幕。米盖尔·德·塞万提斯是西班牙伟大作家，代表作有我们熟知的《堂吉诃德》。上海米盖尔·德·塞万提图书馆通过各种活动来推广西班牙语言教学，宣传西班牙语国家的文化。推广的内容包括对西班牙或者西班牙语国家的文学家或艺术家在音乐、历史、哲学思想、科技、舞台艺术、造型艺术、电影、视觉艺术以及在西班牙语国家文化范畴中标志性元素等各个领域的展示，推广的实体工作就是倡议或组织各种丰富多彩的文化活动。上海米盖尔·德·塞万提斯图书馆目前拥有2,000多本的西班牙语教学学习用书，包括学习辅助材料、2,000多项影音制品（电影、纪录片、电视连续剧、音乐等）、3,000多部文学作品（小说、诗歌和戏剧），还拥有一定数量的漫画、艺术画册、儿童绘本、电影剧本和音乐乐谱。对注册用户可提供电子书籍资料的借阅。

五、孔子学院数字图书馆

在新时代，面对新的机遇和挑战，孔子学院也进入了转型升级的新阶段。2020年6月，国内27家高校、企业及社会组织联合发起的民间公益组织“中国国际中文教育基金会”正式成立，全面负责运行孔子学院品牌，以适应新形势下国际中文教育事业的发展。孔子学院的业务范围包括：开展中文教学和相关研究；开展以中文为主要媒介的其他相关学科或领域的教学和研究；开展中文教师培养培训；开发中文教学资源；举办中外语言文化交流活动；开展与中国语言文化等相关的考试和认证；开展中国教育、文化、经济等领域研究和咨询服务；开展其他符合孔子学院宗旨的活动。孔子学院信息资源建设包括总部资源和全球孔子学院资源建设两方面，现已形成线上资源和线下资源并行的资源体系。

（一）孔子学院数字图书馆

2013 年 5 月，孔子学院总部暨国家汉办启动建设“孔子学院数字图书馆”。其功能是面向全球孔子学院（包括孔子课堂）师生和愿意了解中国语言文化的各国青少年及各界人士，特别是研究中国学的专家学者，提供丰富的语言文化、人文社科类数字资源。

据 2017 年 6 月份的统计，孔子学院数字图书馆主要包括四个频道：大众频道、儿童频道、学习者频道、汉学家频道。第一，大众频道以青少年为核心用户，提供大量电子书、期刊、报纸、有声读物、图片、音乐、视频等数字资源，覆盖语言、文化、人文、社科等各个领域，全面介绍当代中国社会和文化。大众频道拥有资源：电子书 32,739 本，包括文学传记、经济管理、人文社科、艺术、成功励志、生活健康、语言文字、历史地理、自然科学、工业技术、农业科技、医学卫生、中小学教辅、党史国史 14 类。图片 114,947 张，包括当代摄影、美术绘画、出土精品、古代设计、历代服饰、民间美术、书法篆刻、经典画谱、古籍插画 9 类。报纸 30 份，包括《人民日报》《环球时报》《南方周末》《第一财经日报》等。杂志共 39 份，包括《中国画报》《三联生活周刊》《南方人物周刊》《读者》等。连环画 1,000 册，包括历史演义、神话传说、民间传奇、古典精品、连环画报、儿童绘本、红色经典、当代经典、外国经典 9 类。音频 2,989 种，包括音乐、评书 2 类。视频 463 集，包括纪录片、孔子学院活动视频等。第二，儿童频道为少年儿童提供经典童话、绘本、儿歌、动画、游戏等数字资源，通过点读、录音、回放等互动体验功能，将孩子们带入汉语学习的乐园。儿童频道拥有资源：电子书 1,937 本，包括原版原式电子书、多媒体电子书、有声读物等类型。视频 1,364 集，包括经典卡通、汉语教学、中华文化、休闲娱乐。第三，学习者频道为汉语学习者量身打造学习平台，包含丰富的教材、工具书等数字资源。可适应不同汉语水平、母语语种的学习需求，为汉语学习者提供个性化学习方案。学习者频道资源：教材 780 种，包括综合教程、专题教程，可适用于不同汉语水平和年龄的学习者。工具书148本，包括综合、文学、经济、教育、艺术、社科总论、语言文字、历史地理、自然科学、哲学宗教等16类。第四，汉学家频道为研究中国者提供集成式的便利服务，汇集了电子书、工具书、学术期刊等数字资源。可通过高级检索、全文检索等功能快速查找所需资料。汉学家频道资源：电子书1,635本，包括工具书和学术电子书等。学术期刊175份，包括综合、社科总论、哲学宗教、语言文字、文学艺术、历史地理、医药卫生等10类。

（二）孔子学院全球门户网站

2021年9月，孔子学院全球门户网站（www.ci.cn）上线，致力于加强全球孔子学院的协同，提供更加开放、便捷、高效的服务，协助中外方合作机构更好地发挥主体作用，促进孔子学院可持续高质量发展。

孔子学院全球门户网站涵盖中文课堂、学术天地两大资源模块，中文课堂以视频课程为主，为汉语教学和学习提供了丰富的课程视频，课程类型包括语言、文化、考试、“中文+”，并从课程难度、教学语言、课程受众、交际场景进行了区分，方便不同层次的用户在线使用，课程来源于各国（地区）孔子学院和国内教育机构。学术天地现有教学资源（电子教材87种）、教学观摩（视频课程297种）、学术期刊（孔子学院出版物9种）三部分资源供用户使用。教学资源从适用学段、适用水平、内容类别对汉语教材进行了区分，以孔子学院教材为主，如德国不莱梅孔子学院的《体验汉语》、泰国皇太后大学孔子学院的《创创汉语》等，可以在线阅读教材全文。教学观摩收录了部分孔子学院的教学视频课程，内容涉及中国节日、中国画、中国菜、中国山水等多个领域。学术期刊收录了孔子学院相关的学术期刊，如《乌克兰汉学研究期刊》《东游·中葡国别研究》等。

（三）海外孔子学院图书馆

截至2020年7月，我国目前已在世界162个国家（地区）建立了548所孔子学院，其中有46所示范孔子学院。海外孔子学院资源建设模式是建立图书馆或图书室，汇集中国政治、经济、历史、文化、社会生活等各类图书，便于当地民众全面了解中国，推广中国文化。

泰国孔敬大学孔子学院（简称“孔敬孔院”）是西南大学于2006年8月与泰国孔敬大学合作成立的泰国第一所孔子学院，孔敬孔院图书馆占地约300平方米，现有各类图书、资料约2万册，其中可外借的约6,000册，着力打造以国际中文教学图书为主体，以数字资源为特色的知识服务体系。图书馆内部设有国际中文教学、中国学、当代中国、休闲娱乐四个藏书分区。图书馆在办学15周年（2021年）之际，向泰国民众免费开放图书资源。线上远程服务是孔敬孔院图书馆服务的一大亮点，读者只需通过微信小程序提交申请并支付押金，图书馆便会将预借图书寄送到家。在资源建设上，孔敬孔院图书馆与国内多家机构达成长期合作意向，西南大学出版社资助了各类中文教材以及补充读物数千册；外语教学与研究出版社专门授权由孔敬孔院展示其出版的中文学习、文化读物等图书及电子资源；四川新华乐知教育科技有限公司在YCT智慧汉语课堂建设方面提供稳定的技术和资源支撑。

泰国朱拉隆功大学孔子学院（简称“朱大孔子学院”）是在诗琳通公主的亲自倡导下，由中泰两国的最高学府——北京大学与朱拉隆功大学合作建立，诗琳通中文图书馆是泰国朱拉隆功大学孔子学院的图书馆，是曼谷第一家中文图书馆。截至2019年10月，诗琳通中文图书馆馆藏图书2.7万余册，是泰国中文藏书最全面的图书馆。该图书馆致力于服务曼谷乃至全泰国中文学习者和中国学术研究者。

卢森堡大学孔子学院图书馆，作为目前卢森堡大公国中国语言文化类资料馆藏最多的图书馆，收藏了包括语言学习教材、学术研究文献、古现代文学作品、漫画、报纸、杂志等数千种中、英、法、德语的纸质和数字资源。卢森堡大学孔子学院图书馆的所有资源现向公众免费开放。

第三节　新时期孔子学院的信息资源建设

信息资源建设是人类对处于无序状态的各种媒介信息进行选择、采集、组织和开发等活动，使之形成可利用的信息资源体系的全过程。孔子学院信息资源建设就是指一个国家或地区的孔子学院以保障普遍均等服务、实现信息公平为目标，从节约资源建设经费，保证资源建设质量，提高资源建设效率的角度出发，统筹规划、协调合作构建地区性信息资源保障体系的活动。孔子学院信息资源建设内容与传统单体图书馆的信息资源建设内容大致相同，主要包括信息资源的建设、组织、管理等，但其实施方式则与后者存在巨大的差别，并且具有鲜明的特点。

一、信息资源建设的内容和原则

孔子学院的信息资源建设工作要严格遵循我国对外文化传播的精神，以推广中国文化、服务孔子学院教学、促进与孔子学院所在国的文化交流为立足点，同时兼顾服务我国在孔子学院所在国的相关机构。

（一）信息资源建设的内容

1. 信息资源的建设

（1）基于中国文化的信息资源的统一筹划建设。

海外孔子学院信息资源的建设主要是以政府购买的方式，由语合中心统一采购、免费赠送给相关孔子学院。

语合中心汇集国内各出版社发行的汉语教学和中国文化推广出版物，建立信息资源库，向海内外符合资质要求且有明确需求的机构和个人提供相关信息资源。目前语合中心已经开展相关工作，免费赠送给相关需求单位，并对赠书资质、赠书流程、受赠管理做了明确规定，各孔子学院和孔子课堂根据年度计划，在语合中心网站赠书书目上挑选所需资源，一次性提出书面申请，审批通过后在网上提交订单，审核通过后以海运的方式进行配送。截至目前，语合中心已向 170 个国家的孔子学院和孔子课堂赠送教材、文化读物、工具书、音像制品 3,000 多万册。

（2）个性化信息资源建设。

第一，支持自编教材。信息资源还有一种建设模式就是研发和编写教材，目前语合中心已支持各孔子学院编写本土化教材 500 多种，开发了 45 个语种的网络课件，并将 50 种教材动漫化。第二，对教学资源、交流活动的收集整理和出版。各孔子学院在进行教学、文化交流时所产生图片视频文字资料，都为孔子学院之间相互借鉴提供了良好素材，为未来孔子学院的发展提供了经验，孔子学院的信息资源建设工作要加强这方面资源的收集整理，并在时机成熟的情况下结集出版，丰富孔子学院的信息资源库。个性化信息资源建设为传播中国文化、促进交流、加强与所在国的相互了解及辅助我国对外政策制定方面均起到了一定的积极作用。

（3）支持我国优秀著作的翻译输出。

长久以来，由于语言原因，我国优秀著作并未在传播范围上体现出其应有价值。孔子学院建立的宗旨是传播中国文化，我国的优秀著作作为中国文化的凝练产物，理应受到关注。孔子学院的信息资源建设内容应将我国优秀著作的翻译作为一项重要的内容，具体可分为支持我国自主翻译及支持各国优秀人才翻译两种模式。支持自主翻译可通过与我国对外交流中心、高校外语院系、出版社、中国驻外机构等的合作，设立支持中华优秀著作翻译项目。支持他国人员翻译可在全球范围内设立基金，支持各国优秀人才对中华优秀著作的翻译工作。

（4）数字化资源建设。

在新业态环境下，信息资源的载体正向数字化形态转变。孔子学院在数字资源建设中面临以下问题：数字资源价格昂贵，且需要连续投入进行维护，对服务体系的财政经费提出了较高的要求；孔子学院图书馆实体空间规模较小，更需要借助数字资源实现对纸本资源的补充，如何高效率、低成本地建设特色化的数字馆藏是孔子学院信息资源建设工作应考虑的难点。

具体而言，可通过三种模式建设孔子学院的数字化资源。第一，语合中心单独采购数字资源，并获得整个孔子学院图书馆服务体系使用数字资源的授权，数字资源的建设与维护全部由语合中心负责。第二，联采共享模式。部分孔子学院联合采购特定的数字资源，参与联合采购的孔子学院之间实现数字资源的共享。联采共享模式分解了单独采购数字资源的压力，有助于建立较为完备的数字馆藏体系。第三，分布建设模式。孔子学院体系中具备建设数字资源所需资金、人员、技术条件的孔子学院，自主或在其他孔子学院的协助下数字化馆藏资源或者开发数据库。任何一个孔子学院，其所在地在历史、地理、政治、文化、经济等方面都具有一定的特殊性，记录、保存、传承这些知识信息是孔子学院义不容辞的责任，可以馆藏资源为基础开发一系列专题数据库、特色数据库。

2. 信息资源组织

信息资源报道体系科学与否直接关系到信息资源共享的效果，而信息资源的组织方式直接决定报道体系的构建，因此，信息资源组织工作也就成为孔子学院信息资源建设的一个核心环节。联合编目与集中编目是图情领域信息资源组织的两种主要方式。第一，联合编目是指孔子学院体系内制定统一的薪资资源组织原则和标准，所有孔子学院都据此编制本馆的馆藏资源数据。通过各孔子学院的协作建立实时更新、准确完备的信息资源目录，实现孔子学院体系内信息资源的共建共享。第二，集中编目就是完全依靠语合中心人员和技术设备，全权负责整个孔子学院体系内信息资源组织工作，各孔子学院仅作为使用者和需求提出者参与信息资源组织工作。

3. 信息资源管理

信息资源的管理是指为了实现信息资源的有效保存和高效利用，而对资源进行配置、流动和组织，使之成为动态有序的信息资源体系的过程。孔子学院体系的信息资源是所有孔子学院馆藏资源的总和，所以其管理的困难程度和复杂程度远远超过了单体图书馆的信息资源管理。这主要表现在：首先，各孔子学院的馆藏资源都自成体系，拥有自己的专藏、特藏。其次，一些大型的孔子学院服务覆盖的地域范围较广，读者使用信息资源存在时空限制，如何使资源利用最大化，如何促进信息资源的流通是孔子学院信息资源服务体系不得不面对的难题，可通过统筹配置和循环流动两种方式解决此困境。第一，统筹配置，即语合中心根据各孔子学院所在地的地区产业特色、经济、社会、文化条件及具体信息需求，确定信息资源范围，在此基础上进行连续、系统建设。第二，循环流动，即部分或全部信息资源在各孔子学院之间进行流动，通过信息资源的不断循环保持各孔子学院信息资源的新颖性，从而充分发挥信息资源的价值。

（二）信息资源建设原则

1. 需求驱动原则

信息资源建设要以需求为驱动，通过对当前各孔子学院及交流对象国的信息需求分析，明了孔子学院在信息资源建设时应从哪些方面来考虑，从而确定信息资源建设的内容。需求驱动采购（demand-driven acquisition，DDA）也称读者决策采购（patron-driven acquisition，PDA），即依据读者的实际需求确定信息资源的购入，它使读者从资源建设的接受者转变为发起者和决策者，是一种赋予读者决策权的信息资源建设模式。读者决策采购在全球图书馆界迅猛发展，一方面缓解了经济不景气所带来的资源建设经费紧缩的外在压力；另一方面也解决了图书馆自身存在的种种问题，比如馆藏资源利用率低、资源建设与使用脱节、信息需求无法及时满足等。

目前语合中心基于机构与个人提出申请从而免费赠送图书的做法就是需求驱动原则的具体体现。但目前的资源满足范围仅限于语合中心汇集的国内出版发行的汉语教学和中国文化推广出版物，信息资源来源渠道单一，无法满足各孔子学院的个性化需求。在未来的信息资源建设中，要注重基于各孔子学院需求的个性化信息资源开发。

2. 本土化原则

从创立到发展的十余年中，孔子学院一直在国际舆论的“风口浪尖”中前行，而且这个大环境在未来很长时间内不会有根本性改变。但我们不能因为国际舆论的严峻性而遮蔽孔子学院取得的效果，更不能因为国内舆论的叫好而夸大取得的成绩。如何真正提升孔子学院在国际上的文化传播效果，需要深层次的反思和谋划。

中国文化的传播要寻求与所在国文化的共通点。调查显示，儒家文化与所在国文化具有共通性内容时更易于被汉语学习者所接受。比如“以礼相待”不仅是儒家文化，而且是基督教文化、伊斯兰文化、东正教文化共同推崇的价值观，比较容易受到所在国公众的认同。而共通性较小的价值观，在跨文化传播中则面临着文化冲突的障碍。基督教传入中国之初的做法其实十分值得我们借鉴，基督传教士非常注重挖掘《论语》与《圣经》的共同点，以此融入中国社会。反观孔子学院的教材编写和教学内容，却都不同程度地存在着“文化适应”的问题，僵化固守自有文化、摒弃他者文化的传播方式是难以收到良好效果的。此外，要提升孔子学院的传播效果，不仅在传播内容上，而且在孔子学院的教学体系、信息资源建设、管理方式上都要适应所在国的文化传统，这才是改善国际舆论环境、提升中国文化传播效果的可行之路。

二、信息资源建设的模式和渠道

信息资源建设模式涵盖了信息资源建设的经费来源、实施主体、人事安排、业务规范以及信息资源的产权、整合、物流等重要内容，是图书馆服务体系建设过程中需要着力解决的一个核心问题。孔子学院信息资源建设是孔子学院依据其任务和用户需求，独立或通过合作方式规划、选择、收集、开发、组织信息资源，建立可利用的信息资源体系的全过程。孔子学院的信息资源建设，可以借鉴图书馆信息资源建设的相关经验。孔子学院信息服务体系的信息资源建设包括两类主体——责任主体和实施主体。其中，责任主体是承担资源建设责任、提供资源购置经费的语合中心。实施主体是制定资源建设计划、实施资源建设活动的各国孔子学院和孔子课堂。责任主体和实施主体对于孔子学院信息服务体系的信息资源建设具有决定性影响。

按照我国孔子学院的运作模式，语合中心是孔子学院信息资源服务体系建设的责任主体，分别承担各国孔子学院的资源建设责任；各国孔子学院则是信息资源服务体系的实施主体，具体负责开展具有本院特色的信息资源建设工作。以信息资源建设的责任主体和实施主体为标准，可以将孔子学院信息资源建设模式划分为统一建设、委托建设、联合建设、跨界合作四种模式。

（一）统一建设模式

由语合中心主导，语合中心统一承担全世界所有孔子学院的信息资源建设主体责任，全权负责孔子学院的信息资源建设业务。统一建设模式的信息资源建设经费全部来源于语合中心的专项财政经费，形成了长效的经费保障机制；语合中心承担所有的信息资源建设工作，形成了集中的业务管理机制。

统一建设模式的特点主要为：

第一，在语合中心主导下，自上而下推行。在宏观管理方面，通过出台政策，制定实施办法，统筹规划各国孔子学院的信息资源建设活动。在具体落实方面，语合中心以划拨专项经费的方式，全额资助孔子学院的信息资源建设业务。统一建设模式，易于形成经费的制度化投入机制，也更具可持续发展性。

第二，语合中心统一管理有助于形成很强的职业开拓精神。语合中心可根据我国文化特点及孔子学院的总体发展状况，提出信息资源统一建设的设想；撰写调研报告，进行试点建设，彰显统一建设的优势和效益，并将其制度化。

第三，集约化管理，集团化运营。统一建设模式可进行资源共建共享，减少重复劳动，提高总体资源水平。由语合中心对各国孔子学院的信息资源建设实行垂直管理，文献产权高度统一。语合中心作为唯一的信息资源建设主体，可以利用专项经费全面统筹整个系统的文献采、分、编、配工作，实现业务流程的集约化管理和集团化运营。

（二）委托建设模式

语合中心基于政府文件或合作协议，利用各国孔子学院的发展经费（有些地区还包括其他来源的经费），委托给第三方，让其帮助各国孔子学院开展信息资源建设业务。如国家图书馆或者某数字图书馆建设商，利用其在信息资源建设方面的经验优势，可以更快速、更专业地构建孔子学院信息资源服务体系。

委托建设模式的特点主要为：

第一，专业化的运作模式。委托建设模式中，将孔子学院资源建设的责任委托给更专业的信息资源建设机构，语合中心面临的业务压力大大降低，而信息资源服务的专业化程度则大大提高。

第二，信息资源建设经费稳定。孔子学院的信息资源建设既需要可观的初始建设经费，还需要长期的后续馆藏更新经费。在委托建设模式中，第三方机构为了获得将来的委托权，会竭尽所能地提高信息资源质量，改善信息服务，服务越好获取经费越容易，至此形成良性循环。另外，孔子学院的运行经费属于政府财政拨款，具有稳定性高的特点，为委托建设模式的可持续发展提供了保障。

第三，多样化的信息资源流通模式。在委托建设模式中，第三方委托机构为了满足信息资源共享的需要，会提出各种不同的信息资源共享解决方案，为跨国借阅流通交流等服务提供物流、管理等多种解决方案。灵活多样的信息资源共享解决方案，更容易使委托方、被委托方基于各自的利益关注点达成合作共识，也使孔子学院的信息资源服务经验可以运用到各国孔子学院的文化交流活动，如中国文化展览等。

（三）联合建设模式

各国孔子学院通过分工协作，联合开展信息资源建设业务，并以形成用户导向的信息资源共享机制为目标。联合建设模式是通过整合资源建设的实施主体，对各国孔子学院的人、财、物进行优化组合，达到优势互补、资源共享的目的。联合建设模式是一种典型的行业内合作模式，具有较大的自由度和灵活性。语合中心建立协作信息资源建设中心，由建设中心根据各国孔子学院提交的资源需求清单，统一采访、编目。

联合建设模式的特点主要为：

第一，集群化资源建设。联合建设模式能够使各国孔子学院的有限资源产生互补或协同效应。各国孔子学院从所在国的国情、各自发展特点出发，提出信息资源建设建议。语合中心根据需求制订信息资源建设计划，有针对性地采购信息资源，既保证了地区性的整体资源建设需求，又兼顾了各国孔子学院的具体需要，实现区域性资源建设的整体协同发展。

第二，信息资源建设的自由度大。各国孔子学院之间不存在业务隶属关系，语合中心也只有业务指导权。通过联合建设模式进行的资源建设，在信息资源选择上自由度大，更能满足不同孔子学院的个性化需求。

第三，重复性建设问题需注意。联合建设模式虽然对各国孔子学院而言足够民主，但对语合中心的要求比较高，需要在各国孔子学院提交的信息资源需求中进行筛查，以免重复性建设，浪费经费，降低效率。

（四）跨界合作模式

孔子学院与各所在国国家行政机关、企事业单位、民间组织等合作建立信息资源中心。我国作为世界经济大国之一，与国外各行业的合作都很多，对于汉语的需求造就了目前孔子学院高速发展的局面。世界著名语言推广机构如英国文化协会、法语联盟、歌德学院等，都积极寻求与企业合作。在“一带一路”整体框架下，中国会有越来越多企业“走出去”，这些企业与孔子学院之间可以多样化的方式建立有效的合作机制。

跨界合作模式的特点主要为：

第一，资金来源多样。孔子学院与其他机构的合作可以为其争取更多资金，为孔子学院信息资源建设提供有力保障。

第二，信息资源建设针对性强。合作建立信息资源，必定以服务为导向，在需求的基础上进行信息资源建设。将来的信息资源利用率高，为合作机构提供的服务也更具针对性，为长期合作奠定了基础，有利于更广范围内的文化交流和合作。

三、信息资源建设的框架

孔子学院信息资源建设整体内容包括三个部分：纸质文献资源、自建电子资源、网络电子资源。自建电子资源是孔子学院特色资源建设内容的主体部分，涵盖五种类型数字资源：音频资料、视频资料、多媒体资料、图形 / 图像资料、课件 / 会议资料。所有自建电子资源的元数据都将基于现有书目系统建设，元数据标准主要依据数字图书馆界普遍采用的都柏林核心元数据集（DC 元数据），参考教育部《教育资源建设技术规范》中针对教育资源建设所采用的学习对象元数据（LOM 元数据），并给出了 DC 元数据与 LOM 元数据的映射关系，可以实现两种元数据格式的数据导入和导出，实现数据交换和资源共享。纸质相关文献按照主题、著者排架展示，设立专题文献展厅。网络电子资源也按照元数据标准进行标引，可检可查，在图书馆门户和特色资源检索页面给出相关链接。

"一带一路"倡议背景下孔子学院的信息资源建设还处于起步阶段，缺乏切实可行的理论指导和有力的政策支持，也未形成成熟有效的机制和方法。孔子学院的信息资源建设要以明确的资源建设目标为指导，在调查现有资源的基础上宏观布局、统筹协调，通过分工建设实现资源的全面收藏，进而促进文献资源与服务的共享；全面、系统地收集"一带一路"沿线国家政治、经济、文化、科技、民俗风情、自然资源和社会发展等方面的文献，及时补充目前信息资源较少的老挝、柬埔寨、缅甸、文莱等国家的文献资料；提高自然科学、工程技术等学科领域文献的收藏率，确保文献的学科结构整体性和信息资料全面覆盖。

今后应着重加强采集以下内容的信息资源。

（一）文化教育、旅游文献资源

“一带一路”建设必须从文化开始，尤其是在当前我国对“一带一路”国家缺乏有效的公共外交措施的情况下，更是迫切需要发挥文化软实力作用，寻求认同，争取民心，为政治、经济、社会发展搭台。语言通、文化通对于民心相通至关重要，只有使用当地习惯的语言来沟通，才能真正走到当地民众中，真正了解周边国家和民族的文化思维模式，大大拉近与当地人的感情。实施语言战略，积极研究周边国家语言，不仅对保障国家安全有重大意义，更为当下推进“一带一路”倡议提供关键保障。因此，应首先关注和研究各国语言学文献，包括各种载体的语言教材及辅助资料、语言工具书、语言习惯、语言政策等资料。开展教育和旅游合作是文化交流的两条有效途径。媒体合作营造并融洽了舆论氛围，影视产业让各国民众通过荧屏了解各国的自然风光、人文社会、经济潜力等，教育培训、文化旅游能增进民众的文化认同感和民众间的信任感，会展、话剧、旅游演艺等丰富了各国民众的日常生活。因此要注重搜集“一带一路”各国基本情况、风土人情、名胜古迹、饮食文化、教育制度、教育状况、文化环境、文化需求、人文理念等方面的文献资源，尤其是视听资源。

（二）政策、法律性文献资源

政策沟通是“一带一路”倡议的基础和关键，而法律制度是进行建设的重要保障。政治共识最终必须凝结为可供操作执行的法律制度，拥有了法律制度的保障，中国与“一带一路”国家的交流与合作才能进入新的阶段。“一带一路”沿线国家的意识形态多元，部分国家政治态势不稳定，国家之间缺乏协调，对外政策差异较大，法律健全程度不一，存在较大的法律风险。而当前的决策性研究很少，客观上需要充足的政策性、法律性文献资源来进行支持，在政策和法律上为战略实施“开绿灯”。从“一带一路”建设的战略目的和实施路径来看，对政策的需求主要体现在财政政策、金融政策、贸易政策以及地方配套政策等几方面，法律文献包括“一带一路”组织法律文献、中国“一带一路”法律制度、“一带一路”65国法律文献，涉及与“一带一路”有关的条约、章程、宣言、纲领、协定、备忘录、联合声明、“一带一路”65国各部门的法律法规、热点问题（如南海问题）法律文献等，尤其是中国与“一带一路”沿线国家的经济贸易往来的法律问题成为研究的特殊资源。

（三）经贸、自然科技文献资源

“一带一路”沿线信息资源专题性强，主要服务和利用的对象是研究人员，实现“设施联通、贸易畅通、资金融通”经济合作是“一带一路”的重头戏，而当前有关“一带一路”的研究性文献数量少，研究主要侧重以“一带一路”为整体的理论性研究而非决策性研究，因而需要更多研究性文献的数据来提供决策支持。研究性文献主要包括科技图书、期刊论文、会议论文、学位论文和学术专著等，学科范围主要涉及经贸、财税、科技、建筑、农业、工业、数理化、环境等学科。工业化进程的实质是现代化进程，对“一带一路”沿线国家工业化进程的研究就是抓住了“一带一路”的根本和核心，因此工业化文献是研究性文献的重中之重。另外，通过地缘文化或民族民俗相似性等来开展中国与“一带一路”各国之间在自然科学方面的研究逐渐受到重视，如民族文化和风俗的渊源关系、海洋资源保护与利用、边境地区生态环境修复与资源保护、农产品合作领域等。

（四）历史性、地方性文献资源

主要包括海上丝绸之路文献、东南亚史文献、档案文献、谱牒文献、民族文献等，这些文献都是历史文化遗产和“一带一路”文献资源的重要组成部分，对发掘我国与“一带一路”沿线各民族联系的纽带、增进海外华侨华人的民族认同感、消除国际政治疑虑和促进多文化融合大有裨益，是推进“一带一路”建设不可或缺的重要资料库。海上丝绸之路文献是反映古代中国与世界各国通过海上航线进行经济文化交流的各种历史文献以及现代研究文献的总和，包括各种史料、方志、文学作品、艺术作品、考古资料、族谱、碑刻、铭文、舆图，以及现代学者的各种研究论著。东南亚史文献是指一切历史遗留和现在有关东南亚历史上的某一问题、某一历史事件、某一研究对象国（乃至某一地）、某一历史人物等的文字图录资料，类型包括图书类、资料类、工具书类，载体有书籍、报刊或手稿等，著作形式有专著、译作、校注、考证、汇编、参考工具书等。以文献出版地为分类标准，可将东南亚史文献划分为三部分：中国古代文献中的有关史料及近现代研究成果、东南亚当地的历史文献、西方及其他国家研究东南亚史的文献。档案包括各种史料、方志、文学作品、艺术作品、考古资料、族谱、碑刻、铭文、舆图，以及现代学者的各种研究论著等。各种档案文献真实地记录了中国与“一带一路”各国的历史和文化，也记录了他们所拥有的主权、领土和各种利益关系，对我国与“一带一路”各国发展政治关系、开展经济合作和促进文化交流具有重要的、全方位的、不可替代的综合贡献力。东南亚是我国海外华人华侨最集中的聚集地，产生了大量的谱牒。谱牒主要采用表谱形式记载以血缘关系为主体的家族世系繁衍和重要人物事迹，形式上有总谱、宗谱、分谱、支谱、家谱、房谱、家乘等名称，版本上主要有抄本、活字本、石印本、铅印本、复印本、数字印刷本等多种类型，是海外华侨华人寻根问祖的主要依据和传承中华文化的重要载体。我国和东南亚自古以来交往密切，许多民族混杂居住，民族文献也是反映我国和“一带一路”民族社区政治、经济、社会、文化等事项的重要资料，包括纸质、视频、音频和图片等类型。

（五）灰色文献

灰色文献包含非常珍贵的原始信息，具有新颖性，特别是“一带一路”沿线国家整体上正式出版物少，相当多的文献以灰色文献的形式存在，较难获得，所以这类文献尤显珍贵。现代灰色文献除了传统的报告、博硕士论文集、会议论文集、技术规范与标准、非商业性翻译、书目、技术与商业文件、非商业出版的官方文件（含政府报告与文件）等类型外，还包括了教育、科学和研究领域新型的内部信息源，政府或民间、正式或非正式社会组织在各自活动中产生的信息记录，以及以电话、会议、电子邮件、博客、访谈、社交网络工具或Wiki系统交谈等交流方式存在的信息源，非物质文化遗产也成为新时期社会信息需求的灰色文献信息源。国内对灰色文献的开发利用总体水平相对滞后，需下大力进行采集。另外，面对国际社会的疑虑和误解，正确引导“一带一路”建设的全球舆情至关重要，收集社会舆情信息已经成为图书馆的重要工作和常态性活动。

第四节　孔子学院信息资源共享平台建设

一、孔子学院信息资源平台建设的背景与意义

“一带一路”是“丝绸之路经济带”和“21世纪海上丝绸之路”的简称。2015年3月28日，国家发展改革委、外交部、商务部联合发布了《推动共建丝绸之路经济带和21世纪海上丝绸之路的愿景与行动》，截至目前，“一带一路”倡议和行动已经受到国际社会高度关注，大力开展文化层面沟通交流和深入合作是“一带一路”重中之重的基础建设。孔子学院作为对外推广中国语言与文化的重要支撑载体，目前在国际上已经具备比较广泛的影响力和知名度。构建以孔子学院为基点的人文信息交流平台，服务“一带一路”建设大局，是非常值得研究和探索的突破点。

目前，“一带一路”建设为沿线国家孔子学院的发展提供了前所未有的契机。孔子学院应当积极探索如何抓住机遇，扩大自身影响力，反哺和助力国家政策推进实施。此领域的研究课题近两年来非常受业界学界的重视，有学者提出了部分行动思路和建议：一是从事汉语国际教育的学者，经由孔子学院国际合作办学渠道，以个别沿线国家孔子学院的办学经验为基础，孔子学院在承担汉语教育和文化交流职能的同时，应担负起为“一带一路”舆论造势、充当智库、搭建平台的使命。如于霞的《论孔子学院在“一带一路”建设中的作用——以柬埔寨王家学院孔子学院为例》，王贤森、杨耀防的《“一带一路”建设与孔子学院的使命》，邓新的《孔子学院参与“一带一路”建设的方法与途径研究》等。二是从跨文化传播角度，提出了“一带一路”沿线国家孔子学院应从区域布局、师资、本土化、经费来源、传播途径等方面来应对多元文化双向交流带来的机遇和挑战。如王思文、贾文颖、郭佳丽的《国家政策对新丝绸之路经济带文化传播的重要影响——以孔子学院（课堂）为例》，李宝贵、刘家宁的《“一带一路”战略背景下孔子学院跨文化传播面临的机遇与挑战》等。三是从文化交流促进经济发展角度，运用现代计量经济分析方法，从提高贸易往

来信任感、降低贸易成本、共享双边贸易合作信息三个维度探讨孔子学院对中国与“一带一路”沿线国家贸易合作的积极影响。如李青、韩永辉的《“一带一路”区域贸易治理的文化功用：孔子学院证据》。四是借由每年一届的孔子学院大会这个平台，孔子学院中方院长围绕“一带一路”，基于各自孔子学院已开展的相关文化及教学活动的实践经验，提出孔子学院在人才培养、企业培训、政策沟通与咨询、图书编写等方面服务“一带一路”建设。五是从信息化建设角度，就目前“一带一路”信息建设存在的碎片化、低质化、信息不对称的问题，提出要构建信息服务平台，搭建子平台群，促进“一带一路”建设得更好，如张展的《“一带一路”信息服务平台建设探析》；有以孔子学院教育资源信息化建设为切入点，旨在教育资源领域大力推进信息技术的应用程度，提高教育质量，如李欣岩的《孔子学院教育资源信息化建设研究》。在信息化服务平台的建设成果方面，有国家信息中心牵头的“一带一路”大数据综合服务门户和社科文献出版社的“一带一路”数据库。

国外研究方面，大多是孔子学院外方教育机构基于中国“一带一路”的倡议，在已有教学成果的基础上，出于发展本国经济、交流文化的需要，提出服务“一带一路”经济建设的新举措。

综上，国内外迄今为止对孔子学院参与“一带一路”建设的研究已取得了一些成果，但尚有不足：一是“一带一路”倡议的具体方案在2015年初才出炉，尚无经验可循，孔子学院虽拥有10多年的海外建设基础与经验，在语言培训、文化交流上取得了一定成果，但尚未做到“一带一路”沿线国家全覆盖，相关研究数量还不够，国外研究几乎没有；二是大多侧重于孔子学院的区域布局、师资培养等基础建设及教学培训、文化交流工作，以及怎样应对“一带一路”倡议带来的机遇和挑战，虽有沿线国家孔子学院的教学活动数据支撑，但大多还是以提纲挈领的理论研究为主；三是缺乏多角度的研究视角，虽从经济角度、文化传播角度为切入口进行了研究，但没有深度挖掘孔子学院助力“一带一路”建设的服务机制和渠道。

基于此，本书提出构建“一带一路”沿线国家的孔子学院人文信息交流平台，其必要性体现在以下三方面：

第一，解决我国与“一带一路”沿线各国信息不对等，特别是社会人文信息交流沟通与经济社会深入合作的信息需求不足的矛盾。随着商贸、教育、人文的相互了解和合作增多，中外双方在各方面信息不对等的状态日益凸显，交流合作的效率受阻。如经济合作中对国外政治法律信息的搜集，对国外政策风险的评估，对不同风俗国家的人文环境的适应，种种因素都会影响“一带一路”政策的具体实施，建立一个“一站式”的人文信息交流平台可有效解决此问题。

第二，激发孔子学院在“一带一路”沿线国家进一步提升人文影响的巨大潜力。孔子学院在构建人文信息交流平台上具有先天优势。“一带一路”涉及周边65个国家和地区，截至2022年3月，孔子学院网站统计有53国建立了154所孔子学院，42所孔子课堂，如此庞大的分布不是其他机构所能比拟的。另外，孔子学院作为我国文化传播的先行者，其推动中国与其他国家之间人文对话平台的地位已深入人心，且积累了完备的对外交流经验，在人文信息交流中积累了声誉，接受度颇高。将孔子学院打造为“一带一路”沿线国家人文信息双向交流的重要节点，充分发挥孔子学院的特殊人文影响和具有的人文信息汇聚交流巨大潜力的平台优势，可以大幅度节省国家对于“一带一路”沿线国家人文信息整合的重复性工作，且能更加充分地发挥孔子学院的影响、作用。

第三，提供信息化时代孔子学院服务升级的重要工具和抓手。人文信息交流平台的构建为孔子学院的未来发展提供了新契机。孔子学院自确立了其定位“走出去与迎进来”相结合的双向交流模式后，在提供对企业的培训、商业培训或者个性化的语言培训等方面，已经积累了很多有益经验。然而，这些经验过于零散且不可复制。构建“一带一路”沿线国家孔子学院人文信息交流平台，可以使这些有益经验系统化、平台化，服务更多的机构，发挥更大的价值；此平台的构建无论对于孔子学院的未来发展还是对“一带一路”建设的人文助推，都是一个双赢的结局。

本书在已搜集资料的基础上，联系“一带一路”倡议背景知识和沿线国家的文化经济发展现状，着重对孔子学院在承担汉语教学、教师培训、文化传播任务之外的信息服务职能进行细致分析和深度挖掘。在研究内容、层次和方法上也有所创新，将理论研究和实地调研相结合，同时借鉴了信息管理学学科领域的相关概念和成熟经验。探讨了面向公众、大学、企业、政府、社会的信息服务模式和机制，从信息服务角度丰富了对孔子学院的研究。分析了“一带一路”倡议实施中沿线国家的多样化信息需求，提出要对孔子学院现有的信息平台进行升级，构建多层次的信息服务体系，包括教育培训、“一带一路”相关政策推进实施、中外经贸合作、政务工作等信息的搜集、整合与发布，建设沿线国家文化交流成果库、人文交流信息数据库和社会发展信息资源数据库，开展信息服务和政策咨询，为“一带一路”沿线国家孔子学院未来的发展提供了可落到实处的信息服务解决方案，有较大的实际应用价值。

二、孔子学院信息资源平台的构建内容

第一，孔子学院中华文化传播与“一带一路”沿线国家强化人文交流互补问题研究。

“一带一路”为孔子学院发展明确了理念指引，也为其可持续发展提供了保障。孔子学院的可持续发展以国际社会对汉语和中华文化的持续需求为支撑，而后者取决于学习汉语、了解中华文化是否能给自身发展带来或转化为可见的、持久的收益。“一带一路”建设无疑将提升汉语的经济价值和交际价值，加强沿线国家的汉语学习需求，提升国际对中华文化的进一步关注和深入了解的强烈需求，这都为孔子学院发展创造了巨大动力，吸引来更多生源。孔子学院是“一带一路”倡议和理念的重要实践主体，作为以教授汉语和传播中华文化为使命的公益性教育机构，其发展可以为“一带一路”提供重要的人文支撑，对通过语言和文化传播促进沿线国家民心相通，降低合作成本，具有不可替代的作用。

第二，孔子学院针对“一带一路”沿线国家建立公共文化信息服务平台和服务机制问题研究。

孔子学院立足于“一带一路”沿线国家人文信息双向交流的重要综合平台，应该努力提供满足“一带一路”沿线国家各类社会机构、一般组织和个人用户便捷查询沿线各个国家文化信息的功能平台，以有力助推沿线国家深入开展文化交流和合作。我们可通过信息化公共产品、互联网公共服务、图书馆学等相关理论证明孔子学院参与“一带一路”沿线国家公共文化信息服务的合理性与必然性；通过文献研究、比较分析和调查研究的方法，结合实地调研结果，提出孔子学院参与“一带一路”沿线国家公共文化信息服务体系的模式，以及该模式下的具体运行机制。包括共建文化信息平台、文化信息资源共享等；共同开发本土特色文献资源；共同开展公益文化活动；共建多重定位的孔子学院；传播沿线国家最新文化成果等。

第三，孔子学院针对“一带一路”沿线国家建立社会化信息公共服务平台和服务机制研究。

从人文角度出发，孔子学院立足当下，对“一带一路”沿线国家可以提供大文化层面的经济社会环境信息服务，对沿线各国的历史文明、民风民俗、宗教文化、人文地理、风土人情等蕴含大量的信息资源，进行信息整合和展示传播，以助推沿线国家在彼此深入了解方面有一个权威的信息平台，并通过该平台促进沿线国家各类机构开展经济社会各层面的合作交流，为沿线国家的经济社会建设做出信息沟通贡献。我们可在分析孔子学院社会化信息服务的内涵、目的、价值、必要性、可行性的基础上，研究“一带一路”沿线国家孔子学院社会化信息服务现状，从服务范围、服务内容及服务对象三个角度系统论述“一带一路”沿线国家社会化信息服务中存在的问题及成因，并提出相应解决对策。

第四，孔子学院提供“一带一路”沿线国家政府信息服务的可行性研究。

结合孔子学院开展政府信息服务工作的实际情况，运用文献调研、调查研究等方法，从孔子学院纳入“一带一路”沿线国家政府信息公开工作的前提着手，论证孔子学院开展“一带一路”沿线国家政府信息服务的可能性、可行性及独特优势，发挥孔子学院提供政府信息服务在消除信息障碍、保障知情权、推进政府工作方面发挥积极作用。此外，从目前孔子学院开展政府信息服务实际情况中，寻找存在信息资源采集、信息资源加工、信息资源保存利用以及对外服务等方面存在的问题，并提出解决思路。最后，针对这些问题提出孔子学院面向“一带一路”沿线国家开展政府信息服务的策略。

第五，孔子学院与中国企业“走出去”多样化信息服务及合作机制研究。

企业与语言国际推广机构之间的合作是互利共赢的，世界著名语言推广机构如英国文化协会、法语联盟、歌德学院等都积极寻求与企业合作。在“一带一路”整体框架下，中国会有越来越多企业“走出去”，这些企业与孔子学院之间可以通过多样化的方式建立有效的合作机制。我们需结合孔子学院当下企业信息服务的理论和实践研究现状，企业信息服务概念和信息服务种类，以及企业信息需求的内容和特点，调查孔子学院为企业提供的信息服务种类，总结孔子学院企业信息服务开展中存在的问题以及阻碍企业信息服务开展的影响因素，利用因子分析和相关性分析法分析影响企业信息服务开展的因素，提取主要因素并分析它们之间的联系。最后针对“一带一路”背景下孔子学院企业信息服务存在的问题和影响因素提出措施和建议。

第六，孔子学院为“一带一路”沿线国家教育、学术、科研交流发展提供多样化信息服务研究。

“一带一路”倡议和行动赋予沿线各国教育、学术、科研机构千载难逢的历史机遇，比如高校可抓住历史机遇，通过借力和服务于国家“一带一路”倡议来开展国际交流与合作，推进大学自身的国际化发展和世界一流大学建设。高校、科研、学术机构知识资源丰富，担负着文化传承和人才培养的重任，同时也是先进知识和文化的重要创造者，在文化传播方面具备典型性和独特的影响力。孔子学院本身就是典型的国际性的教育培训、学术研究的重要基地，可基于“一带一路”内涵和国际区域布局，分析“一带一路”建设对沿线国家高校、科研、学术机构国际交流与合作的影响，并对孔子学院如何提供多样化信息服务，如何通过服务进一步深化教育、学术、科研活动的合作以及服务“一带一路”建设提出相应的建议。

第七，孔子学院构建“一带一路”沿线国家人文信息服务平台群及相关资源数据库应用机制研究。

“一带一路”建设使我国对外开放格局为之一新，信息沟通及应用担负着为国际合作伙伴、政府相关部门、企业及公众用户等提供了解、交流、研究、决策、推动落实等众多功能。相较于需求而言，目前“一带一路”沿线国家社会人文信息建设存在碎片化、低质化、信息不对称等问题，而孔子学院在此问题上显然可以大有作为，具有极为巨大的潜力和空间。为满足这一需求，筹建孔子学院“一带一路”沿线国家信息服务平台群，整合相关资源数据库并研究其信息采集和应用机制就显得至关重要。我们可系统研究公共文化信息服务平台、企业合作信息服务平台、政府信息服务平台、社会化信息服务平台、教育学术科研信息服务平台等一系列信息平台群的开发，以及依托云技术、创新服务模式、集纳信息形成系列资源数据库，力求使各信息服务平台的信息既体现分工，又体现合作，通过平台群和统一的资源数据库，全面、系统地满足不同使用者的多样化需求，使“一带一路”沿线各国孔子学院人文信息交流平台的开发成为一个有机的科学体系。

三、孔子学院信息资源平台的构建方法

“一带一路”沿线国家孔子学院信息资源平台构建，从“一带一路”与孔子学院建设的互补性问题探讨入手，通过分析孔子学院借助信息平台服务“一带一路”沿线国家政府、企业、高校、科研机构、社会组织、个人用户等，构建系统化的面向“一带一路”沿线国家的孔子学院人文信息服务平台。

（一）文献调查法

大量检索查找国内外有关“一带一路”、孔子学院、信息服务等方面的研究文献，通过分析相关文献内容，了解所研究领域的研究现状、进度、发展动态等信息。从宏观层面确定自己的研究方向，然后通过深入研究，分析现有研究的不足和空白点，从而明确研究的切入点，找准课题的研究定位。

（二）调研与考察

选取几个有代表性的“一带一路”沿线国家进行实地调研考察，通过调查问卷、访谈考察孔子学院对企业、政府及公共文化信息服务的模式。

（三）案例分析法

一方面选取国内外经典案例，分析各案例的服务对象、开展服务的背景、各自的服务特点等，总结各种信息服务模式的优势与不足，为课题的研究提供借鉴。另一方面，了解“一带一路”沿线国家孔子学院对企业、政府、社会化信息服务现状、信息服务模式、已经取得的成效和可发展的空间，寻求建立具有普遍意义的信息服务模式，拓展课题的研究意义。

下编 / 近现代视域中的中国形象书写与文化传播

第五章　中国文化跨语际传播中的价值论与方法论问题

第一节　西方世界的跨文化传播

从文化交流史角度考察，某一国家、文明体的文化向其他国家或文明体进行跨国、跨语际传播并被文化受入方积极认同，往往伴随着三个现象：一是文化输出国的综合国力强大，拥有较为发达和“先进”的文化与文明，对周边和异邦具有辐射与示范作用；二是其文化、文明的核心价值与接受国文化的核心价值具有对话性、对接性甚至“同构性”，可为后者的文化创造、再造和繁荣输入“文化血液”与营养；三是文化输入与传播的方式以互相尊重、自愿互利为准则，承认文化的多元性、价值性和互补性，文化输出方在尊重输入方文化价值的基础上，寻找双方文化价值的对接点与融合点，实现文化传播的互惠功能。当然，这是就一般的文化交流状况而言的。人类历史长河中文化与文明的输出、接受和交流还有一种特殊形态，即某一强大的国家或文明体倚仗其占据优势的经济与军事实力，对其他国家和民族进行武力征服，在此过程中也会伴随着文化与文明的征服。强势者的文化会在所到之处留下程度不等的影响，甚至改造和取代原有的文化价值与结构而成为新的主体性文化。

在西方文化史上，最早发源于古希腊的西方哲学重视抽象和逻辑，探究世界和宇宙的内在本质与外在现象的关系，到柏拉图那里进而明晰化为先验的“理念”世界与显现理念的现象世界。这样的思维观念及由此构成的世界观与价值观，对欧洲和地中海文明产生了极大影响，成为西方文化的源头。古罗马帝国时代诞生于巴勒斯坦地区的基督教及此前的犹太教，其教义中就有希腊思想的影响。诞生于希伯来文化中的基督教的世界观和价值观，由于与希腊为源头的西方文化精神存在内隐的精神对接点和“共名”结构，所以使得基督教文化在向西方的跨文化传播过程中，尽管一度遭到强烈的抵制和打压，却终于被广泛认同和接受，并成为西方文化具有代表性的主流文化之一。基督教文化由外来的邪说演变为西方国家主体文化的过程中，经过了多次的本土化、民族化改造，大体分为天主教、东正教、新教等不同宗教派别，成为具体教义和教义阐释虽有分歧但信仰和价值观基本相同的宗教文化，并且随着海外探险和近代的殖民扩张而向非西方国家“传教”。这些进行海外传教的教会和教派尽管林林总总，但都有明确的动机和目的：对所谓非基督教国家和民族进行基督福音的启示、播撒与宣示，以唤醒“迷途的羔羊”，使之皈依基督走上救赎之路。因此，传教既是一种宗教活动也是西方文化价值的宣谕，当伴随着近代西方列强对世界的殖民主义征服与侵略一同进行之际，这样的宗教和文化便难免具有文化帝国主义或文化殖民主义的性质和形象。西方近现代文明与文化的“东方化”传播也是如此。本来建基于工业革命和现代化基础上的近代西方文明，其物质、制度与精神文化具有一定程度的先进性与普遍价值，对非西方国家具有文化启示性与文明示范性。但是，由于率先实现工业化与现代化而形成带有帝国性和殖民性的“西方文明中心论”与优越论意识，并以此作为放之四海而皆准的普世价值去比较和衡量非西方文化；由于这种文明是随着殖民主义的军事与经济扩张强行嵌入东方和广大第三世界国家的，所以其难免具有的文化殖民性，便不能不在初始受到欢迎后遭到文化抵制和反抗。“开头对于西方无条件的崇拜被后来的批判情绪所代替了”[①]，19 世纪第三世界国家普遍出现如火如荼的反抗殖民主义与帝国主义的民族主义思潮，进行民族解放运动，把来自西方的政治、经济、军事的行径与具有一定价值性、合理性、示范性的西方文化一并排斥或驱逐。文化及其价值的强行输入特别是帝国与殖民性的文化“嵌入”，不是在互相尊重的基础上寻找各自文化的对接点，而是以一种居高临下的姿态傲慢凌驾和“俯视”，这是违背文化交流规律的，结果必然遭到反对和抵制。

① 加勒特. 印度的遗产［M］. 陶笑虹，译. 上海：上海人民出版社，1959：97.

尽管西方文化在近现代世界范围内的反殖民主义的大背景下遭到若干亚非拉国家的抵制，但毋庸讳言，西方文化及其文化产业仍然是当今世界的强势文化，甚至出现了文化“霸权”，在世界文化格局中拥有相当的影响力和话语权。这种文化霸权和地位，一方面是历史形成的，即在世界范围的追求现代化的潮流中，作为现代化源头并率先实现现代化、进入后现代的西方国家的经济优势与文化优势一度是并联的，或者经济优势和资源可以及时地转换为文化优势和资源。另一方面，随着20世纪以后具有反殖反霸性质的民族国家独立的现实化和普世化，特别是世界进入后殖民、后现代的“全球化”时代，西方国家的文化影响和输出，不再是伴随经济和军事帝国主义行径的强行推进与嵌入，而是按照同经济贸易一样的文化贸易的方式“和平自愿”地进行，文化以产业的形式和规模按市场经济的逻辑在全球化的世界买卖和交换，文化影响和输出的策略发生了很大的变化。以美国文化为例，开国历史只有240多年的美国，却形成了自己的文化价值和模式，这种文化价值和模式尽管脱胎于欧洲，但美国的历史、国家、阶级状况、社会构成和文化迥异于欧洲的模式。19世纪的欧洲对诞生于北美大陆的美国的特色和国情就曾产生过兴趣，法国史学家托克维尔游历美国后写下的《论美国的民主》，在欧洲引起了很大的反响。同马克思和恩格斯创建第一国际的魏德迈，在离开欧洲到美国后，曾与马克思有书信往来。马克思在致魏德迈的信中阐述了自己的思想学说的精髓，不过，由于马克思主要关注欧洲革命，因此已经在欧洲引起特殊关注的美国“特色”，未能引起马克思的兴趣和关注。倒是恩格斯在1888年8月到美国旅行一个多月，对作为新国家的美国的“未开化”而又是“文明国家”的特点，有简要的评述。[①] 对马克思主义历史观念的形成产生过一定影响的黑格尔的《历史哲学》，对欧洲和人类历史都有描述，但对美国的历史却同样漠视和付诸阙如。逸出了欧洲史和世界史一般范式的美国历史和文化价值，美国人自己则津津乐道，充满了自信和传播的热情。从美国的开国元勋到现在，美国一直弘扬自己的主流精神和价值。在言论、信仰和新闻自由的宪法原则下，民族和种族构成复杂的美国及其文化，表面显得多元杂融、众生喧哗乃至杂乱无章，其实在这一切表象之下一直贯穿着主导文化价值即“美国精神”，并以政治、经济、军事和文化方式向世界推

① 恩格斯的此次旅行留下的文字是《美国旅行印象》《美国和加拿大旅行札记》和一封完整的书信《恩格斯致劳拉·拉法格》，这些内容分别收在《马克思恩格斯全集》第21、50和36卷中。

广，毫不掩饰。美国对自己文化和价值的昭示、宣示、自我认同与自信，以及以各种方式进行国际化传播和使之“放之四海”的努力，始终未歇。不过，美国当代的文化国际传播与输出，手段与方式已经不是老牌帝国和殖民霸权的强行嵌入，而是改换为全球化时代按照市场经济原则运作的文化贸易和输出。文化产品的制作抹去和淡化了赤裸裸的意识形态和价值观的生硬灌输，避免文化产品成为价值观的简单传声筒，代之以大众文化、消费文化的强烈特征和外显形态，表达的是人性普遍的娱乐性和消费性诉求，内里与核心则以所谓人道性、人类性、世界性的主题——生态危机、环境保护、爱欲幸福、人类尊严、人性人权、亲情与爱情、灾难与拯救等构成主题以及价值。比如在好莱坞摄制的获得奥斯卡奖的美国大片，不论是战争片、伦理片、科幻片、爱情片还是西部片，骨子里宣示和弘扬的都是美国社会尊崇的精神。当然，这种内含主流和核心价值观的文化产品由于以票房和受众数量作为判断成功与否的外在标志，披上了大众文化的华丽盛装，所以一般大众无从辨析隐匿其中的价值诉求，在接受这种文化大餐的同时理所当然地接受了其内在的价值。

美国在制作和输出文化和文化产品的时候，不仅毫不掩饰自己的主流价值观及美国精神，还非常重视和运用跨文化交际的一般原则和方法。众所周知，跨文化交际学或跨文化传播学等理论，就是“二战”前后为美国的全球化扩张而诞生的，此后美国学界的民族学、人类学、社会学、文化人类学、符号学、传播学的研究和理论颇有建树，它们都被吸纳和整合到源起于美国的跨文化交流与传播的理论和实践中。因此，着眼于世界市场的美国文化及相应产品，美国非常重视对世界价值、多元文化价值的了解与对接，将自己的文化价值与接受方的文化价值整合交融，并重视价值导入和整合方式的合理性与受容性，消除、弥合与“本土性期待”的矛盾，尽量与受众方的民族文化和文化心理结构达成圆融无碍，使受众在其中看到自己所在国家和民族的文化元素而放弃拒斥心理，坦然接受甚至欣喜心乐。例如《阿凡达》《熊猫功夫》《花木兰》等电影中都加进了中国元素。这样，包含着毫不掩饰的美国价值观的美国文化及其产品，以符合大众文化审美形式和消费诉求的形态，通过全球化与市场化的媒质现身世界文化市场时，往往为各国大众喜闻乐见，而其文化帝国主义或文化殖民主义的目的性，则隐含于“普世价值”和大众娱乐文化的装置中。

第二节　中国古代的跨文化传播

在中国历史上，自隋唐开始的中国文化的跨地区、跨语际、跨国别传播，一直延续到清代，在鸦片战争以前的数千年，中国一直是文化输出的主体国和文化接受的对象国，被周边国家主动吸取、广泛接受。特别是东亚一些国家，对中国的文字、书法、绘画、典籍、民俗、服饰、建筑等文化广泛吸取和受纳，形成了被广泛认同的汉字文化圈或儒家文化圈。不仅如此，通过西域的丝绸之路和东南的海上丝绸之路，中国的文化与物质传播到西亚、中亚、中东并进而远播到欧洲，产生了世界性影响。中国的四大发明不仅对16世纪后西方人的海外远航、新大陆发现和继之而起的工业文明产生了积极的影响，而且中国的思想文化在欧亚国家还作为价值体和文明体被广泛认同。直到欧洲启蒙运动时期，那些启蒙思想家对中国的思想文化还是推崇称道的，如法国思想家伏尔泰就对中国文明与文化和儒家思想称赞有加。

在中国文化历经千年的跨语际传播中，形成若干有意味的跨文化传播特点。

第一，在很长的历史时期，中国文化的跨国传播依托于经济的繁荣与国力的强大，这是使中国文化远播四海的重要因素之一。根据经济学家的研究，在西方的工业革命以前，中国的经济总量和总值一直领先世界。经济和国力的强大为文化的繁荣和传播奠定了雄厚的物质基础，这二者虽然未必一定成正比，但在中国的语境中，文化的大繁荣是依托于经济强盛的，二者互为表里。历史上那些自愿吸纳中国文化的周边国家，特别是汉字文化圈国家，把中国经济、国力的强盛与文化的支撑作用联系在一起，进而产生明确的接受和吸纳意愿。换言之，应该承认在当时的历史阶段，中国的物质与精神文化的发达繁荣程度是领先于周边一些国家的，这是中国文化得以被广泛认同和接受，得以广泛传播和产生积极影响的重要原因之一。

第二，中国文化在广泛传播的鼎盛时期，毫不掩饰自己文化的核心价值，并且对此充满自信和自豪。虽然，这种自信和自豪在一定时期、一定程度上也难免存在某种类似于“文化民族主义”的东西，如“四夷边鄙”“蕞耳小邦”“抚远怀柔”和“上国”“天朝”的观念，但总体上中国当时的国家与文化自信并未构成“唯我独尊”的文化霸权，也不以霸权的姿态和行为强行推进文化输出，强迫他国接受。一方面，对文化及文化价值充满自信，认为是“上善”“至善”的“大道”、周行天下的法理、教化黎庶的明德。另一方面，又并不强行输出和强迫接受，而是相信具有天下公理与大道性质的文化及价值自会如日月一样昭然若揭，天下共识，敦教弥远，受纳无碍。事实也确乎如此。历史上的中国文化传播没有采取大规模的国家行为，也没有上升为“国策”和建立“有司”推进宣示。首先，中国作为世界四大文明体之一，其文化的发达程度确实具有高端性或文明示范性，是文化中心。按照文化交流的一般规律，在一定历史阶段，文化的空间流动不是水平流动而是中心向周边流动，高端向非高端移动。其次，当时积极受纳和输入中国文化的国家，认同中国文化的中心性和文明示范性，更积极认同并接受中国文化的敬天守礼、慎终追远、忠孝友悌、仁义廉耻、温良恭俭、天人合一等核心价值，认为是“国脉之所系、天下之公理”，代表着值得吸纳并用以改造和创新自己固有文化、文明范式的意义，且使之外显于国家行为、国家实力和国家形象之中。韩国、越南、日本等亚洲国家几乎都是以这样的态度接受和输入中国文化，即文化输出方的中国当时对自己的文化价值与文明范式无须掩饰充满自信却不强迫接受，文化输入方的国家对之明确认同主动受纳，成为中国文化传播史上的盛景和特点。当然，上述国家在输入中国文化时并非全盘接受，而是文化交流中常见的“选择性输入”，即从本国文化建构的需求出发，有选择地吸纳中国文化的价值范畴与外在范式，构建本国的文化价值体系。如韩国对中国儒家的孝悌和礼仪文化积极吸收转化，生成本民族的文化价值和核心体系；日本对中国忠信文化积极吸纳，但对孝悌观念和内涵则有所拒斥，由此形成日本“忠”“敬”文化价值体系。这些通过接受和转化而生成的文化内涵，都与中国文化的核心价值存在精神联系。

第三，文化的交流和吸纳都是双向的。在中外文化交流中，中国也接受了异域外邦文化的影响。像唐代的丝绸之路，不仅是物质交通要道，也是文化交流的通道。以恢宏开放的态度坦然输入和接受外来物质文化与精神文化，是盛唐气象的标志之一，而外来文化——不论是“器”还是“道”的广布流行，也是构成盛唐气象的元素之一。他国和异域文化对中国产生最大影响的当推佛教。汉代就传入中国的佛教，与中国本土以老庄为代表的清静无为的文化内容，在价值观和精神结构上有相通之处，所以进入中土后能容纳通汇。其至唐代而大盛，后虽然盛衰有时，但已经融入和演变为中国文化的构成要素和核心值价之一，与儒、道并列为传统文化的三大流脉，成为国学的构成部分。

第三节 当代中国跨文化传播的应有策略与模式

近年来，中国经济的快速发展和国力的迅速增强，使中华民族的复兴和中国的崛起已经成为不争的事实，令世界瞩目。伴随着这一可能重新改写世界历史的巨大历史进程和现象，在世界上出现了汉语热、来华留学热和中国文化热——自然，我们对这种“热潮”的范围、程度和大小要保持理性。截至 2020 年 3 月，据国家汉办粗略估算，目前中国（含港澳台）之外，全球学习使用汉语的人数已超过 1 亿，其中包括 6,000 多万海外华人华侨，以及 4,000 多万各国主流社会的学习和使用者。[①] 全球有 2500 所大学和中小学开设汉语与中国文化课程；在国外 160 多个国家和地区设立的以进行汉语和中国文化国际推广为主旨的孔子学院已达 548 所，孔子课堂 1,193 个。中国国内各类学校接收的来华外国留学生，1950 年至 1978 年累计约 12,000 人次。而从 1979 年至 2007 年，累计接收各类留学人员达 122 万人次。单是 2018 年来华留学生数量就达 492,185 人，“留学中国”成为全球学子海外留学的新品牌。这一来华留学热潮，与唐代时大批遣唐使和留学生到中国学习的盛况颇为类似，但数量和规模已经远超唐代。

如此庞大的外国人在中国或海外孔子学院学习汉语与中国文化的动机、目的不尽一致，学习和掌握汉语与中国文化的程度也深浅不一。但毋庸置疑，这一现象标志着在鸦片战争以后的一百多年间曾经被中断的中国文化的跨语际和跨文化传播，在当代中国和世界重新展现。马克思曾经引述黑格尔的话说，“一切伟大的历史事件和任务，可以说都出现过两次”[②]。当下世界性的中国语言与文化的传播热潮，与古代特别是盛唐有惊人的相似之处。但是，世界格局、历史大势和时代环境已经与古代完全不同，传播的动机、规模、渠道、方式、手段、

① 国外学习使用汉语的人数已超过 1 亿［EB/OL］.（2020-03-15）［2020-08-17］. http://www.tjhqtd.com/xxlz/36894.html.

② 马克思. 路易·波拿巴的雾月十八日［M］.// 马克思恩格斯选集：第 1 卷. 北京：人民出版社，1995：603.

效果等更相差甚远，譬如古代中国的文化传播很少是国家的有意为之或国家行为，而当代中国在海外设立孔子学院推广中国文化则是国策基础上的国家行为。不过，历史是现实的镜子，以史为鉴有益于走向未来。因此，我们认为当代中国汉语和文化的跨语际传播，有必要在政策、理念和传播方式上进行全面思考并采取符合传播规律的行为策略与模式。

第一，在文化传播中应该公开、鲜明地阐明并确立中国文化的核心价值观和价值体系，申明和宣扬这些价值的当代意义和世界文明意义，充满文化自信。在世界四大文明古国和文明体系中，中国的文明与文化历经数千年而不绝，尽管在漫长的历史长河中发生了众多的诸如兵燹动乱、朝代鼎革、政权更迭、异族统治、文字狱案、亡国威胁等大动荡和大事件，但中国文化从文字到核心价值基本上自古至今贯通赓续，流传绵延，文脉继存，也使得中华民族历经磨难却能融合兼并且发扬光大，屹立至今。这是世界文明史和文化史上的奇迹，这种奇迹的背后是文化价值和精神血脉的支撑。当然，进入近代后，由于中国在世界现代化进程中一度落后，在列强和殖民的打击下遭逢“亡国灭种”之危机，这种“亘古未有之奇变”也导致了文化的危机，使得对文化一向充满自信和自豪，甚至具有文化中心主义情结的部分国人对中国文化及其价值产生了怀疑，把农业文明的中国与工业文明的西方对峙中的一度失败，归因于文化的无价值甚至是文化的造孽，把中国的一时失败与文化的失败等同起来，文化失败主义的悲凉之雾一度遍披华林。近现代中国曾经出现的中西方文化、东西方文明价值和优劣长短的争论，其实就是这种思想情绪的反映。即便如此，国人特别是作为重要传承者的知识分子的主体，仍然在守持、辨析和维护中国文化及其核心价值，如梁启超、梁漱溟、杜亚泉、章士钊和学衡派等。即使是在“五四”新文化运动中提倡西学、被误读为反传统和造成传统断裂的陈独秀、李大钊、胡适、鲁迅等人，其实根本上并非彻底颠覆和否定中国传统文化及其价值，而是一者要对传统文化中的价值与精华、糟粕与枯朽进行现代科学方法论上的诊断、辨析和定位，进行合理的清洗以便重生——因为任何文化都有精华与非精华的东西；二者要在此基础上进行传统的创造性转化，使之为摆脱国家民族危机和走向现代与强大继续提供文化支撑；三者是要合理吸收西方文化的价值，进行中西文化的融通以再造和催生中国文化的新质。“五四”新文化运动之后，恰恰是这些被误读的所谓否定传统文化的新文化倡导者，提出了“整理国故”的口号并积极进行实践，使“国学”在现代中国得以整理和复兴而不是“断裂”。也就是说，在晚清和民国时期国家屡遭危机的情势下一度受到一定怀疑和批判的中国文化和文化价值，实质在争论辨析中根脉未断，精神仍存，得到了合理的赓续和有意义的转化新生。正因为得到了转化和新生的文化价值、精神与传统的延续支撑，所以中国的抗战与革命得以胜利，民族和国家“到了最危险的时刻”却能化险为夷，新的国家得以建立，并在遭受“文革”大破坏后仍能很快复兴，与中国的经济一同在世界崛起，使世界在看到中国经济强大的恢复、再生和创造奇迹的同时，也看到和感受到中国文化的意义与价值。

上述的梳理意在说明，中国文化及其价值千年有变但根脉相连，古今有异却精神同构。职是之故，文化的传播须以文化价值的发扬和宣示为伯仲。在此问题上，古代中国文化的跨文化传播和美国文化的世界传播的做法值得借鉴和吸纳。当然，近代和当代世界既是以民族国家为主体的时代又是全球化时代，每个民族和国家都有自己的文化和文化价值，都强调自己文化的意义和价值。我们在进行跨文化传播时并非强行输出或强迫他国接受自己的文化，而是在尊重他国文化的基础上，在自愿和互惠原则下进行文化传播，不必担心引起猜疑而刻意掩饰或不敢宣示自己的文化价值。越是民族的就越是世界的，每个民族的文化都具有独特价值，所有民族的文化都是世界的公器，是人类的共同遗产，宣示自己文化的价值是为了更好地交流和传播，是维护世界文化多元性和世界性的积极行为。

为了更好、更有效地宣示和传播自己的文化，就必须对文化价值进行认真的整理与爬梳，将其中能揭橥本民族特点、支撑本国文化千年不朽和国家发展，但又具有永恒性的核心价值予以寻绎和开掘，以之介入和融入世界文化的价值体系。梁漱溟在20世纪20年代中西方文化论争背景下撰写的《东西文化及其哲学》中，认为西方文化是向外发展以意欲达成为宗旨的文化，印度文化是向内发展以压抑和摒绝意欲为旨归的文化，而中国文化则是兼有两者之长而弃两者之弊的，因而是早熟的和在既往未能放之四海惠及天下的文化，但未来则会畅行世界。梁漱溟的著作和思想为后起的新儒家所接受和发扬光大，极而言之者甚至认为21世纪将是中国文化的世纪。作为一家之言，这种言论和观点有其存在的合理性，但这个话我们不能说得太早、太满、太过，否则有过于主观和文化民族主义之嫌，无视或漠视了世界文化多元存在的现实和原则。中国文化博大精深，历千年而不衰并为国家和人民一直提供生存与发展的精神准则和信仰，这其中定有独特的意义和价值丰富的东西，比如天人合一、以民为本、尊老爱幼、重视家庭、强调人伦、恪守孝悌、中庸和谐等。当代世界越来越多的人学习汉语与中国文化，这除了现实的功利性目的之外，也包含着对中国经济与社会发展成就背后的文化价值的探寻、了解与认同，以及对文化价值的普世性的认同。2009年美国国会众议院通过一项纪念孔子诞辰2,560年的议案，并在议案中对孔子的基本观点进行了阐述，表达了理念的认同，这代表西方世界认同孔子与西方人引以为自豪的人类历史上的所有伟大思想家具有同样的价值。当然，就像任何文化都具有多元性一样，儒家和中国文化也难免存在若干可能不适合当代世界和人类生存发展原则的局限性，对此我们也要有清醒的认知。所以，辨析和萃取中国文化中与人类文明价值同构共鸣的真正精华，为人类提供有价值的思想遗产并纳入世界普世价值中，是进行中国文化国际推广的题中应有之义。

第二，要充分和认真研究跨文化传播的价值对接点和融合点，了解文化接受国、接受者的文化接受特点，重视传播渠道、方式、手段的现代化、多样化和实效化。中国文化的跨文化传播（一般外国人了解的中国文化）大致包含两类内容：一类是具有普泛形式美的、器物性和实用性的“国粹”，如武术、书法、绘画、戏曲、中医等，一类是语言和以语言为载体的精神文化即文化之“道”。当然，前者的内里也包含着中国精神文化的意蕴。相对而言，前者的传播和推广易于为异国学习者接受，后者则有难度和接受障碍。实事求是地说，改革开放以来，中国文化的国际推广和传播取得了巨大成就，来华留学生和世界学习汉语人数大增就充分说明了这一点。但也应该看到，与中国经济、政治在世界上的影响和地位相比，我们的语言、文化的国际传播甚至外宣工作还有不相称之处。比如我们编写的纸质或多媒体汉语和中国文化的教材读物，投入巨大，数量众多，但还未能受到海外汉语和中国文化学习者的普遍欢迎和接受，其中重要原因之一，是没有真正了解各个国家和民族接受者的文化价值、学习目的、接受心理、认知模式，没有妥帖地配以与之适应的教学传播内容和模式。例如中国人对孩子进行教育的《三字经》，我们并无接受和理解阻碍的孔融让梨、愚公移山和一些孝敬父母的故事，以及头悬梁锥刺股的刻苦学习故事和孟母三迁的教子行为，在西方语境中的人看来是违反人道人性和平等精神的，也是极不理解和难以接受的，这样的文化传播就起到了逆传播的效果。另外，我们的传播理念和方式还未能与时俱进和“与世俱进”，未能彻底改变填鸭式的、灌输式的、说教式的、宣传式的理念和方式，跨文化传播的媒介和手段还比较单调和生硬，在充分和细致了解、熟悉接受者的接受心理、学习动机、认知结构、文化观念、社会习俗基础上，真正做到“寓教于乐”，寓传播于自觉接受、寓宣示于超越逆反，寻找和建立起跨文化传播的文化价值对接点、融合点，并使传播手段人性化、现代化和丰富化，是需要认真思考和解决的重要课题。

第三，文化是一个动词，是开放的价值体系。中国文化既有恒定永存的思想价值，可为万世师表，也有在发展赓续中增加的新质；既有本土的特色内容，也有对异域文化营养的吸取。古代中国文化不仅吸纳了佛教并使之中土化，来自异域或西域的外来文化对大中国文化的形成，功不在小。如上所述，盛唐气象就包含着西域的因素，就连承上启下、开创中国诗歌高峰的唐诗，其中也多有西域文化因素，著名学者陈寅恪在《元白诗笺证稿》中对此多有原创性和启示性的阐发。近现代中国在对传统文化的整理转化中，吸纳了民主、法制、科学、进步、人道主义、唯物主义等外来思想文化，它们对中国文化的转化和创新产生了重大积极影响，已经成为中国文化的重要构成要素，影响着中国的国情、国力、国家原则和经济体制、司法体制、教育体制等制度装置，也影响着中国人既重视传统伦理也重视民主、人权、个人价值等思维方式和行为方式。因此，在当今中国又一次面临中国文化进行国际传播的巨大需求和世界潮流之时，在文化“走出去”的同时，也需要积极吸纳优秀的世界文化，实现文化传播的双赢互补，从而为创造有容乃大的中国文化的新气象增加精神的新质和资源。

第六章　孔子学院与当代中国文化国际传播的现状与路径

中国文化国际传播的历史可谓源远流长。在古代，盛唐时期的西域丝绸之路，以及后起的海上丝绸之路，不仅有效促进了中外物质文化的交流，也极大促进了思想和精神文化的交流；不仅有大批外国留学生学习中国文化并随之将其带回本国，促进了中华文化在海外的传播，而且还出现了东亚汉文化圈或东亚儒文化圈，也有欧洲的思想家和学人主动了解、学习伴随四大发明而至的中国文化，并发出赞叹。近年来，随着中国经济的崛起和世界地位的极大提高，包含着物质、精神和制度文化在内的中华文化软实力、中国的国家形象和文明品格，也随着中国硬实力的全球化跨越而走出国门，得到越来越多国家和人民的器重、欢迎和学习。可以说，中国文化的国际传播力和影响力从来没有像现在这样广泛和深远。相信随着中国经济影响力、中国话语权比重、中国方案认同度在全球的增大，中国文化的国际传播也会越来越广泛和深入。当此之际，结合历史与现状，对中国文化国际传播的路径与方法进行回顾与展望，并提出若干战略性与策略性问题，是非常必要的。

第一节　教育传播方式及内容

文化传播的方式一般有主动传播和被动传播两种。文化从大类属性来说，又可以大体分为物质文化与精神文化两大类。中国历史上如盛唐时期的文化传播，或者说中国文化的历史传播路径与方法，一般以物质文化的主动交流与传播为主，而思想和精神文化传播则由于中国文化与文明在当时属于跨文化传播中所言的“高位文化”，多属于被动传播，即文化发展阶段尚处“低位”的国家或民族主动接受中国文化和中华文明。在跨文化交流学上，这被称为“高位文化”向“低位文化”的自然流动。进入到以工业文明为表征的现代性阶段，也就是安德森所言的“民族国家”时代①，文化的交流与传播多属于主动的和有意的传播。当然，在殖民主义和帝国主义时代，列强是通过伴随着经济攫取与军事征服的全球化扩张，对被殖民的第三世界国家同时进行文化的强制传播，如通过教育、传教、报刊媒体、语言习得等方式，将自己的文化文明灌输到第三世界国家。

中国具有悠久的文明与历史，其悠久灿烂的文明和文化及其价值核心在历史上就曾经广播四邻和海外。随着中国经济与国家实力的强大，中国文化“走出去”的步伐自然会加快加大，这是世界的政治经济格局和文化价值的内驱力与外需力共同决定的，是世界历史和文化发展交流的大趋势。但同时，中国的社会主义国家制度的正义性和打造人类命运共同体的国际关系公平性，本质地决定了中国文化的国际传播和包含硬实力与软实力的文化“走出去”战略，是建立在互相促进、平等交流的基础之上的，与新中国成立后的和平外交一样，我国文化的国际传播也当然是和平友好的，是为了让世界更好地了解中国，也是中国参与世界文化多元化和人类命运共同体建设的应然举措。动机和目的的正义性决定了传播手段与方式的和平性与建设性，在这样的大前提下，我们需要借鉴中国文化传播的历史经验和当代跨文化传播的理论与实践，探索和建立符合中国国情与文化、符合中国文化“走出去”战略、符合全面参与和打造人类命运共同体的文化传播方式，达到有效传播的目的。

语言和教育是文化传播的最有效方式之一。在18世纪以后西方列强征服非西方世界的殖民扩张中，语言和教育是他们最经常采用的手段，以至于在世界范围内的民族解放运动和去殖民、去帝国主义化的后殖民和现代社会，亚非拉第三世界很多国家的官方语言是英语、法语和西班牙语，世界上最大的葡语国家不是葡萄牙而是巴西。语言是文化的载体和核心，是进入一种文化和打开文

① 安德森. 想象的共同体［M］. 吴叡人，译. 上海：上海人民出版社，2005.

化大门的钥匙，语言的存在和流行必然会带来与语言相适应的广泛的文化模式和思维模式的存在。“二战”后的和平发展时期，不少国家依然把推广本国语言和文化作为文化传播的手段，如美国的海外英语教师协会、日本的海外日语推广、德国的歌德学院、西班牙的塞万提斯学院等，以及俄罗斯的普希金学院和俄罗斯世界基金会，都是国家或政府影响下的民间机构的作为。中国作为文明悠久的国家，历史上就有语言和教育传播的传统，当然由于历史上中国国力与文化的强大影响力，有些语言和教育传播是传入国的主动措施，如《老乞大》《朴通事》是中国元代时期朝鲜人学习汉语的教科书。

新中国成立后，中国政府开始设立专门为外国留学生教育服务的高校和学科专业，建立了北京语言大学（1964 年时校名为“北京语言学院”，1996 年更名为“北京语言文化大学”，2002 年校名改为“北京语言大学”）、华侨大学等专门以海外华人和外国留学生为对象的高校，并在其他高等院校开展对外汉语和中华文化教育的学院与专业，派出教师到亚洲和东欧一些国家教授汉语。改革开放后我国的留学生教育取得快速发展，截至 2018 年，共有来自 196 个国家和地区的 492,185 名各类外国留学人员在 31 个省、自治区、直辖市的 1,004 所高等学校、科研院所和其他教学机构中学习，比 2017 年增加 3,013 人，增长比例为 0.62%（以上数据均不含港、澳、台地区）。

表 6–1　截至 2018 年我国留学生人数情况

洲别	总人数	占总数百分比
亚洲	295,043	59.95%
欧洲	81,562	16.57%
非洲	73,618	14.96%
美洲	35,733	7.26%
大洋洲	6,229	1.27%

根据教育部 2010 年制订的《留学中国计划》，到 2020 年，我国将成为亚洲最大的留学目的地国家，全年在内地高校及中小学校就读的外国留学人员达到 50 万人次，其中接受高等学历教育的留学生达到 15 万人。现在看来，这个计划已经实现，我国成为亚洲接受外国留学生最多的国家。

在国内外国留学生教育快速发展的同时，中国在海外进行汉语与中国文化国际传播的机制也日益完善。从2004年第一家孔子学院在韩国成立，到2020年7月，我国已经在162个国家设立了548所孔子学院和1,193个孔子课堂，在孔子学院学习汉语与中国文化的人数达到数十万，全球学习汉语的人数超1亿。教育传播平台已经成为汉语与中国文化国际传播的最大和最有效的平台。目前孔子学院在全球数量大发展的同时，即将面临发展模式转型和深度发展问题，运营模式、发展模式、教育模式都在进行深度、梯度发展转型与探索。为适应发展形势，原国家汉办暨孔子学院总部，现教育部中外语言交流合作中心，与国内外高校联手，次第进行了海外孔子学院本土汉语教师培养基地、国内高校招收海外汉语国际教育硕士和新汉学博士培养等工程，成效明显。

此外还有历史悠久的海外华文学校的中文教育，海外华文学校也是海外汉语与中国文化推广的主要基地。华文学校是历史上华侨为教育子女和后代勿忘祖国语言文化而设立的教育机构，天然地具有热爱与传播中国文化的底色。从1690年印尼明诚书院创办至今，早先以东南亚为主，后遍及全球的华文学校已经达到2万余所，海外华文教师10余万人，学生数百万人，其中东南亚国家的华文教育多属于全日制，北美地区的多为周末制。300余年来海外华文教育历经坎坷，从限制打压到逐步放开，特别是新中国成立后，华文教育状况逐步改善，而改革开放后中国的崛起和强大，使得海外华文教育发展势头良好，已经成为世界各国华侨子弟学习中文、中国文化的主要教育机构。同时，华文学校也成为所在国辐射和传播中国文化的桥头堡或桥梁。

近年来，随着网络与多媒体的世界性普及，通过网络与多媒体、自媒体进行汉语中国文化国际传播的平台越来越多，遍及中国与世界各国，特别是在中国和发达国家与地区，这一类平台的发展势头比较迅猛。不论动机和目的如何，它们对于汉语和中国文化的跨国传播与推广也起到了积极的作用。它们面临的问题是，如何发展壮大自己，如何建立目标人群以及提高他们的学习忠诚度与黏度，如何建立自己的品牌，如何将市场化运作与公益性教育进行有机结合。目前，已经有新东方等知名教育机构入股或注资到诸如唐风汉语教育公司等机构，尝试探索进行汉语、中国文化国际教育与传播的有效机制并努力打造品牌和平台。

海外尤其是欧美日等国家和地区，在大学中开设东亚系、中国学或者中文系，培养本国的汉语、汉学人才和专家。在孔子学院和中国文化中心设立之前，欧美日等国家和地区一直利用本土教育体制中的汉学或东亚学科的培养模式，培养了一批批声誉卓著的汉学家，通过他们使这些国家的人民了解中国与中国文化，也通过他们在本国进行汉语与中国文化的教育、推广与传播。当今中国设立的海外孔子学院与文化中心已经遍布世界，它们与所在国的大学教育机制中的中文与汉学教育，产生了若干矛盾和模式的冲突，这些冲突也带有一定的跨文化传播模式的适应与调整问题。因此，如何化解二者的模式矛盾和冲突，是中国文化海外传播中应该重视和解决的问题。

第二节　活动与场馆传播方式及内容

活动与场馆传播，是中国文化跨国传播的有效方式和媒介。在我国近年来的跨文化传播中，利用丰富的海外场馆与活动方式，把中国文化丰富多彩的内容进行展示和传播，起到了很好的传播效果。场馆与活动传播的内容和方式很广泛，据初步统计，近年来我国在国外的场馆与活动传播的方式主要有以下几种。

第一，到国外参加各种电影节、艺术节、图书展等活动，向世界介绍中国的电影、传统艺术和图书等。改革开放以来，中国的电影取得突飞猛进的发展，一批优秀的中国影片在世界各大主要电影节上频频获奖，把中国的历史与文化、土地与人民、中国的故事和形象以艺术的方式介绍给世界人民。中国的优秀电视节目也在东南亚地区获得积极认同，如电视剧《渴望》《雍正王朝》《康熙王朝》《三国演义》《西游记》《新白娘子传奇》《甄嬛传》等一大批现实与历史题材的电视剧，以及纪录片《舌尖上的中国》等，都受到广泛欢迎。当然，与数年前的“韩流”大规模进入中国相比，中国的优秀影视剧和纪录片，在海外还有很大的追赶和拓展空间。同时，还积极参加世界各国的艺术节、民间艺术节，把中国特有的艺术，如京剧和地方戏曲及中国民间的艺术如灯笼、剪纸等，在国外进行展示，受到世界各国人民的普遍欢迎。改革开放以后，中国也把一些现代戏剧、歌舞，如甘肃歌舞团的《丝路花雨》、北京人民艺术剧院的《茶馆》，在国外进行巡回演出，一时引起轰动。语合中心组织中国在海外设立孔子学院的各个高校，赴海外至少 3 个以上国家的孔子学院进行艺术表演，受到普遍欢迎。四川自贡的中国灯笼展，在荷兰和欧美很多国家都进行过场馆展，取得了经济与社会效益的双丰收，这也是对中国传统民间文化的世界性弘扬。这些展出和巡演类的文化活动，应该长期坚持并且制度化和常态化。改革开放以来，中国图书出版的数量和质量都取得了巨大发展，世界对中国渴望了解、对中国语言文化的学习，都转化为对中国图书的广泛需求。为此，国家新闻出版署和各大出版社组织全国各地、各种类型的出版社，积极参加世界性图书展，如法兰克福书展、伦敦书展、东京书展、美国书展等，同时中国自己也发起了北京国际图书博览会，有意和主动地向世界展示中国的图书及其承载的文化。

第二，举办体育比赛等大型赛事也是进行跨文化传播的最有效方式之一。我国历年来举办的各种大型国际赛事，特别是 2008 年在北京举行的奥运会、2022 年举办的冬奥会，开幕式和闭幕式的大型演出中包含的中国文化因素之浓厚，让世界为之惊喜。而中国的民间和传统体育，如武术、摔跤、气功等，都是中华文化的重要代表性符号和元素，随着电影演员李小龙、成龙的电影在东西方世界产生的巨大影响力，世界各国对中国武术的热情一直非常高，孔子学院在各国举办的武术教学也是最受当地学生和市民欢迎的活动之一。在这方面，我国武术“走出去”还有很大的空间和作为，对比其他方面的文化“走出去”，以武术为代表的民间体育的国际推广和传播，还应该有更好的对策和方式，还应该加大力度与深度，国家有关部门应该进行顶层设计，力争将中国民间和传统体育的国际传播与推广作为文化“走出去”战略的重要组成部分。

第三，建立海外中国文化中心。我国从 1988 年启动海外中国文化中心建设开始，截至 2019 年 4 月，中国政府已在全世界范围内设立并启用了 37 个中国文化中心，其中 17 个位于“一带一路”沿线国家，[①] 形成覆盖全球主要国家和地区的中国文化对外传播基地。与孔子学院以汉语教育为主、文化活动推广为辅的教育传播不同的是，中国文化中心更着力于以推广和传播中国文化为主要职能，包括从物质文化到精神思想文化、从武术中医饮食到琴棋书画的各类中国文化内容，以及文化讲座、戏剧演出、电影放映、民间工艺展、中国文物展、中国影像展、图书展、教育展等，构成各种中国文化要素的展会与展台成为海外文化中心的传播模式和范式。中国文化中心是中华文化海外场馆传播的

① 海外中国文化中心发展历程综述［EB/OL］.（2019-11-11）［2021-03-13］. https://www.fx361.com/page/2019/1111/5997286.shtml.

重要平台，以此平台进行经常性和重要活动主题性的文化传播是极其有效的传播方式。

第四，有效利用驻外使领馆举办文化活动。欧美日一些发达国家利用驻外使领馆的若干空间，开辟定期的文化周、艺术周、文化年、艺术年和特定主题、专门主题的文化活动，吸引驻在国民众的参与，形成了一些有益经验，如德国和美国的使领馆就经常举办类似活动，德国驻华使馆每周都有文化活动，甚至连歌德、康德等大文学家和哲学家的诞辰与逝世纪念日都举办纪念活动，以传播本国的思想精神文化。这是一种很好的固定场馆的文化传播。在这方面，我国驻外使领馆的有关部门应借鉴德国等国家驻外机构的模式，也在暂时未设文化中心的国家和地区举办类似活动。这也是文化国际传播的有效方式之一。

第五，有效利用各种展馆办展览。世界各国特别是发达国家著名的、有特色的大型图书馆、博物馆、美术、艺术馆、民俗民间文化馆等，也都固定或者不定期地邀请各国前来参展。如大英博物馆里就有中国馆，收集了大量从古到今的中国文物，除节假日休馆外，每天都有大量世界各国民众前来参观，是中国文化跨国传播与展播的大型而高效的平台。鉴于此，我国各级各类有关部门应该支持国外著名场馆长期或不定期举办有关中国和中华文化的展览。新中国成立后及改革开放前后，我国各级有关部门曾经出国举办过大型历史文物展，比如湖北省博物馆收藏的1965年出土的国家一级文物越王勾践剑，于1973年6月中日邦交正常化一周年之际，经过周恩来总理特批，首次走出国门，在日本东京国立博物馆举办的中华人民共和国出土文物展览中隆重亮相。日本民众观者如潮，日本天皇夫妇也专门前来参观，一睹中华瑰宝的风采。时任日本首相的田中角荣也为有幸一睹这把名剑的风采，而对中国政府表示衷心的感谢。1984年12月，为迎接香港回归，越王勾践剑和吴王夫差矛同赴香港展出，1993年又在新加坡举办的“战国楚文物展”亮相。这样的文物展实质就是博大精深的中华文化展，对于向世界展示中国文化起到了极好的效果。在做好文物保护的前提下，类似的展出以及艺术和书画展等，都应该在中国文化“走出去”的大背景下，由中央到地方的各级有关政府部门制订长期规划，经常性地赴海外进行展出。

第六，借助海外唐人街空间和文化传统推动文化传播相关活动。世界各国历史形成的唐人街和各种地方性、宗教性和民俗宗族性的会馆，是海外华人的集聚之地和中国文化元素集中之地。近代孙中山领导的反清革命，就得到了大量华人华侨的大力支持。现代史上的抗战时期，海外侨胞从人力到物力给予了祖国极大的帮助，而唐人街和各省各地在海外的会馆祠堂等，成为近代以来中国革命和抗战的海外根据地。遍布世界五大洲的唐人街和会馆等，集中展示了中国的建筑文化、饮食文化、宗族文化、宗教文化和民俗文化，从儒释道到关公和民间诸神崇拜的各种庙宇，从清末的私塾到现代的华文学校，从中医到武馆，中华文化的各种元素几乎靡不具备，也是所在国人民了解中国和中华文化的窗口与桥梁。因此，积极地、逐步地引导和提升海外唐人街文化，使之与时俱进，应该是中国文化"走出去"和融入世界各国本土文化的一个极好的桥梁。

第七，主动利用和使用国际著名机构的相关设施，进行临时或长期的中国文化的主题展览与传播，也是活动与场馆传播的有效方式。"二战"后的联合国是世界各国都重视的全球事务交流、探讨、协调和决策机构，是世界最大、最集中的各国交流场馆和平台。"二战"结束后，本来是战争加害者的日本，利用"二战"后世界进入"冷战"格局、美苏两个超级大国的核武竞赛使世界面临核毁灭的局势，以及世界人民恐惧并反对核战争的强烈要求和心理，对战争末期美国向日本投掷两颗原子弹、大批平民死亡的惨剧，经过策划、宣传和公关，成功地在联合国大厅里开辟了日本受到核打击的"原爆展览"。日本通过展示核武器造成的巨大惨状，一方面表达日本战后一贯的反核吁求和国策，另一方面成功地把自己从加害者变成了战争的受害者，使参观者在对核武器灾难的巨大性和日本平民大批死伤的惨状冲击下，"集体无意识"地遗忘或忽视了日本是战争加害者的事实，从而把日本牺牲在"原爆"的民众受害者形象转化为整体性的"日本是战争受害者"的印象和心理。如此一来，通过以制止战争、保护和平的联合国场馆及大厅的展示，日本成功地运用场馆和活动传播的方式，制造了自己是战争受害者和和平国家的形象。这是一种极其精心地运用传播手段达到传播目的的范例。鉴于此，已经在世界崛起并且话语权越来越有分量的中国，应该审视这样的国际传播方式，学会利用和使用世界性、跨国性的活动与场馆作为传播媒介和手段，积极地组织和实施中国文化和国家形象的精准定位、最大效果的国际传播。在这方面，我们的研究和关注尚显不足，设计和投入还有极大的空间和极多的工作。活动传播中还包括在国外的国际学术会议和有目的、有计划的翻译活动。"一带一路"倡议提出以来，学术会议在中国与世界各国举行的场次与频次增多、加快，特别是有关中国思想文化、文学艺术等广义的汉学国际会议，也是传播中国文化的应然方式，只是它们的传播范围和受众相对有限。建议在海外若干国家或若干高校有影响力的场馆，定期举行大型跨国高端汉学与中国学论坛，压缩随意举办、不讲规模和效果的一般性国际学术会议，以达到培养“意见领袖”的效果。

与此相应，思想文化和文学艺术的组织化、规模化外译，在影响和受众等传播效果方面更好。中华思想文化的外译，在历史上的东亚文化圈里，曾经是文化受入和传入国的主动行为。比如从古代到现代，日本对中华文化典籍的翻译，数量和卷帙浩繁，几乎所有中国著名的思想家、史学家、文学家的原创性典籍都被翻译了过去。《三国演义》几乎成为日本的“本土偶像”和家喻户晓的经典，王阳明的思想学说更成为日本的显学；现代的《鲁迅全集》在日本有多个版本，鲁迅被认为是日本最受欢迎的外国作家之一。近年来，随着世界对中国文化了解的需求和我国的文化“走出去”战略，中华文化外译已经成为一项越来越受重视的工作。国家社会科学规划办公室和社科基金每年都组织申报和资助中华学术著作外译项目，把受到国家社会科学基金资助的已经完成的有影响的著作，通过外译项目发行到国外，进入社会性书店和大学图书馆，逐步提高中国学术成果在世界学术舞台上的存在感和话语权。莫言 2012 年获得诺贝尔文学奖之后，世界对中国文学的关注和需求在古代思想文化依然占据主体的情况下，对当代中国国情、文化和文学的关注度、需求量越来越大，在中外大学面对外国人开设的中国文化概论课程中，越来越多的外国人希望学习当代中国文学、文化、电影、戏剧、国情等课程。当代文学的外译工作最早开始于 1951 年外文版的《中国文学》创刊，直至 2001 年该杂志社关闭，在 50 年的时间里，该刊既翻译出版了陶渊明、王维、蒲松龄等古代作家，也有鲁迅、李劼夫、茅盾、巴金、老舍、冰心、叶圣陶、沈从文、丁玲、郁达夫、闻一多、戴望舒、艾青、孙犁、萧红、萧乾、施蛰存等现代作家，还有共和国文学十七年和新时期的作家作品。其中 20 世纪 60 年代和 80 年代是多语种《中国文学》出版发行的两个高峰，最多时外国订户上万；杂志社还与中国文学出版社（1987 年 2 月成立，2000 年被撤销）、外文出版社合作出版了外译版的“熊猫丛书”，截至 2009 年，丛书共出版英文版图书 149 种，法文版图书 66 种，日文版图书 2 种，德文版图书 1 种及中、英、法、日四种对照版图书 1 种，共计 200 余种。[①] 现在虽然已无专门的文学外译传播专刊，但中国作协和文联依然组织中国当代作家出访和作品宣传工作，定期到法兰克福书展、东京书展、伦敦书展和美国书展参与活动，也组织参加具体国家的文学宣传活动。此外，部分中国高校也开始系统地组织和进行当代文学的外译工作，如北京师范大学文学院与美国耶鲁大学合作，开展了系列当代中国作家作品的外译项目。这些都有力促进和推动了当代文学走向世界、以文学形式传播中国形象和文化的进程。

党的"十八大"以来，随着我国倡导的"一带一路"成为世界很多国家的共识，历史上以经贸和文化大交流的古代丝绸之路的意义和功能在新时代得到了新的拓展和弘扬。"一带一路"是崛起的负责任的中国为世界各国分享中国发展红利、打造人类命运共同体、促进共同发展的战略举措，因此，"一带一路"在促进各国经济与社会共同发展的同时，也必然包含文化内涵及其传播。如何通过各种方式推进"一带一路"沿线国家的文化交流，增进文化了解和互动，是对中国文化国际传播提出的新任务，需要精心务实地深入思考、设计和实施。

第三节　以新闻媒体为媒介的传播方式及内容

新闻媒体传播是中国文化国际传播的重要传播手段。从传播主体和方式来看，目前主要有三种。第一种是中国政府主导的主流媒体在中国境内对世界的跨语际传播，如中央广播电视总台的中央人民广播电台，其前身为延安新华广播电台，早在 1941 年 12 月 3 日就开办了日语广播。新中国成立后，中央人民广播电台成立国际广播编辑部。1978 年 5 月 1 日，改为中国国际广播电台。在党中央领导下，中国国际广播电台获得快速发展，比如为了壮大队伍，原伪满洲国的国策电影公司"满映"的日本剧作家八木宽夫妇（伪满解体后加入中国共产党领导的东北电影公司和东北人民广播电台的日语广播），1949 年新中国成立后就奉调进京，组建中央人民广播电台的日语广播组，其助手就有后来成为外交部部长的唐家璇等人。[②] 迄今为止，中央广播电视总台的中国国际广播

① 耿强，"熊猫丛书"英译本的跨文化传播［J］. 解放军外国语学院学报，2013（2）：83–88，94.
② 逄增玉. 满映：殖民主义电影政治与美学的魅影［M］. 北京：人民出版社，2015：258.

电台使用近 70 种语言全天候向世界传播，听众遍及世界五大洲，成为世界人民了解中国历史与文化、现实与国情的窗口，发挥了积极而巨大的正向传播效果。中央电视台在改革开放后也大力开辟和拓展国际传播，自 1992 年 10 月 1 日开设国际频道以来，从最初面向海外和港澳台的华人发展为现在面向整个世界的正式栏目，其国际传播的影响力越来越大。外文版《中国日报》自 1981 年 6 月 1 日创刊以来，迄今设有《中国日报（香港版）》《中国日报（美国版）》《中国日报（欧洲版）》《中国日报（亚洲版）》《中国日报（非洲版）》《中国国家形象专刊》等，以及新媒体方面的中国日报网、中国日报海外网、中国日报移动媒体等，对中国的国情政情、国家形象、历史文化、现实发展以及成就等进行广泛、全面而深入的报道，成为向世界介绍中国且传播方式多样化、传播效果持续化的媒体平台。还有新华社的英语新闻和 2018 年上线的新华社英语客户端，以“连接中外、沟通世界”为使命，面向全世界英文读者全天候发布新闻资讯，全面、及时、客观地讲述中国故事，传播世界新闻。

第二种是中国主流媒体如新华社、《人民日报》、《光明日报》和中央广播电视总台在国外的派驻机构。代表中国政府发布国内外新闻的新华社，在世界各国派出 100 多个分支机构，既作为党和政府新闻消息发布的平台，也作为世界级通讯社而活跃于各国。新华社的海外机构对于中国形象与舆论传播发挥了极大的作用。《人民日报》的海外版和《光明日报》海外记者站，也在驻在国发挥了传播中国的显著作用。而中央电视台国际频道自改革开放以来，随着中国走向世界和世界走向中国，以及通过卫星和与国外媒体集团合作，在美国、欧洲、日本、东南亚等几十个国家，开设了落地频道和转播与直播机构，几乎遍及世界五大洲，覆盖面极为广大。其播出的内容历经改版变化，但属于中国文化的内容一直是其中的重要传播内容，如文化类栏目《走遍中国》《快乐汉语》《中华医药》《中国文艺》《国家记忆》《国宝档案》《远方的家》《中华情》《文明之旅》等，季节性文化节目有中秋晚会、春节联欢晚会、《汉语桥——全球外国人汉语大会》等，纪录片与系列节目如《再说长江》、《记住乡愁》（第一季、第二季、第三季）、《海上丝绸之路》、《一带一路》、《传承》（第一季、第二季）、《穿越海上丝绸之路》、《边疆行》、《神农架》、《长城内外》、《客家足迹行》、《江河万里行》、《百山百川行》、《北纬 30°·中国行》、《中国古镇》、《中国山神》等，此外还有以前存在但后来停播的《百家讲坛》《华夏掠影》《中国风》《解字说诗》《乡音》《纪录中国》《寻宝》《音画时尚》《曲苑杂坛》等，再加上专门播出电视剧的栏目“经典剧场（亚洲版）”“电视剧（欧、美洲版）”。央视国际频道丰富多彩的栏目和内容，对于向世界各国塑造中国形象、传播中国文化发挥了巨大作用，成为传播中国政治文化、新闻文化、社会文化、历史文化、自然文化、思想文化最有效果和影响力的渠道。十九大的召开、十九大精神的落实和习近平新时代中国特色社会主义文化思想的全面学习和贯彻，必将促进中国驻外媒体进一步做强做大，深耕和建设成为具有世界级传播水平和能力的综合性媒体，使之对世界发出中国声音、塑造中国形象、传播中国文化，提出推动世界发展的中国方案，参与人类命运共同体建设和“一带一路”建设等。中国驻外媒体将承担越来越重要的使命，完成越来越重要的任务。

第三种是海外的华人媒体，它们是中国文化国际传播的有效平台。历史上数次的华人海外谋生和移民，在世界各国都存在着数量众多的华人社区和团体，为此出现了专为华人服务的新闻媒体。华人媒体的主流在服务华人华侨、融入当地社会、传播华人声音和文化形象、支持祖国从反清革命到抗战救亡、从支持民族独立到支持新中国各项事业等方面，都曾经发挥了积极作用。由于历史原因，大多海外华人媒体曾经一度与国民政府及其败退后的台湾当局存在各种联系。随着中华人民共和国恢复在联合国的合法席位，中国在世界地位的提高，特别是改革开放以来中国经济的快速发展和国家实力的极大增强，越来越多的海外华人媒体断绝了与台湾地区的往来，而与祖国大陆建立或保持着良好的关系。在日本和东南亚，在欧洲和北美，甚至在南美巴西等华人较多的国家和地区，大多数华人媒体与华人社团，都由于中国的崛起和国际地位的提升而获得了发展的机遇。除了所在国和地区、地方的新闻与文化内容之外，报道祖国大陆的社会、文化及其发展，成为它们越来越重要的内容。随着传播中国形象和发出中国声音等中国文化“走出去”步伐的加快，海外华人媒体与祖国大陆新闻和传播的联系越来越密切。比如有些国家的华人媒体，利用所在国法律允许的新闻自由，开办全国性或地域性电视汉语教学节目；或者如日本大富电视台那样成为完全由华人创办的中文电视台，主要播送中国节目。不过，海外华人媒体也存在着自身发展的问题：除了一些受到某些国际政治与宗教或反华组织资助的报刊媒体外，很多华人媒体的规模和受众有限，生存周期与形态变化太快，读者和受众黏度、拓展规模等存在资金与人员的制衡，纸质报刊媒体受时代冲击而跟随不上新媒体、新技术的变化，这些都影响到它们的生存与发展，进而影响它们对中国事务和文化报道的传播效果。如何应对和解决这些问题，如何让它们在保持自身独立性和国别性的同时发展存续，成为海外华人华侨在异国他乡传播中国声音与文化形象的重要渠道和媒介，是一项需要统筹设计和对待的异域传播力量建设的迫切问题。

也有一些海外媒体利用本国节目或栏目教授汉语，制作以本国语讲解中国国情、历史与文化的内容。如日本的NHK电视台，从20世纪50年代开始就播放汉语教学节目，由精通中文的日本人主讲，20世纪80年代以后还配备了中国人做讲师。由于受中国传统文化影响深远，在中国电视台还没有纪录片时，日本就制作了很多关于中国历史、地理、文化、民俗、风情的各类纪录片，定期播放，对后来中国的纪录片制作和播出产生了有益影响。同时，如前所述，日本对中国历史文化和文学典籍非常重视，吉川英治的《三国志》、陈顺臣和井上靖等著名作家的中国历史题材的系列长篇小说，长期在日本畅销。还有对王阳明及中国历史文化的全面研究和写作，都对中国文化异域传播起到了重要贡献。与此类似的还有，世界各国的一大批汉学家，如瑞典的高本汉、马悦然，法国的伯希和、马伯乐，德国的顾彬、施寒微，荷兰的高佩罗，俄罗斯的李福清，美国以费正清为代表的一批著名汉学家，都对中国的历史、人物与文化进行了精深广泛的研究和著述，成为辉煌的海外汉学。他们的汉学研究著作的内容和写作方式既深入又注重表达技巧，其中不少成为非虚构类著作中的畅销书，对中国文化与传统的异域传播发挥了独特而重大的影响。还有不断涌现的海外华人作家，他们对中国故事与历史文化的双语写作及畅销，构成了海外华文文学的主体力量，影响及于华人世界。

近年来，中国政府和宣传部门为了宣传中国形象，积极利用海外开放的多媒体资源，进行中国国情与形象的国际传播。2011年1月17日，由中国国务院新闻办筹拍的《中国国家形象片——人物篇》在美国纽约时报广场大型电子显示屏上以每小时15次、每天共300次的频率播出。至2011年2月14日，中国国家形象片共计播放8,400次。另外，还有中国成都、武汉、苏州、泉州和大型企业租用该电子屏幕，播出广告性质的宣传片。纽约是世界的窗口，利用这里的平台向美国和世界人民宣传中国的国家形象、城市形象和企业形象，是一种以现代的传播方式进行定位清晰的主题式国际语境的传播，达成与预期目的一致或者基本一致的传播效果。但是，在这种国外宣传和传播中，也存在值得改进的地方，即一定要深入了解跨国传播的语境内质、受众的国情与文化心理，让传播与外宣的内容与受众的期待视界、心理受容、文化认同达到契合融通。比如在宣传中国形象及其城市形象时，我们只选择高大上或光鲜亮丽的所谓“正面”和“正能量”内容，以为只有这样才能达到传播效果。其实，中国尽管已经成为经济总量仅次于美国的世界第二大经济体，但正如“十九大”报告所指出的，我国还是社会主义初级阶段，还是发展中国家，还有发展不平衡不充分的矛盾，还有几千万贫困人口，经济、教育、医疗、社会服务的差异性还广泛存在，这也是党中央大力解决的问题。因此，敢于正视这些问题，既介绍中国发展的伟大成就，也适当展现我们尚待改进和发展的方面，这既是真实中国的全面展示，也是向世界宣告中国是和平崛起的大国，我们的目标是在世界和平的环境里解决中国的问题，不会对任何国家构成威胁。同时，还要展现出对待贫困地区的人民，国家没有抛弃他们，而是努力地、大规模地精准扶贫与脱贫。贫困地区的人民即使贫穷也没有放弃美好生活的希望和努力，他们的孩子在崎岖的山路上艰苦跋涉、顶风冒雪也要上学读书。不论是云南的冰雪男孩，还是新疆大漠中每天跋涉几十里也要上学读书的各民族孩子，中国人民对于读书学习、对于知识和美好生活的渴望，才是中国人民和中华民族精神的展现，是中国之所以保持活力、不断前进和发展的社会动力与文化动力。只有这样全面真实地传播或宣传，才能真正感动中国与世界，才会达到最大最优的跨语境传播效果。

中国文化“走出去”和国家形象、文化形象的国际传播是一项宏大的系统工程，涉及的国内外环境和语境的问题复杂多样。党的十九大报告为今后的中国文化国际传播指明了方向，我们应该按照十九大报告的精神实质，认真学习领会和贯彻，深入扎实地思考和研究中国文化国际传播能力的建设，即传播什么、如何传播、怎样达到传播的最大化和有效化。

第七章 现代文学中的国家与地方形象及其空间表征

第一节 “五四”时期文学的中国形象书写

中国新文学自诞生之日起，受制于民族救亡、启蒙、革命、战争和解放等语境，开始不断描写和叙述有关中国、都市和地区的文学形象和空间意象。这些形象和意象既构成了与客观环境紧密相关的、第三世界被压迫民族和国家文学特有的母题和形象系列，也再造了现代中国的国家和地域的政治、文化、社会、道德与性别地理，成为赋予了各种意义的符号化表征空间，以至于一提起现代中国的某个地方和地域时，不少人首先浮现于脑海的是文学作品，特别是经典作家 / 作品对其的描绘和“形象定位”，而非从政治、经济和地理类书籍中获得的感知与知识。文学作品不是简单地被“视为是对某些地区和地点的描述，许多时候是文学作品帮助创造了这些地方”[①]，而是以文学手法和形式创造了一个文化地理意义上的中国及其表征空间，并构成了一套文学的、文化学的有关中国的地理空间的知识系统，其中掺杂着社会、政治、意识形态与文学的多种价值取向和功能意义，并由此使中国现代文学具有鲜明的空间地域与文化地理的多重意义。

“五四”新文化运动的肇始者在饱含着救亡追求的启蒙合唱中，延续自晚清开始的言说内容和有关中国形象、空间意义的符号表征传统，继续对中国的国

① 克朗. 文化地理学［M］. 杨淑华，宋慧敏，译. 南京：南京大学出版社，2005：40.

家形象和空间意义进行命名与表征。“白首中国”“青春中国”“老中国”“铁屋子”“乡愿中国”等，都是当时从批判传统历程出发而言说的比喻性、象征性中国形象，且弥漫于“五四”新文化与启蒙运动的整体语境中。受此影响，以鲁迅为代表的“五四”启蒙主义文学主潮，用现代性文明价值尺度去比照中国的传统文化和现实中衰败的国家，生产和制造出一整套关于中国的启蒙知识与文学想象。在杂文中，鲁迅把对中国的形象和文化内涵的概括与中国的衣食住行进行联想和比喻，通过一系列具体环境中的空间事物和形象的言说与生产，制造了一个整体上负价值、压抑性的“老中国”、过去式中国的形象和意义，也即生产出一整套关于中国的知识和意识形态。“所谓中国的文明者，其实不过是安排给阔人享用的人肉的筵宴。所谓中国者，其实不过是安排这人肉的筵宴的厨房”[①]，“铁屋子”和“人肉厨房”的设喻，是鲁迅的启蒙诉求的转化。而在效果和功能上，这类与房屋建筑有关的空间化的比喻，除了具有生动性、鲜活性和可视性外，还逼真立体地表达出中国及其传统的压迫性、窒息性与残酷性，成为包蕴“五四”启蒙主义思想诉求和鲁迅个人感受与思想矛盾的表征空间。

在鲁迅小说里，启蒙主义思想和杂文中的意象，继续转化为两类与文化地理和空间物象紧密联系的文学主题和叙事模式。一类是将“人肉筵宴”“人肉厨房”“铁屋子”这样的理念具象化为叙事中的“老中国”的内部装置——《狂人日记》里喊出的“吃人”压迫系统，由物质化的家族、礼教和社会等基本制度与精神性的意识形态压迫机器构成。而这些压迫装置又具体化为小说里的空间环境和环境构成要素，如鲁四老爷家的书房与祠堂、七大人的大屋、赵太爷府上、假洋鬼子的哭丧棒、大哥的陈年流水簿子，以及牢房、坟墓、刑场、船、土谷祠、河边土场、监狱、病院、药等空间物象，叠合在一起构成了“吃人”与“被吃”的空间表征。在这些象征性、表征性的空间意象中，“家”是一个重要的意义符指，它既是统治者、封建家长发号施令施行统治的压迫空间，也是具有性别意识形态内涵的道德空间。知识女性自我解放的追求及失败、下层妇女的人生悲剧，都与离家、回家、保家、丧家、无家的轨迹叠合在一起。由此，“家”成为造成妇女不幸命运的、与作者极力否定批判的封建旧制度和道德密切关联的物质与精神空间。

① 鲁迅. 灯下漫笔［M］// 鲁迅. 鲁迅全集：第 1 卷. 北京：人民文学出版社，1981：216.

鲁迅小说里另一类重要的文化地理空间形象是“故乡”。在中国传统文学中，乡村与故乡是与美好记忆、乡情亲情、衣锦还乡、少离老归、故土难离等感动性思绪包容缠绕的，是中国文学绘制的极其美好的自然与人事构成的文化中国形象与表征空间，但在鲁迅的启蒙主义的乡村文学叙事中，它却是田园牧歌的破败与丧失。为了表达这一主题，鲁迅小说运用了类似文化地理学上的旅行观光和游历者探险的模式，经常让小说叙事者“我”以在外多年的游子身份回乡省亲，让他亲眼看到故乡自然的苍黄萧索或大雪漫天的“荒村”景观，并让他在与故乡人事的接触中遭遇没有共同思想话语的文化冲突和焦虑，这种冲突和焦虑导致他出现难以交流的失语症和文化休克，迫使他断绝与故乡的一切联系而彻底逃离故乡。《故乡》《祝福》都是这种模式。游子回乡与离乡的过程是一种见证和描述文化遭遇、文化地理特征的过程，这种过程和叙事模式的终极目的是为了描述启蒙主义者的文化批判与重建的情怀——在中国现实的文化、历史和象征符号体系中，故土与国家、家与国是联系在一起的，鲁迅的故乡、乡土中国的叙事描绘既包含一般性的故乡所指，更侧重中国和国家的意义与象征。因此，鲁迅小说的故乡叙事，实质代表和象征的是启蒙主义和反传统者心目中的中国的形象及其整体的负价值，与鲁迅在杂文中对中国与中国文明所作的物化与空间化的经典概括（食人性和压迫性），构成了互补与互文。

“五四”浪漫主义文学中最有影响的流派——创造社及其代表性诗人郭沫若，在其积极乐观的昂扬情感抒发中，一方面塑造了个性极其张扬、狂暴呼喊反抗破坏、充满巨大想象性力量的抒情主人公形象，典型地表达了狂飙突进的“五四”时代精神；另一方面也在抒发祖国之爱时塑造了想象中的中国形象。在自传里，他述说“五四”前后是他诗歌创作灵感的爆发期，也是爱国主义思想情感的爆发期，[①] 诗集《女神》就是诗人表达爱国主义和时代精神的集中体现。郭沫若诗歌对时代精神和中国形象的表达具有鲜明的个人特色。首先，他以浪漫主义精神，通过神话传说和将动植物拟人化、拟象化的手法，婉转表达对爱之深切的祖国的眷恋与期盼。众所周知，《凤凰涅槃》是郭沫若对“五四”前后的中国形象的集中想象与描绘。借用神话里凤凰五百年就有一次涅槃的传说，诗歌把“五四”前的古老中国比喻为坟墓、僵尸和黑暗的渊薮，并对之发出愤

① 郭沫若. 沫若自传：上卷［M］. 北京：求真出版社，2010：201-285.

怒与绝望的诅咒，希望其在大火中毁灭。这样的认识和情绪与“五四”新文化运动对传统中国的思想文化批判的诉求是一致的。“五四”新文化运动就是一场时代的火焰，在《凤凰涅槃》里被形象地表达为凤凰自衔香木而点燃的怒火，在火中自焚后获得新生的凤凰焕然一新，代表着一个新生的中国，诗中用凤凰新生后一连串的排比句式描绘了新生后的喜悦和新凤凰——新中国华美芬芳的新形象。其次，对于这个新的中国形象，郭沫若自述中还表述为在他心目中是“面目葱俊的姑娘”。由此，浪漫主义文学特有的在神话、传说、远古、自然描绘之外常常注目于女神、女性的特色，结合着郭沫若自身的个性特点，在他诗歌中的“‘五四’中国想象”中，被深深爱慕和赞美的祖国就时常与女性特征联系在一起了。换言之，新生的中国更多地具有女性之美。集中表达爱国情怀的诗集名为《女神》而非战神或男性神祇，《炉中煤》将祖国比喻为年轻的女郎，即“面目葱俊的姑娘”，刻骨思念爱恋祖国的诗人被自我比喻为热烈燃烧的炉中煤。《涅槃凤凰》里，雄为凤，雌为凰，二者自焚获得新生后的“华美芬芳”等，更多地具有女性之柔美。长诗《瓶》更是将爱情与女性作为缱绻咏怀的主题。甚至将祖国爱与人类爱、宇宙爱融为一体，创作出具有“泛爱”情怀的诗歌《地球——我的母亲》，这也是将地球和自然比喻为有好生之德的母亲而非父亲。此外，郭沫若此时的浪漫主义诗剧《三个叛逆的女性》，讴歌的对象皆为古代具有侠肝义胆和叛逆流俗、追求个人自由和幸福的女性。

借助和取材于神话、自然、历史而歌赞和刻画的“新生”中国之形象，多设喻、转喻和明喻为女性或与女性特征相关联，这种表达时代精神和诗人内心世界的诗歌主题和修辞方式，既与郭沫若的个性癖好、浪漫主义文学的共相共名和倡导妇女解放的“五四”新潮有关，也更深层地反映出在郭沫若个体身上体现的某种“五四”新文化参与者的集体性与时代性思想内蕴：过于乐观地对时代、文化与国家脱胎换骨进行改造重塑和再造的自信——女性在想象和现实中既是可以热爱赞美的母亲和情人，也是可以随物赋形和温柔的、比较容易改造和塑造的对象，是“被爱”的“客体”，也是可以在“被爱”中俘获和占有的、实质缺乏主体性的“他者”。形象和修辞的背后是思想认知，在郭沫若的由爱国主义思想情感发出的对祖国的情感表达、爱国情怀抒发中，其中国形象的女性化喻体和修辞，潜隐地表达出诗人自己和“五四”新文化运动先驱者、参与者，对于埋葬旧中国和创造新中国、再造文化与国家的不无乐观与浪漫的信心；同时，也内在深隐地表达出藏匿于其中的、与妇女解放的时代思潮有些异质的男性中心主义的潜意识。二者的共在、共融与合力转化生成为郭沫若诗集中爱国情感抒发和中国形象描绘中的女性化修辞与想象。

“五四”以后加入“大江会”，一度具有国家主义倾向的诗人闻一多，在赴美留学期间因为现实刺激和思乡爱国情怀，也写下了对祖国想象和赞美的诗篇。1923 年出版的诗集《红烛》以红烛尽燃之意象寄托游子爱国之思，其中《忆菊》把具有五千年文明史的中国称为菊花的故乡，《太阳吟》把太阳称为“金色的神鸟”，东方的中国是太阳升起的地方。在这种海外游子主要表达爱国情思的“中国颂”中，不免具有与郭沫若诗歌相似的强烈的情感性与想象性，但闻一多没有把祖国与女性相连接，而是托物言志，将中国与菊花、太阳、神鸟等动植物和自然意象进行组合与比拟。这种想象和修辞、联系和比喻，与闻一多的古代文学修养、游子情怀、楚人魂魄存在精神渊源。其追求的思想与审美效果，是为了凸显和强调爱国主义情怀的浓烈及中国的地理优越性、文化价值性和历史悠久性，是身处美国以诗人和弱国子民的敏感发现和感受到民族歧视并由此燃起强烈爱国之思之情的闻一多，把文明和历史悠久辉煌的中国与历史短暂却为现实强国的美国进行潜在的文化、文明对比。在对比中，把美国及西方帝国“祛魅”和予以文化无根的贬低、矮化，以获得精神的胜利和心理的自豪，压抑和忘却现实的屈辱感。闻一多诗歌中的这种“中国颂”背后的文明对比意识，和对本国历史文明的夸饰，对留学之地“无根”与浅薄粗鄙的暗示，其实与 19、20 世纪欧洲文学对美国的叙事具有惊人的一致性，也与当时美国文学对本国与欧洲的文化价值认识同构。当然，闻一多那与本国古代文学、楚骚传统相似的东方中国的描写和讴歌，实质是一种“想象的共同体”——“文化中国”的刻意营造。与西方人到东方后为了证明自我的优越和先进、对东方进行“他者”的想象和知识制造形成的东方主义逻辑相同，闻一多的爱国诗歌流露出的，是东方人到西方后既对西方形象进行粗略的共同性想象和制造，对自己所属的中国文明进行共同性和优越性的夸大想象，一套被压迫民族的关于自己国家历史与文明价值的文学性形象和知识的制造。这与以鲁迅代表的改造国民性为主调的启蒙文学里的“吃人中国”和“没落中国”，以及创造社里消极浪漫主义作家郁达夫等人描写的“病夫中国”，以及“羸弱中国”的形象构成强烈的对比和反差，却与近代东方被殖民国家如印度、菲律宾、朝鲜等国家的反殖民性质的启蒙主义文学对本国历史和文化的夸饰，对往昔黄金时代的回忆和赞美，表现出精神指向和结构的趋同性。

刻骨思乡思国的海外游子对祖国的描绘可以浪漫、富有想象力，可以过甚其词、夸大言说。然而，一旦游子归来看到真实的、现实的国家，那种夸大性的情绪想象在当时的中国却很容易被现实无情粉碎。《发现》《死水》《一句话》《荒村》等，就是游子回国看到苦难黑暗的社会现实，心绪堕入极度失望后写出的诗篇，其中描绘中国是“一沟发臭的死水”和无底的黑渊，是“春风吹不起半点漪沦”的无望之所，是应该“不如多扔些破铜烂铁，爽性泼你的剩菜残羹”、让其加速腐烂灭亡的离弃之地。这些表达失望乃至绝望诅咒的“祖国怨”里的中国，在诗人的意识里已经“不是咱的中国”。真正的文化中国、价值中国在古代和想象里，与现实中回乡回国的游子看到、感知到的政治黑暗、经济凋敝、人民苦难的现实，构成了霄壤之别。类似的中国形象，在郭沫若归国后写下的《上海的清晨》等诗歌中亦有同样的共相抒写。这与鲁迅小说里游子回乡看到的乡村中国的破败，那种让回乡游子担任叙事者和看视者所获得的、启蒙意识形态视野中的空间视域和观感，既有相同之处——都是游子从外部回乡、回国后的心灵历程和精神世界的嬗变，也有故乡、故国与外部现代性都市和发达资本主义国家之间的潜在比较，以及由此带来的暗含的比照视角和评价标准，共同性地形成这类文学里的游子回乡后的心绪震撼所产生和表达的、相同或相近的文化休克的主题。

第二节　20 世纪 30 年代文学的中国形象叙事

近代以来中国出现的少数经济与文化发达的都市，与内地广大农村并存的二元社会结构，在 20 世纪 30 年代由于政治革命、民族危机等时代激变的刺激而导致的社会矛盾和问题越发突出。作为时代产物并对之予以反映的文学，由是出现了与社会结构同步的文学型构，即都市文学和乡村文学成为现代文学最突出的两大文学题材和类型。如果说这两类文学在 20 世纪 20 年代还没有出现双峰并立的局面，那么到了 20 世纪 30 年代则成为最显著的文学题材与主题内容。乡村世界、乡土中国的描绘，在 20 年代乡土文学的基础上，有了更为广大和丰富的视域与风景。多元丰富的内地和边地乡村世界的描绘与叙事，构成了文学化的空间中国的形象化表征。质言之，写乡村和地方，都是为了说中国，说出同一时空里不同性状的多个中国形象。鲁迅曾经认为同一个时空里的中国，其实是具有不同内部时空与景观的，“几乎是将几十世纪缩在一时”[①]，30年代乡村文学描述的就是在社会发展阶段和思想状态上呈现出的多元景观的中国。

“鲁迅风”式的以现代性目光透视和描写乡村世界的启蒙主义叙事，在30年代农村题材文学中是普遍现象。吴组缃的《箓竹山房》和《卐字金银花》等小说，作者的立场和态度是启蒙主义的现代性，并由此转化为小说叙事者的目光和态度，叙事模式仍然是游子回乡，即让在都市谋生的现代知识分子担任叙事者回乡省亲，从现代都市进入和回到内地乡村，通过这个叙事者的观察与接触，看到和感受到乡村世界，并进行具有社会与文化地理学意味的文学描述。在小说叙事者的视野中，故乡皖南的自然风景和地理依然秀美，但社会与文化构成的人文地理环境却是前现代的和中世纪性的，传统的封建性纲常名教依然依托于司马第府宅等陈旧空间和事物，继续压抑和束缚妇女并“吃人”。换言之，鲁迅揭示的那种“吃人”，特别是吃妇女的“陈年流水簿子”和“老中国”的礼教道德，仍然作为传统和现实的力量存在和“造恶”。由此小说描写和揭示的乡村中国的社会结构、关系和现状，呈现出“停滞性、压抑性和封建性”空间的特征，其中“道德压抑”和“性别压抑”是这个空间的主要内涵和色调。这种历史停滞和道德压抑的乡村世界，与作为小说背景的叙事者来自的有柏油马路、电车、电影院、跑马场和霓虹灯的外部世界，二者在自然物理时间上是“同时”的，但在社会发展阶段、文明道德范畴等构成的价值时间上却是异质的，即同一个中国呈现出时空分延、多元多态的形象和性状。

这种停滞和压抑性的内地与乡村中国的描写叙事，在沙汀、周文等人描写四川和川康地区的小说中得到更多样化的揭示。沙汀小说主要着眼于描写川西北地区社会性的黑暗和暴戾——一种中世纪性的政治、经济、军阀、黑道等社会结构和关系构成的地狱般的社会空间。他的小说很少描写那里的自然风景，其着眼点都是社会视域下的社会景观，而这些社会景观的意义，沙汀小说主要是从统治阶级的思想行为方面予以揭示的。在这些揭示和描写的视野里存在和

① 鲁迅. 随感录［M］// 鲁迅. 鲁迅全集：第1卷. 北京：人民文学出版社，1981：344.

隐含着的，是叙事者代表的作者的左翼化政治和阶级压迫的视角与立场。《堪察加小景》《兽道》等小说描写的四川地方军阀官吏、黑道缙坤构成的关系结构和压迫环境，不仅将“出格越轨”的妇女予以骇人听闻的“点牌牌”（轮奸），而且将全体百姓乃至压迫势力内部都作为残害和倾轧的对象，甚至连灾荒年月外出逃荒的灾民都要巧立名目予以盘剥敲诈。这个地方社会仿佛是与中国悠久的历史和文明，更与现代文明脱节的被抛离正常社会轨道的“人间地狱”，只有社会性的黑恶势力和混世魔王在这个世界如鱼得水。从20世纪30年代到40年代，沙汀小说一直如此冷峻地扫描和定位四川形象，特别是川西北的社会构成和整体形象；在沙汀小说的叙述和表达中，努力揭示和制造出那个令人恐怖和作呕的地方社会的“刻板印象”和“文化定型”。另一位以描写四川与西藏交界的川康地区见长的左翼作家周文，其小说叙事背后的思想视野和立场也是左翼的阶级意识，与沙汀一样致力于描写川康地域和社会的“无道”与魔兽状态。为揭示这一状态，周文的视野仍然放在地方统治阶层和军阀上，但不同的是他更着重揭示这一由统治阶级行为构成的黑暗无道地域的“荒唐”与可笑，其中蕴含着强烈的反讽意味。乱世怪异、荒唐可笑、民不聊生成为地方性社会的主色调和风情，是左翼作家视野中的四川内地的一种“区域文化”和“地方社会”。这种被描绘出来的地方社会的“特色”，几乎成为当时得到中国社会共识的四川景观和共相。改编于四川作家马识途小说的当代电影《让子弹飞》，也强化和强调了这一地方特色。与此相似，20世纪30年代云南作家马子华在小说《他的子民们》里，也以这样的笔调描写大西南边陲内地世界，不过他描写的是一个更为特异的边地世界——云南少数民族的土司及其统治地域。小说在自然景观与社会景观的交错中，描写和揭示的焦点和视点，是这一云南边陲土司统治的地方社会的原始性与中世纪性状态。这种地方社会景观的特色和“意义”描写与揭示的背后，依然是身在上海都市的作家以现代性目光，对地方边陲社会落后性的聚焦和思想透视，一种异于现代的边陲文化地理、由原始性的社会关系与结构组成的地域性社会空间及表征。这类对西南边陲腐朽或落后情形的描绘，不仅制造了有关地方社会和区域的知识与景观，也表达了作家对地方社会讥讽的态度：对故乡强烈的反思与批判，而没有对故乡与地方的认同感和归属感，表达出社会批判性之下秉承“五四”和鲁迅传统的精神潜流。

另一位四川作家艾芜，却以对西南边陲社会的地方性特色的描写，给20世纪30年代以写实为主调的左翼地域乡村小说带来一股奇异的不乏浪漫色调的叙述。艾芜小说运用的是另类的“游子回乡”模式，以一个受过教育、具有现代意识、自愿到边陲考察和历练人生经历的知识分子担任叙事者和小说主人公，通过他在云南和中缅交界地区的漂泊流浪，凝视、考察和探究那个奇异的地方。艾芜小说将流浪汉小说与文化地理探险模式有机地融合在一起，呈现了与鲁迅风的启蒙主义和沙汀等人的黑暗世界写实而迥异的边地风情。作者以流浪兼探险的叙事者的视域，向读者描述了西南边陲亚热带雨林地区的自然与社会的奇特景观与结构：自然风景多姿多彩又险峻狰狞，社会风景则是与内地世界脱节的死角和夹缝。这个地方收留和包容了那些在内地因自然灾害、社会情仇，特别是残酷阶级压迫而无法谋生的农民，以及为反抗复仇铤而走险的所谓罪犯们，让他们可以在统治者鞭长莫及的边陲有生存的机遇和空间，演化为形形色色的赶马帮人、私烟贩子、烟土种植者和盗贼匪寇，成为社会的边缘阶层。同时，这里自然的险峻和社会的丛林法则，也使得这块社会裂缝和边缘地带的谋生者的生存，充满艰险磨难和暴力残酷。尽管如此，险峻边陲的自然与人生也是浪漫而潇洒的，艰难求生的各色边缘人和流浪者在苦难煎熬中却依然保持着底层劳动者和游侠者的无私、勇敢、正义和豪侠气概，与西方流浪汉文学表现出的精神气质具有相类性。正是他们身上的这种流浪汉的仗义豪侠使得他们可以在边地艰险中生存下去，也不断帮助和教育知识分子进行人生考察和探险，使其知晓人生的苦难中依然有高贵和正义。艾芜小说中如此有意凝视和意义发现的描写，使得奇异的西南边陲世界的自然风景和人生社会景观，充满了独特的文学、文化地理学的价值和蕴含。

对边陲地方社会和特色的描写更具有浪漫主义成分的，是小说家沈从文。早在20世纪20年代对“乡村中国”予以描绘的乡土文学中，与鲁迅代表的揭示中国乡村落后和衰败、“荒村”世界的现代性缺失为旨归的写实批判的叙事异质，废名的抒情浪漫主义的乡村描绘，则充满了前现代的礼俗乡村世界的自然与风俗、道德与人心的美善和温情，是“唐诗绝句”里的乡村，也是文化中国、价值中国的文学化表征。这样的乡村文学在20世纪30年代沈从文的以边地湘西为背景的乡村叙事中有了更广泛、更集中的展示与描绘。以《边城》和诸多湘西系列的小说为代表，沈从文是以所谓最后的浪漫主义的“造希腊小庙”、在其中供奉真善美人性的追求，在宗法制乡村边地与都市现代性文明对峙、赞美前者而批判后者的“质疑现代性”的视角和视域中，展示和揭示边城世界所代表的少数民族生活与文化、地方文化的价值。边城苗乡、地方生活与文化第一次以如此积极正面的形象和价值出现于文学中，再造了浪漫主义和乌托邦的田园诗世界——它们不仅没有被离弃，反而具有强大的归属感和感召力，应当倍加珍惜、永世长存。为了揭示这一主题，作者或者如《湘西散记》那样采取直接的游子回乡模式记录见闻，或者如《凤子》那样让城市人、工程师到苗乡采矿被乡野生活折服的模式，或者像《边城》那样作为精神的还乡者和叙事者叙说边城几乎纯净如水的真善美世界。近代以来被强行嵌入的社会现代化进程，把中国撕裂为城乡二元对立结构，“五四”以来的主流政治、文化和文学大多赋予都市和现代文明以正面价值之际，沈从文的文学则表现出质疑都市世界和现代文明、礼赞乃至美化边地乡村和传统中国的浪漫主义倾向，与主流的政治、意识形态、文化文学的价值取向背道而驰。但这正是沈从文文学的价值：描绘和塑造了与现代性背道而驰的边地乡村暨地方区域的自然与文化的景观，一个人性完美和道德至善的带有乌托邦色彩的空间形象，一个未曾坍塌的田园诗世界。这个地域空间蕴含和透射出的是作者的立场态度赋予其中的关于地方边地、关于乡土中国和传统中国及其文化的永恒价值意义及认同感与归属感。

与沈从文等浪漫主义和自由主义作家的乌托邦边地叙事大异其趣，也与艾芜的边地人性礼赞和沙汀等左翼作家的黑暗写实构成差异的，是20世纪30年代另外一批左翼作家的乡村阶级搏斗与反抗革命的叙事。像茅盾的《春蚕》还只是描写浙江农村丰收成灾的一般性社会批判主题，到了《秋收》和《残冬》却演变成政治化和意识形态化的江浙乡村农民起义革命的内容，全不管与上海临近的江浙乡村在中国乡村中相对富裕、革命资源缺乏的基本现实。叶紫的《丰收》和丁玲的《水》等乡村题材小说，与茅盾的农村三部曲一样，都不仅把乡村叙事为自然灾害、社会灾害造成的苦难之地，更把乡村叙事为革命战地。其实20世纪30年代中国地域广大的乡村的自然地理、社会结构和地方文化都是非均质的空间，存在诸多不同。但是在这些左翼小说中，他们对地域性自然风景不感兴趣，感兴趣和关注投入的是社会景观，并把这些存在差异的、非均质的地方社会结构和景观描述为均质空间，即它们都是均质和等值的由自然灾害与社会压迫的苦难之地变为革命的热土和阶级斗争的战场。乡村不再是“五四”启蒙主义乡土文学表现田园生活溃败即“废乡”主题的社会地理空间，不再是社会批判性左翼文学表达憎恨和厌恶等情感结构的黑暗王国，也不再是浪漫主义文学表达地方文化特色及其价值归属感的世外桃源，而是将政治化和意识形态化的“主观性”投射其中，使之具有和产生新的社会关系、情感道德关系、行为结构，这成为文学作品所创造的产生新的“革命”意义的乡村地方社会的形象和空间。左翼农村题材文学描绘和塑造了一个在阶级与民族矛盾中的苦难、动荡和斗争的乡村形象，是穿草鞋的农民在大地上跋涉的形象，也是中国形象的一个侧面。鲁迅和茅盾受美国作家之托选编的《草鞋脚——现代中国短篇小说选》，就包含和表达了这样的用意。

第三节　都市书写中的中国形象

京海构造是中国近代踏上“被现代化”之路后出现的社会现象与结构，殖民化与现代化集于一身的摩登上海与皇城帝都北京，成为近代以来中国社会城市与城市文化最独特的第三世界文化景观。对城市的认识与书写，对城市的物质与精神空间及其相应的城市文化地理景观的描写与制造，成为中国现代都市文学，特别是20世纪30年代都市文学的热点与风景，几乎所有流派的作家都在对城市的书写中展露或挑战自己的才华，尝试探索自己文学成就的高度。

上海作为中国最大最繁华的都市，是20世纪三四十年代都市文学聚焦和描写最多、城市形象和色调最繁复的多维空间。不论是30年代海派文学代表的“新感觉派”还是政治化的左翼文学，在上海都市叙事中，描写和呈现得最鲜明的是上海的集现代性（摩登）与殖民性于一身的都市景观。“新感觉派”作家刘呐鸥把自己的一部小说集命名为《都市风景线》，在这个都市风景线里，最有代表性和最具特征的不是自然风景，而是社会景观。几乎所有聚焦上海的文学，都形象地描绘出一种与上海近代城市化进程吻合的、都市存在本身揭示的殖民主义地理学特征和空间景观，即殖民者按照殖民政治和美学要求对城市的规划与设计：租界、码头、洋场、洋行、跑马场、公园、舞厅、咖啡馆、百货公司、电影院、贫民区，殖民者对于城市的知识和控制的意愿具体表现在都市的景观和功能的安排设计中，并具体外化于区域、街道、房屋、建筑。这些殖民风、欧洲风的地理空间同时又是摩登和现代的，连接城市的道路上跑着现代的电车和“1930年福特轿车”或“1932年别克车”，电车驶过外白渡桥摩擦出的电火花和南京路商业区霓虹灯广告渲染着消费的繁华，夜总会和咖啡馆、舞厅和酒吧流溢着欲望的喧闹和绮靡，电影院、书店、百货公司里的人流把都市的物质与文化既分流又捆绑在一起，摩天大厦怪兽般排山倒海地压来，撕裂着都市的空间与天空。“新感觉派”和左翼作家不约而同地把这座城市客观具有的，也是自己主观的知识与认识形成的“现代性和殖民性”兼而有之的社会文化景观——一种新的都市风景线，书写和制造于自己的文本中。

这个城市空间同时也是聚焦有关阶级斗争和政治革命的空间。“新感觉派”作家穆时英的小说《上海的狐步舞》，旋风般地展现了夜上海赌场、舞厅、酒店房间里富人的纸醉金迷和荒淫乱伦，却又通过贫穷老妇人拉着儿媳妇卖淫的“夜景”，将“上海，造在地狱上面的天堂”的两极空间特征，对比性地进行重复与揭示。如果说本身就是都市浪子的穆时英对上海既是天堂又是地狱的描写，主要还是来自一般性的贫富对立的文人意识——中国文人自古及今一向具有这种认识，那么左翼作家则从明确的政治立场和意识形态化的阶级意识出发，描摹大上海社会景观的另一个方面：阶级斗争和政治革命的空间。左联诗人殷夫纪念五卅运动的诗歌《血字》，就把上海的街头道路描绘为革命与反革命、殖民与反殖民势力斗争的战场；丁玲从革命加恋爱小说走向政治小说的《一九三〇年春上海》，把上海写成革命者自我完成、锤炼革命性的革命战场和圣化空间，殖民地都市除殖民性与现代性之外，又显示出政治性与革命性的空间色素。茅盾以上海为主要表现对象的长篇小说《子夜》，对这种殖民性与阶级斗争压迫性空间的揭示得更为充分和成熟。通过吴老太爷到上海的视觉、听觉和心理感受，小说入木三分地描写了大上海的那种迥异于乡村中国的现代与摩登，通过买办资本与民族资本的斗法及后者的失败，又把殖民性上海的狰狞面目刻画得淋漓尽致。而通过民族企业家吴荪甫与企业工人的斗争，通过工厂工人的形象刻画和对革命者领导的罢工斗争的描写，《子夜》不仅向人们展现了现代文学中前所未有的新鲜的上海都市的工厂、车间、汽笛、纺织机器、工人住宅等构成的工业风景，而且在这种新的风景中描绘了深入工厂的革命者的密谋与策划、资本家走狗和企业管理者的收买与破坏、工人为反抗资本剥削进行的冲厂和总同盟罢工等阶级性斗争场景。左翼文学提供的掺杂于殖民性和现代性都市上海空间的一种新的景观——阶级斗争与政治革命使其具有了革命性的色彩和内涵，成为阶级革命的战地、战场和杀场。在19世纪波德莱尔的诗歌和欧洲文学中，巴黎酒馆、咖啡馆和各种场所出现的密谋者、波希米亚人、艺术家、流浪者兼城市观察者，是都市景观的不可或缺的组成。[①]20世纪30年代中国左翼文学（如丁玲和茅盾等人的小说），那些活动于工厂、工人夜校、学校、影院、咖啡馆等公共场所的都市地下革命者，实质也具有密谋者与波希米亚人的色彩，他们的活动不仅描画了城市的政治与文化地理构成，也成了上海都市具有的革命性空间的构成要素，是都市社会与政治地理和景观的重要组成部分。革命者的活动、工人群众的罢工、来往于租界与华界的洋人、印度巡捕和各色华人，他们的存在和活动本身都构成和说明了上海都市之殖民、现代与革命的多重性状，构成了上海都市的景观表征。

文学中的上海还具有性别意识形态空间的意蕴。这种性别意识形态空间对于女性而言具有互相矛盾和对立的两种意义。第一种是具有提升和解放妇女，使之“成人”的积极意义。在茅盾长篇小说《虹》和其他左翼作家作品里，内地特别是四川等地的知识女性，当她们在地方时，自我和个性的天空是狭小的，人生和命运只能在婚姻、家庭、相夫教子甚至做小为妾的轨迹中轮回。闭塞的内地与女性命运的传统化和牢笼化密不可分，这是左翼也是现代文学的叙事中常见的主题和空间表征。只有离开故乡和地方来到上海，她们对婚姻、对自我解放的追求才能得以实现。不仅如此，都市还为她们提供了从婚姻自我解放的追求到更广大的政治与革命人生转变和完成的空间，这是真正的个性爱情得以实现的情场和更大的人生价值——政治与革命的追求——实现和驰骋的战场。女性命运的转变与都市上海构成了一种场域的内在联系，地方和上海也成为女性不同命运的空间符号象征。

都市的性别和道德空间第二种意义则是消极的，它不仅是知识女性从个人小家庭走向社会大家庭的性爱与革命追求和转换的舞台，也是女性在资本和商品逻辑下被物化、欲望化、异化的魔界。在丁玲和茅盾等人的左翼小说和穆时英、刘呐鸥的“新感觉派”小说里，似乎都有这样的意蕴：乡村内地固然落后保守，却也坚守了女性的贞操和道德。女性被传统伦理道德压抑，使其依附于家庭和旧式婚姻，窄化了她们的人生世界，却并未被商品化与物质化、欲望化

① 本雅明. 发达资本主义时代的抒情诗人［M］. 张旭东、魏文生，译. 北京：生活·读书·新知三联书店，2007.

与玩物化，只是封建伦理道德的牺牲品却还不是商品——乡村内地在这样的意义上与女性构成了联系，显示了其社会空间的特征。但都市空间却使她们被商品化、非人化和玩物化了，她们彻底打破了封建传统的贞操观、家庭观，转而追求自由、时髦和解放，不过是以身体换取商品、物质和金钱。如茅盾《子夜》里民族企业家吴荪甫的妹妹四小姐，在乡下足不出户，读《太上感应篇》而恪守传统闺训妇德。到上海后她被种种光怪陆离纸醉金迷的“摩登”刺激，内心失衡，口诵《太上感应篇》却心旌摇曳、魂不守舍，表明都市生活对传统道德和妇德的强大冲击与瓦解力量。另一位因避农村动荡和农民运动而逃到大上海做“寓公”的乡下大地主冯云卿，其女儿在乡下还是懵懂少女，到大上海后却很快适应“堕落并快乐”的都市商品和金钱逻辑，学会以身体和贞操向金融买办大鳄换取物质、金钱，传统伦理道德和妇德在资本聚集的都市几乎不堪一击。在茅盾和“新感觉派”小说里，都描写了各式各样的知识女性、都市丽人、交际花和阔太太在魔兽般的物欲驱使下或被迫沉沦，或自甘堕落，或主动求欢。资本、殖民、市场和消费的逻辑造就了商场、艳窟、大饭店、包房、咖啡馆、夜总会、跑马场、豪华游轮等物欲横流的都市场域，也造就了大批依附于此的马路天使（妓女）、交际花等物欲的“女奴”。物化和欲望化的女性与这些都市空间密不可分，她们本身也是摩登都市、资本和商业逻辑构成的都市空间风景，揭示着都市空间的性别意识形态特征。对都市这种使妇女由传统道德的压抑对象到资本逻辑的欲望对象，“五四”文学中由追求自我解放的“女神”到成为低级或高级的物化“神女”、由人到妖的过程和现象，茅盾等左翼作家是从政治经济角度予以揭示和批判的。《子夜》里的交际花徐曼丽、刘玉英和乡下地主冯云卿的主动卖身的女儿，并没有感到自己的异化和玩偶化，而是乐在其中。她们之所以如此，是由于资本的强大逻辑已经完全将她们同化了。非左翼的剧作家曹禺，在《日出》里把都市知识女性的堕落和下层妇女的卖身，归罪于社会的整体不良，社会不良的背后依然清晰可见都市资本“恶”的巨大力量。而“新感觉派”作家一方面炫耀和夸饰都市的摩登、奢华、目迷五色和纸醉金迷，如都市浪子一样穿行和享乐其中，所有的“新感觉派”文学，不论作家是谁，其实都有一个共同的叙事者和都市浪子的视角，浪迹和游历于都市的所有空间场景和角落；另一方面又从底层流氓无产者和传统文人末流的道德角度而非政治经济和阶级角度，对城市之罪与恶进行道德化的批判性描写，展示和揭露了都市无耻无德的非道德空间的本质、状态和形象，特别是形形色色的女性在都市的被沉沦与自我沉沦。华丽摩登的都市在消费物质的同时也消费女性，她们出没依赖的商场、欢场和“艳窟”，也是吞噬她们的“人肉厨房”，“新感觉派”小说在这样的意义上表达了都市与女性“被吃”的关系和意象。

充满复杂性的上海都市又是撕裂化和碎片化的空间，它不仅制造了对立的多样化的阶级与阶层，更使得被抛进都市洪流的个体都是痛苦、孤独和渺小的。将中产白领阶层、都市浪子和下层贫民立场一勺烩的“新感觉派”小说，那种天堂与地狱比邻共存的上海都市印象和空间表征，其实内里表达的是上海都市空间的撕裂化和碎片化，是被看不见的巨手搅进殖民与现代杂交的现代都市、急于想适应又难以适应、急于想跟上都市快节奏而又跟不上所产生的心理焦虑……这种复合交集的心理折射出的就是碎片化与绝望化，而绝望后的反应自然就是对都市空间种种现象与存在的恶魔化想象——它是妖魔和魔窟。那些在夜总会和舞厅里跳着上海狐步舞的人，那些沉浸在烟酒肉欲中的人和黑人侍应，其实在深层里具有一种狐狸妖魔的隐喻。焦虑和妖魔化的下一个反应，就是逃离。所以穆时英的小说《南北极》《黑旋风》表达的，是对碎片化、妖魔化的都市绝望焦虑后的想象性出走——到水泊梁山避难与造反。这样的离开都市上山落草造反的抗拒都市的模式，是城市贫民也是流氓无产者和小资产阶级在都市焦虑下自然的、千古不绝的侠客梦和大王梦，与真正的阶级斗争意识毫不沾边。而这样的心理反应，又恰恰是与都市空间对应的都市精神世界中的一种，是都市空间碎片化的精神表征。

与客观存在的和文学叙事中上海都市形象与空间的多维不同，京海构造另一极的都市北京，就像它自身具有的内涵面貌、文化地理和空间景观一样，是中国另一种都市和都市文化的代表，呈现出自己独有的风姿。对都市北京及其人生视景，林徽因、老舍和林语堂的小说都有出色的描绘，其中老舍是最有代表性的也是最地道的京味小说的集大成者。老舍的文学写作及成就与北京相辅相成，离开北京，老舍的小说成就会大打折扣；离开老舍，北京的城市与人生社会景观不会这么显著和有特色。老舍与大多数“五四”后的作家一样，骨子里有与改造国民性、改造国家的启蒙主义相通的精神追求，有强烈的爱国情与故土情构成的家国关怀。早在写中国人老马父子的异国生活并构成文化对比的小说《二马》中，老舍就处处拿半殖民地又历史悠久的中国和中国人与殖民地强国的英国和英国人对比，其实也是与整个西方世界进行文化与民族性的对比，对“出窝老”的中国人的中庸、保守、愚昧、羸弱和由这样的国民构成的“猫国”，发出了既幽默又痛心的指责。沿着这样的思路，老舍在其后的一系列以北京的城与人为表现对象的小说里，借着对北京和北京人的叙事指事和言说中国——中国人和中国的形象，中国的历史、现状与未来，以及中国在弱肉强食的世界上的生死存亡，幽默的北京味里依然暗含着感时忧国的传统。

老舍的京味小说无与伦比地形塑了北京和北京人（主要是北京市民）的形象，这是北京的自然、历史与文化社会地理的形象表征。从《骆驼祥子》到《四世同堂》，老舍小说对北京的自然环境、建筑街道、天候物产等，作了具有自然地理意味的出色描绘。北京的自然环境与城市空间无不彰显着北京的古老与内敛、知足与保守、等级与秩序，以及一个古老帝都代表的老中国的气派与停滞。北京城自然和物质空间的古老性与保守性，对象化于它的子民和市民中。换言之，是中国的老文化“物化于”北京都市的物质空间，而这物质空间凝聚的传统与文化又作用于北京人的精神空间与世界。于是，在老舍的小说里，北京的城与人构成紧密联系，北京的城市形象更多地被北京人的精神行为所代表和表征。如果说在海派文学中，上海市民尽管依赖于都市环境而生存和作为，但又与都市环境是隔膜和疏离的，骨子里是都市的匆匆过客，那么老舍笔下的北京市民则过于依托、依赖皇城都市的物质与精神，千年不变的帝都及流溢于其中的精神文化、最有中国味的物质与精神文化把他们同化了，他们沉醉其间不能自拔。如果上海是殖民的、摩登的、过于追求现代和变化的、碎片化的，那么北京则是拒绝前进的、退守的、活在过去的、古墓般宁静而僵化的地方。这构成了北京的特征，实际上构成了中国的隐喻。

这样的北京城及其文化，好处是保留了若干传统里的好东西，使北京城成为一座文化城。这文化不仅表现在那些故宫里的古文物和大学的数量众多，也表现在它造就了一批守持文化传统的文化人，如《四世同堂》里不食周粟、杀身成仁的钱先生一家，他们代表了中国文化和传统里最有价值的那份气节、高贵和正能量。但是就总体而言，老舍小说里的北京城及其文化的负面价值远大于正面价值，是消极传统而非积极传统，其对依赖于皇城荫庇的北京人的精神世界的影响也大多是负面的。最明显的是导致老北京人的守旧闭塞和空间意识的狭窄：世界的全部就是北京城，就是自家庭院与胡同，只知有家而国家意识淡薄甚至懵懂，特别是像对《四世同堂》里祁老太爷那些老北京市民而言，世界与中国就是小羊圈胡同和自家屋院。同时，这老北京城也造成了他们时间意识、时代意识的淡薄与短视，就如祁老太爷在日本人进城后的所作所为：把大门顶住不外出，北京再大的灾难也不出三个月。一场旷古未有的巨大民族灾难被他们的时间意识给短暂化和窄化了，他们是时间的不感症者，没有过去、现在与未来的时间长时段意识而总想停滞在时间的某一点上。"新感觉派"作家刘呐鸥小说《两个时间的不感症者》写的是都市人与事的无常与快变，讲的是适应快变、及时行乐的必要性和追不上善变的时间与生活的悲剧性。与此相反，老北京人的时间不感症追求的是时间的停滞与不变，是由于"古已有之"的历史与生活的同质化、变化少造成的时间与时代感缺失。时空固化和窄化及生活与历史的循环造成的社会与人生的同质性，不仅造就了老北京人的善良而无用、中庸而平庸的精神弱点，也造就了一批单纯追求物质享受而没有精神操守的痞子与京油子。和平岁月里他们是行尸走肉，乱世来临时他们就是汉奸无赖，如《骆驼祥子》里的车厂主和侦探特务，《四世同堂》里的冠晓荷、大赤包、李东阳、胖菊子等一干流氓——北京城也是藏污纳垢和生长肤浅的"坏蛋"、恶人之地。在这样的意义上，北京城纵然在时间上是停滞和不变的，其形象和内涵却也是复杂的。

老舍小说里北京城的这种正传统与负传统、好与坏、善与恶兼而有之的社会存在和景观，使得北京代表的都市文明显示出复杂性乃至腐蚀性，特别是对下层人民和乡村而言，它更显示出腐蚀性和历史与道德的"恶"的面目。因此，老舍笔下的北京城具有道德空间的色彩，承载着作者来自市民意识形态和启蒙意识交融形成的都市文明批判的价值观。这种都市文明和道德批判的诉求，在《骆驼祥子》里得到集中的体现。如小说所揭示的，淳朴憨厚的乡下农民祥子到北京城谋生，遭遇了一连串来自社会总体黑暗的磨难与打击：军阀混战、特务横行和从夏太太到虎妞一连串都市魔女的"色诱"与吞噬。如此的城市不仅是乡下人和底层贫民的地狱，也是腐蚀人性的魔窟。可悲的是，进了城的乡下农民却再也无法回到乡村，恶魔般的都市有恶也有魔力：祥子在被虎妞"色诱"之后一度打算跑回乡下，可最终觉得这有北海白塔、有轩屋美服之地，无论如何也不能离开，"死也不回乡下"，不回去的结果只能是堕落到如活死人一般，城市彻底消灭了来自乡村文明的一切美好人性。都市无所不在的黑恶、人性难逃腐蚀败坏、是苦难之地也是诱人魔窟（存在从夏太太到虎妞等各种吞人精血的“妖精”）的形象，是老舍对都市文明与道德批判的浓墨重彩之处，也是老舍描绘的北京的文化地理和社会景观。而在这一切描写的背后，老舍小说显示出他受狄更斯和福尔摩斯小说影响的色调：社会转型期造成的都市苦难与罪恶，无约束的权力和统治者对都市的控制与造恶，底层人民在都市的沉沦或犯罪，善与恶在都市的交织和弥漫。只不过狄更斯等人在对都市苦难与罪恶、监禁与惩罚的背后指向了资本的魔力和权力，而老舍笔下的城市形象反映出的更多是社会转型与失范时代皇城帝都背后整体权力与统治的失控、道德与文明的溃败，是类似于田园溃败主题的都市翻版。

第四节　20 世纪 40 年代文学视域中的中国形象

早在 20 世纪 30 年代，被捕的左翼美术家、后来成为著名诗人的艾青，在狱中写下《大堰河——我的保姆》一诗，深情怀念和感念以无私的乳汁养育了地主儿子的农民母亲。将伟大的母亲的名字与家乡的河流的名字整合在一起，暗喻着人民母亲与家乡河流、土地山河紧密融合在一起，将对人民的歌赞与对土地和祖国的爱恋联系在一起，这是艾青创造的独特意象。如果说在抗战前的左翼文学中，是把乡村土地同政治意识形态性的阶级和阶级斗争话语相连的话，如端木蕻良的《科尔沁旗草原》《憎恨》及其他左翼小说，那么抗战爆发以后特别是抗战前期的文学中，将受难不屈的中国形象与土地、土地上的物产与人民予以融合创造文学意象，就是这一时期普遍的倾向和美学。艾青的《我爱这土地》《北方》，田间的《给战斗者》，光未然《黄河大合唱》①，端木蕻良的《大地的海》《大江》等作品，都是将抗战爱国之情与土地山河融在一起予以描绘和抒写的范例。

抗战进入中后期以后，由于政治区域的不同，文学中的空间意象和叙事也随之出现明显的区别，出现了两个中国形象及文学描绘。第一个就是地处西北高原的抗日民主根据地和解放区，它是独特的政治区域。西北边疆史地是中

①《黄河大合唱》是 1939 年 3 月于延安创作的史诗性组诗，后经冼星海谱曲。

国传统政治和学术关注的重点，近代以后由于发展相对滞后，其在政治和学术中的地位呈下降趋势。20世纪30年代中后期在国共斗争中一度处于劣势的红色政权最终落脚到以延安为中心的西北，抗战以后又成为新的政治区域和新的政治文明的代表，因此西北高原成为政治、文化与文学关注的地域，并不断被添抹上新的色调。美国记者斯诺的《西行漫记》以纪实文学的方式对政治、文化、地理的出色描绘轰动世界，开辟了对西北高原红色政治区域形象描写的先河。加上此前“论语派”作家简又文以“大华烈士”笔名写作的散文纪实《西北风》，西北的政治、史地、民俗风情不断进入国人和世人视野，延续了传统政治和学术文化关注西北的文脉。抗战以后随着大批知识分子，尤其是作家、诗人的到来，歌颂和表现延安及其代表的政治区域的新形象和新色彩，成为边区暨解放区文学的主要任务和目的，是红色政治区域文学的主旋律。

抗战后陆续来到延安的作家、诗人艾青、茅盾、周而复、周立波、沙汀、丁玲等人，他们在各自的诗歌、散文、报告文学和小说里，把黄土高原的自然地理、风情风物作为背景和衬托，或者把它们融入社会性事物中，通过把黎明、太阳、蓝天、黄土地、白杨树等自然意象的政治隐喻化，以及与高原短曲、战士号角、燃烧火把、窑洞灯火、翻身秧歌、劳动竞赛等社会性意象的组合，整体塑造和描绘出一个光明新天地和新中国、新世界的形象。即便是写出《在医院中》《我在霞村的时候》的丁玲，其小说写作的主旨还是表现新的天地和政治环境里新人经历磨难后的成长，以自己的方式歌颂新的政治环境。其后她写下的《田保霖》《夜》等小说，与赵树理、孙犁、康濯、马峰等人的小说，与阮章竞、柯仲平、田间等人的叙事长诗一样，都是以解放区人民在战争环境中经历的婚姻、劳动、战斗等社会性事件表现新政治的良善、新人物的成长、新天地在黑夜之后必然到来的美好，整个文学具有一种理想主义的淳朴、纯净与单色。抗战胜利后解放区出现的周立波的《暴风骤雨》、丁玲的《太阳照在桑干河上》、赵树理的《李家庄的变迁》等土地改革和大农村题材文学，刘白羽等人的军事战争文学，草明等人的工业题材文学，虽然它们具体的表现内容有出入，但整体以鲜明的政治和意识形态为主导和诉求，表现和揭示解放区生活的大变动与新中国诞生的过程，在这一方面上却是如一和同调的。在美学上均形成以正剧为主，即便有悲剧也转化为正剧的特色，实质上成为没有悲剧却又追求崇高和史诗性的表面现实主义、实质浪漫主义的文学，也即何其芳歌咏的《白天的歌》。这种表现新天地的美好亮色、新人民成长形成、新国家诞生的文学，与那些被改编的民间文学所表达的“东方红太阳升”、新领袖和新国家具有盘古开天地的创世英雄的神话色彩的诉求，在骨子里和根本上是同气相求的。它们是“五四”以来新文学的一次巨大的转型和变化，其对新天地、新人民、新国家、新领袖的描绘和歌颂，是抗战和20世纪40年代文学一次显著的文学地理的划分和确定，也是文学所作的对文化与社会地理景观的最突出最大的塑造，形成了20世纪40年代中国文学新的文化地理和版图构造，促进了新文学空间的形塑与表现，这个空间承载和被赋予的主要是有关革命夺权与新国家建立的政治理想主义和意识形态。在这个意义上，解放区文学围绕新政治、新政权、新国家塑造和描绘的空间形象，也主要是意识形态空间和政治文化地理空间。

另一个中国形象就是国统区和大后方代表的政治与文化地理空间。抗战初期，曾经有大批内地知识分子同青年学生一起南迁，走遍大半个中国到达大西南。这样的战争条件下的大迁徙，使得过去闭坐书斋的知识分子触摸和体察了中国的地理山川、民俗国情，并将其情感上升为对罹难中国家的热爱之情。但是，随着战争的延长和局势的困窘，特别是抗战中后期大后方政治环境的压抑、经济生活的困难以及国难之际的社会不公平，引发了知识分子和作家的不满与怨怼。中国“五四”新文学本来就具有启蒙主义的社会与文化批判倾向，20世纪30年代的左翼文学更是以社会政治批判为职志，骨子里一向秉此传统又具有强烈感时忧国和兴亡意识的现代作家，在困顿境遇中将历史反思与现实批判意识融合，于是情动于衷而发于外，写出了一批以大后方社会情状为内容的批判现实主义基调的文学作品，塑造和描绘了一个迥异于西北的政治文化空间和社会地理空间，而这个空间在叙事和隐喻上更多地与旧中国或黑暗中国的形象相连。

从叙事模式来看，这批文学作品中有部分继承了“五四”时期鲁迅小说知识者游子回乡模式，如艾芜的长篇小说《故乡》和沙汀的长篇小说《还乡记》，其他大多数文类不同的作品叙事方式则多种多样。从对大后方社会环境与空间的描写来看，主要呈现出三种形态和指向。

第一种是对国统区环境与空间的政治指向性和批判性的描绘，并将这种政治空间与现实政权、大小统治阶层予以联系。大后方作家里有一部分原是左翼作家，抗战爆发后他们出于对政治与文艺统一战线的政策考虑，成为表面是自由身份而实质是党派人士的作家文人。加之大后方又有合法的中共办事机构和出色的政治与文化领导者，所以左翼性质的作家相当活跃，他们写作的主要目的就是批判当局政治的黑暗，以及由此造成的社会压抑与黑暗。如20世纪30年代的左翼文学，通过对具体人生和社会景观的描写，形塑政府当局代表的黑暗中国的形象，揭示现实中合法性政权的非法性。这批对文学化的政治空间黑幕揭示与批判的文学，主要是从统治阶级的所为及其带来的社会黑恶着手，一方面针对现实，如马凡陀的政治讽刺诗，沙汀和张天翼的抗战黑幕讽刺小说，茅盾的长篇小说《腐蚀》及话剧《清明前后》，艾芜的长篇小说《故乡》，沙汀的短篇小说《在其香居茶馆里》、长篇小说《淘金记》等，通过描绘战时大后方乡绅恶霸的作恶、地方统治者的劣行、国家政权的苛政以及由此造成的民不聊生和百业凋敝，通过述说大小统治者在这个乱世的如鱼得水、胡作非为、恣意妄为和无所不能的横行，通过打造一个没有一丝光明的黑暗王国形象，表达了对现实政治、统治者及统治环境的彻底不认同和颠覆否定的意识形态诉求。为了达到这样的目的，这些文学作品经常采用19世纪俄国批判现实主义作家果戈理、契诃夫的写作方法，以讽刺、夸张、喜剧甚至奇幻的方式描写现实政治的黑暗腐朽和可笑可悲。像马凡陀的诗歌、陈白尘的喜剧《升官图》和沙汀的小说，都有对国统区政治和社会景观极度讽刺、夸张的描绘，蕴含着对其否定的政治意图和喜剧氛围。另一方面，还有部分作家如郭沫若，则通过历史剧的创作、历史空间的制造及历史生活的描绘，形塑了一个映射现实政治的虚拟历史空间，借古讽今地表达与战时左翼和政治党派作家相同的社会政治认识与批判精神。现实空间与历史空间的塑造，使得被否定批判和颠覆讽刺的国统区政治文化空间的文学景观与特征鲜明而立体，笑声与怒火中流露出掺杂其中的政治意识形态的指向和意义。

第二种是对国统区大后方环境及空间的社会性批判和描写，并通过文学的转喻、隐喻功能将其与一个无望社会的形象予以联系和指涉。巴金的《第四病室》《寒夜》，路翎的小说和其他一些以“雾重庆”和“新都”为表现内容的各类文学作品，都以各自的观察和社会景象、人生细节的描写与展示，表现在日益压抑、腐败和黑恶的社会环境中人民的物质匮乏、精神痛苦乃至失望与绝望，表达在故土沦陷、前方抗战、敌寇肆虐而大后方却苟安沉沦的“雾重庆”空间环境里知识分子、公务员与平凡百姓的消沉与悲凉。骆宾基小说《北望园的春天》里只有小知识分子的日益平庸而没有精神复苏；巴金小说《寒夜》里的小公务员在社会压抑与家庭纠缠中耗尽心血，病与死成为整个社会的常态；底层大众则如路翎《饥饿的郭素娥》所写的那样陷入物质与精神的贫困状态。在这类国统区形象与社会空间形象的描写中，大雾与寒夜、北望园与无望村、医院与病人、阴冷街道与衙门家庭，成为常见的空间物象与景观。而这样一些比喻、隐喻性的意象和景观，构成了整体的社会空间和环境的要素与因子，暗示出大后方“寒夜中国”的形象，与延安等中国共产党统治区域明朗晴天的空间环境和白杨高耸等风物形象，形成鲜明对比和反差。

第三种是抗战前期，在举国抗战、共同对外的氛围中，部分作家作品如曹禺的《蜕变》，陈白尘的《岁寒图》，艾芜的《秋收》《纺车复活的时候》等，描写了发生在国统区战地医院、军队、学校和机构出现的新人物、新关系和新事物，它们构成了国统区文学中罕见的新社会景观与风景。这些文学作品借此表达了对历经外侮、自强不息的新政治与国家蜕变转型的期望，也是理想的中国形象。不过这类文学在抗战后期逐渐消失于整体对黑暗控诉的文学地平线。

从抗战初期土地、麦酒①、北方的手推车、黄河船夫、黎明的吹号者、白杨树、信天游等的直接或隐喻描写，到抗战中后期延安与国统区分别出现的两种空间环境与形象的描绘，一直到对新时间、新时代与新中国形象的抒写，抗战及20世纪40年代文学以战争环境和特殊时期为背景，通过具象的事物和景观联系描写中国的形象，作家们在不同的社会空间与文化空间里掺杂爱国主义、民族抗战、政治革命、光明与黑暗搏战等意识形态，使得中国具有不同的形象与侧面，也使得战争时期不同区域的中国经由文学而展现出不同的自然、政治文化地理面貌，深深地刻印在文学史上。

不只是20世纪40年代文学，其实整个现代文学所描写和叙述的关于中国的国家、地域、地方的自然与社会状况、文化地理知识和景观，都是现代文学的文学价值和文化价值之所在，也是中国现代文学留存的弥足珍贵的历史文化记忆。

① 田间的诗歌《给战斗者》描写了五月的麦酒、九月的米粉、十月的烟草、十二月的燃料等“中国的芬芳”。

第八章　林语堂"入西讲中"的现代启示

20 世纪初，中国知识分子探求救国之道，漂洋过海到国外留学的过程成为他们接触异域文化的重要机会。作为最早一批赴海外交流的知识分子，鲁迅、周作人、胡适等人更多地是尝试将西方先进思想引进中国，从现代民族国家的发展角度出发，对中国人的传统思想进行启蒙。而在进行过海外文化交流的现代学者中，林语堂是较为特殊和复杂的一位。在当下，分析他长达几十年的"入西讲中""对外讲中"活动，对于我们今天的中国文化海外传播，以及孔子学院在海外的发展会带来丰富的启示意义。

第一节　林语堂在英美的文化传播活动

林语堂出生于一个信仰基督教的中西文化交融的家庭，从小接受的是西式教会学校的教育，大学就读于圣约翰大学，奠定了扎实的英文功底，后来再赴哈佛大学和法国的殷内大学留学。比起其他文学家，林语堂身上一直都兼有东方和西方两种文化的气息，这也为他后来赴美使用英文创作，居留海外 30 多年奠定了基础。

林语堂一生的文化活动大致可以以接受赛珍珠之邀赴美为界，以 1936 年为节点，划分为两个阶段。1936 年到 1966 年间，身处海外的林语堂，其文化视角和对中国传统文化的态度都发生了较大的转变，开始了长达几十年的"对外讲中”，即面向海外受众进行中华文化传播的历程。林语堂一生中的大部分时间都在海外生活，但他又和海外的华文作家有很大差异，本身深厚的传统文化底蕴使得他的中华文化海外传播成就要高于同处海外的其他作家。林海音曾在《林语堂著作等身》中说：“本世纪的中国人能成为世界性作家学者的，我以为只有林语堂一人。在欧美或东亚，提起 Dr.Lin Yutang，尽人皆知。”[①] 作为一位用英文进行文学创作长达 30 年的中国作家，林语堂可以称得上是中华文化海外传播的典范，美国文化界将林语堂列为“二十世纪智慧人物”之一，他的长篇小说《京华烟云》也曾获得诺贝尔文学奖提名。

美国是林语堂进行文化传播和文学创作的主要地区，也是林语堂获得海外知名度，成为畅销书作家的大本营。林语堂在美国的创作和文化交流主要分为四个时期。作为中华文化的海外传播者，他介绍中国古典文学，编译文学作品，进行大量学术演讲，出席文化学术活动，积极推出文学作品以及研制中文打字机，积极探索融汇中西文化的模式，也构建了自身以民族文化为出发点的对外传播话语框架。

1936—1938 年，是林语堂应赛珍珠之邀，以《吾国与吾民》畅销作者的身份在美国旅居的三年。旅美期间，林语堂不仅和美国文坛艺坛的著名人士，如美国著名桂冠诗人弗罗斯特、诺贝尔文学奖得主戏剧家奥尼尔、戏剧评论家纳森、女诗人米莱、德国反法西斯作家托马斯·曼等都有频繁的来往，还应他们之邀出席各种文化学术活动以及各种演讲会，向美国人介绍真实的中华文化、文学现状。同时，他笔耕不辍进行文学创作，如将《吾国与吾民》的一章抽取出来，重新充实，改写为《生活的艺术》一书。此外，他对比中美文化，传达东方情趣，对生活在高度工业化社会中的西方人来说具有耳目一新的效果。他还在纽约现代图书馆的邀约下编译了《孔子的智慧》，向英语国家读者介绍孔子学说，在美国读者中引起轰动。

1939—1940 年，这一时期林语堂将主要精力放在宣传抗战、写作理论性政论文上，他积极出席各种讲演会和国际笔会，尽管发言论题多样，但都贯彻了反法西斯主义的思想，对战争结局和世界前途进行哲理性思考。同时，他也没有停下小说创作的脚步，以一个中国作家的视角，谈论哲学和宗教在反法西斯

① 林岚. 林语堂之“中西文化论”探析［J］. 作家杂志，2012（2）：143-144.

主义中的作用，呼吁英美重视远东，援助中国。这也是为数不多的中国作家在海外宣传抗战和政治理论的实践。

1940—1950年，短暂回国居住后，林语堂又回到纽约，用英文撰写了第二部长篇小说《风声鹤唳》，以人道主义为里，禅宗佛教思想为表，目的不在于宣扬宗教哲理，而在于向国外读者反映抗日战争的真实情况，歌颂中国人民的全面抗战，希望争取国际援助。他还撰写了一部针对国际问题的著作《啼笑皆非》（*Between Tears and Laughter*），从哲学和道德角度谈论国际政治及战争策略。与此同时，他继续从事学术文化工作，“对外说中”，译介著作，弘扬中华文化，如编译《中国与印度之智慧》，写作《英译并评注鲁迅的警句》，向西方世界的读者介绍鲁迅。抗战胜利后，他还为古代杰出人物写传记，著有《苏东坡传》（*The Gay Genius: The Life and Times of Su Tangpo*），这是把写小说和弘扬民族文化结合起来，向外国读者介绍苏轼诗文的精髓。他编译的《老子的智慧》，将中国古代哲学思想推向海外，为弘扬中华民族的优秀文化也做了新的贡献。在纽约期间，除了作为中文作家的身份在海外传播中华文化外，1947年，林语堂还完成了一项特殊的工作，研制成功中文打字机。当然其目的并不是追求个人名利，而是出于文化传播的需要和积极心态，要将打字机和中文的推广应用关联起来，促使古老的中国语言文字借助现代化的书写设备，在世界上被广泛认识和使用，这种工具理性和思维前瞻性不言而喻，更难能可贵。

1950年以后，林语堂在海外对中华文化的传播进入了一个新的阶段。他通过创办杂志《天风》，出版《英译重编中国传奇小说》，再度引起了海外读者的广泛关注，在学术价值和社会效益上有所突破。他对中国传奇小说的编译和以往尊重原作、逐字逐句翻译的做法不同，是在中国传奇小说基础上的再创作，既保有中华民族的文学特色，又适应了现代读者，尤其是外国读者的阅读和欣赏习惯。他还完成了第四部用英文写作的长篇小说《朱门》，意在表现中华民族和睦相处、团结和谐、反对种族歧视的思想，宣传积极的伦理道德观念。他的《八十自叙》中，将这部作品纳入“林语堂的三部曲”之一。林语堂还通过书写自传性质的《从异教徒到基督徒》，剖析自身心灵在文化知识领域的探求以及对中西文化的汲取过程和个人看法。这期间，林语堂曾应邀到中南美洲访问，其发表的学术演讲，继续起到一定的文化交流作用，促进了拉丁美洲国家对中华文化的了解。

此外，在欧洲居留的几个时期也是林语堂创作小说的黄金期。林语堂一生中共有三个阶段居留欧洲：第一次是在“一战”之后，那时的林语堂尚在哈佛大学求学，中途由于经济窘迫而应法国青年会征召去了法国，在莱比锡大学修完了学业。第二次赴欧则是在1938年“二战”爆发前夕，由于不满美国对战时中国的冷漠态度，而且美国“排华法案”尚未取消，林语堂举家搬迁到巴黎。在给老友陶亢德的信中他直言心念祖国抗战，希望为抗战宣传出一份力。考虑到战争爆发以后写的政论产生的实际效果甚微，他于是将创作注意力转向了小说——林语堂用英文创作的第一部长篇小说《京华烟云》(*Moment in Peking*)就是这样诞生的。林语堂第三次抵达欧洲并短暂居留是在1947年，联合国教科文组织聘任林语堂到巴黎担任联合国教科文组织的美术与文学组主任。在巴黎，他常与学术文化界人士来往，谈论中西文化，并完成了第三部英文长篇小说《唐人街》。小说以美国纽约唐人街为背景，力图真实反映唐人街的面貌，表现华人的正直、善良、勤劳和智慧，并通过中西文化和中西民族性格的对比，着意改变美国人对唐人街及华人的偏见和歪曲认识。

林语堂在“入西讲中”之前已经活跃于各个社会文化领域，有着多重的身份标记。出国之后，他反观东西方文化，试图改变西方主流文化对中国形象的固有认知，致力于通过文学创作、译介中外著作等方式向西方讲述中国文化，表现出作为文学家的自觉。但更进一步地来看，他作为一位能进行跨文化写作的文学家，通过自身实践跨越了语言和文化的障碍，对中华文化在海外的传播事业来说，有着特殊的意义。他在海外对中华文化的介绍，不是简单直接的表述，而是将中国的一切通过文学思维和语言的再创造方式表达出来，这种跨文化创作是沟通不同文化间的媒介。海外读者通过林语堂作品中对古代中国和现代中国的描写，得以窥探中国社会从人文到政治的现实风貌；通过感知林语堂小说中的人物形象，得以建构起全新的中国人形象；通过聆听林语堂对中国现代文学家的介绍，得以了解中国文坛的现状。同时，林语堂作品的广泛传播和巨大的影响力，不仅引起了国外文学界的注意，也在全社会引起了轰动。“林语堂”这个名字以迅雷不及掩耳之势进入西方大众视界，不仅是主流文学文艺界人士，包括通俗文学的读者也纷纷要赶上他掀起的潮流，认识这位新晋的中国作家，以及作家笔下所描绘的那个同以前的认知完全不同的中国世界。

第二节 林语堂的海外文化传播策略

根据林语堂的海外活动特点，我们发现他的跨文化传播较一般的“跨文化交流”有更强的目的性、能动性，在他的长期实践中所形成的传播策略也非常值得探究。兼具作家、学者、翻译家、语言学家身份，在国外生活的30多年间，林语堂是如何让异域文化的读者选择他的作品，认同并接受他的文学观念，同时经受住语言、出版、市场三者考验的呢？当我们借助传播学视角，对他的经历重新加以审视，大致可以从四方面发现并提炼出林语堂的海外文化传播策略。

一、传播内容的选择

第一，对文化主体充分而生动的展现。中国政治、历史、思想观念、民情风俗等各个层面都以鲜明的色彩出现在林语堂的作品中，正所谓“民族的”才是“世界的”，借助讲学、图书出版和社会活动，林语堂将中国文化多角度地呈现在世界面前。他的散文不事雕琢、随意自然，同时又不失幽默俏皮，从不刻意经营。作为第一位曾获诺贝尔文学奖提名的中国作家，他驾驭长篇小说的才能更是值得关注，虽常年生活在海外，却时时将国内社会现实融入“艺术真实”，在作品中体现出中国情怀。从民国初一直到抗日战争结束，中国内有军阀割据纷争，外受帝国主义列强的侵略，政治、经济乃至整个社会经历了巨大变动，这段历史在林语堂的小说“三部曲”中都得到了呈现。在客观描写中国近现代历史的过程中，林语堂还深入到观念层面，通过一系列人物形象揭示了中国人的哲学思想。

在《风声鹤唳》中，主人公老彭是佛教思想的传播者，佛教思想改变了丹妮对生命的看法，也可以让玉梅放下仇恨，让老彭周身带有智者的平静和坦率的特性。在《京华烟云》里，佛教思想的展现也俯拾皆是，姚、曾、牛三个大户人家的太太都是虔诚的佛教信徒，笃信行善消灾，经常向寺庙慷慨捐赠。即便是最具有道家风骨的信徒姚思安，在外出云游之时，也喜爱寻访各地古寺，结交和尚以及得道高僧，同他们成为挚友。这些都带有浓厚的东方文化色彩，很容易让西方读者感到新奇、充满兴趣。与此同时，林语堂还注重东西方文化的结合和碰撞。《风声鹤唳》的结尾，博雅为成全老彭和丹妮舍命而死，他的墓志铭是佛教名言，同时也是通行世界的圣经诗句："为友舍命，人间大爱莫过于斯。"佛教和圣经传递的是同样的大爱，这个标准放之四海而皆准，在心理上拉近了西方读者和作品的距离。

此外，林语堂很推崇道家思想的"清净无为"，这一点在《京华烟云》里表现得十分明显。《京华烟云》的英文版 *Moment in Peking* 出版之后，林语堂给郁达夫去信请他帮忙译为中文，并在信里对小说的基本构思做了简单介绍，他重点强调了"全书以道家精神贯串之，故以庄周哲学为笼络"。《京华烟云》全书分为三卷，题目分别是"道家女儿""庭院悲剧""秋季歌声"，形式上每卷卷首都引用了庄子的一段话作为序言。在书中内容上，随处可见道家思想提倡的"天人合一"的世界观、"游世无为"的人生观和"法贵天真"的美学观。

与此同时，林语堂作品中时时显露出来的浓厚而地道的中国文化风情和民俗特征，也是吸引西方读者的关键。《京华烟云》在美国出版之时，林语堂题的书名是 *Moment in Peking——A Novel of Contemporary Chinese Life*，副标题"一部关于中国当代生活的小说"说明林语堂在本书中立意向西方社会全景式地展现中国文化和社会生活。的确，林语堂将中国尤其是北京地区的婚丧嫁娶习俗、待客礼仪、节日庆贺习惯、看相、取名等极具特色的文化一一向外国人展示出来，这也是最贴近当时中国人生活的社会风俗画卷。

第二，对文化中"人"的关注。林语堂对中国人国民性的重新评价，在于挖掘中国人的"优根性"。关于中国人的"国民性"究竟如何，在向西方介绍中国的不同群体中，既有如辜鸿铭这样试图站在"天朝上国"立场塑造一个"完美"中国的，也有像某些西方传教士一样"妖魔化"中国和中国人的。林语堂在经历了自身对中国人国民性的看法变化之后，在《吾国与吾民》一书的自序中明确表示："我堪能坦白地直陈一切，因为我心目中的祖国，内省而不疚，无愧于人。我堪能暴呈她的一切困恼纷扰，因为我未尝放弃我的希望。"①

① 林语堂. 吾国与吾民［M］. 北京：群言出版社，2010：5.

可见在书中林语堂采取的正是不过分赞美，也不过分贬斥的“中庸”的、相对“客观公正”的态度，甚至在书的第四章“人生之理想”他又单立一节论述“中庸之道”。林语堂用“德性”来概述中国人的民族性格，并列出诸如“稳健淳朴”“无可无不可”“老滑俏皮”“保守”“好色”等15种特征，严肃表明这些德性中的几项，“实际乃为一种恶行，而非美德”。这是对外的介绍，也是自省。

对中国人的心灵，林语堂做了剖析，总结出“智慧”“女性型”“缺乏科学精神”“逻辑”“直觉”“拟想”等几点。尽管中国人有不少的性格弱点，但是林语堂仍旧强调“中华民族是天生的堂堂大族……中国人之心灵不可谓缺乏创造力”①，字里行间流露出对中华民族的热爱，以及对中国人艺术创造性的肯定。此外，他还介绍了中国的哲学和宗教，对儒释道精神都做了详细的评介，破除了外国人普遍认为中国人是“没有信仰的野蛮民族”的偏见。对于从未到达过中国的外国读者来说，《吾国与吾民》一书能够平和而客观地引他们进入这个古老的东方国度，并对中国人的性格产生相对全面的了解。可以说，林语堂以自身对文化主体的热爱，在文化传播过程中塑造着、调适着中国人的形象，其呈现效果不同于国内新文化启蒙者所批判的，也不同于异文化的接受者所误解的。

第三，对普世性情感的表达，对人类共同命运的理解。在战争时期，向往和平、谴责侵略者是世界各国人民共同的心声。这也是为什么诸如《静静的顿河》（*Тихий Дон*）、《安妮日记》（*The Diary of a Young Girl*）、《朗读者》（*Der Vorleser*）等战争题材的文学作品能历经岁月洗礼，仍旧具有动人心魄的力量。关于林语堂作品的研究，目前多集中在其哲学思想、美学思想、女性观念、教育观念、宗教观念以及文化观方面，很少有学者针对其抗战语境作品做相关研究。实际在国外，通过英文来进行抗战文学创作的华裔作家屈指可数，林语堂的相关文学作品因此更有相当的社会价值和文学史意义。以《京华烟云》和《风声鹤唳》为例，两部小说均创作于中国抗日战争期间，《京华烟云》扉页上还提有林语堂作的“献词”：

全书写罢泪涔涔，献予歼倭抗日人。

不是英雄流热血，神州谁是自由民。②

① 林语堂. 吾国与吾民［M］. 北京：群言出版社，2010：54.

② 林语堂. 京华烟云［M］. 张振玉，译. 长沙：湖南文艺出版社，2016：2.

不同于许多抗战文学作品专注于描写抗战一线士兵的英勇抗战和血肉横飞的战场，林语堂没有把自己的小说变成标语式的宣传工具，而是把创作重点放在战争后方——普通百姓的战争经历，庶民如何在战争中艰难生存，战争带给人民的妻离子散乃至家破人亡的切肤之痛，百姓对侵略者发自内心的憎恨，以及战争过程中人民心态和思想的变化等，从而实现了思想性和文学性的和谐融合，堪称成功的“文化抗战小说”。《京华烟云》从木兰躲避八国联军侵华开始写起，历经近40年的动乱，到日本侵略军占领东北三省并向华北地区步步深入之后木兰向西逃亡途中收留孤儿结束，书中人物的命运和民族的命运、战争的进程息息相关。尽管战争残酷，林语堂仍旧在小说中倾注了自己的“幽默”，他的笔触带有明显的悲喜剧和乐观主义色彩，《京华烟云》最后木兰在回忆自己将近50年的生活时，觉得中国“也是如此，老的叶子一片一片的掉了，新的蓓蕾已经长起来，精力足，希望大”①。这种乐观情绪和对美好未来的期待反映了林语堂对祖国命运和世界和平的期待、向往，也正是世界各国遭受战火的普通民众共同的希望。对于“战争与和平”这一命题，林语堂从文化视野上有自己的独到解读，所以在世界大战的人类共同命运背景下，林语堂获得了更高的国际关注度。

第四，以“读者期待”为方向，对进入创作视角的素材进行选择和加工。林语堂常从西方读者的视角出发，注意使文学创作和文化传播的内容贴近受众需求。“传播对象”是文化传播中的重要一环，对于文学家来说，读者就是最直接的传播对象和受众。汉斯·罗伯特·姚斯是接受美学的代表人之一，他认为“真正意义上的读者”是接受美学意义上的读者，这种读者实质性地参与了作品的存在，甚至决定着作品的存在。“文学作品从根本上讲注定是为这种接收者而创作的。”②如果把这作为传播的一种策略，那么林语堂在创作中则多次应用了这种策略。迎合西方读者的需求，从读者的视角出发进行创作，可以在林语堂作品中找到多个例子。在《吾国与吾民》中，对于西方人感兴趣的中国妇女的生活，林语堂单辟一章进行说明，从女性的地位到家庭婚姻再到中国人理想中的女性，甚至妓女与妾，以及缠足风俗，最后讲到妇女解放运动，基本解释了外国人心中关于中国妇女的疑问，一定层面上具有中国妇女生活史的价值。在这

① 林语堂. 京华烟云［M］. 张振玉，译. 长沙：湖南文艺出版社，2016：765.

② 姚斯. 文学史作为文学理论的挑战［M］// 姚斯，霍拉勃. 接受美学与接受理论. 周宁，金元浦，译. 沈阳：辽宁人民出版社，1987：23.

部书中，令外国人感到神往的，还有林语堂介绍的中国传统文学生活和艺术家生活，这里既有对绘画书法等艺术的赞美，也有对古代散文和骈文的客观批评，以及西洋文学对中国文学的影响，不仅体现了林语堂深厚的文化艺术造诣，也使外国读者对中国的文学艺术有了更加全面、立体的认识。最后一章“生活的艺术”中，关于中国人日常的娱乐、饮食以及建筑风格的介绍，在美国读者中反响尤其热烈，甚至被很多美国女性奉为生活准则。

因为目的性明确——为西人所作，在扩写而成的《生活的艺术》一书中，不仅仅表现林语堂自己对人生问题的思考和态度，在很大程度上也迎合了西方读者的需求，可以说是从西方读者视角出发进行创作的代表作品。林语堂在书中力求用哲学观点来剖析人生问题，甚至颇有创造力和创新性地拟了一个“科学公式”，将中国和欧美的国民性、民族性进行了类比，尽管这种近似游戏的做法不能信以为真，但是却很对美国读者的口味。

二、中西合璧的创作手法

受西方教育模式以及西方文化大量涌入中国的影响，林语堂在西方文化上的造诣和积累十分深厚，也因为自然主义、表现论、民主与科学等思想的冲击，他从中获得了更为丰富的创作灵感。与此同时，中国传统文化的积累以及社会现实作为文学创作的基础，推动了林语堂在创作中实现中西文化的融会贯通，这直观表现在他小说叙事手法的灵活使用以及对叙事内容的把握上。《京华烟云》作为林语堂第一部用英文创作的长篇小说，以及获得诺贝尔文学奖提名的候选作品，是林语堂融汇中西创作模式的代表作，展现了中国人的民族精神和爱国主义思想，奠定了林语堂作为小说家在文学史上的地位。因此，我们以《京华烟云》为个案，分析林语堂在创作手法上是如何做到中西融汇的。

（一）中国传统创作手法的传承

阎浩岗曾提出：“在中国现代小说中，最明显与《红楼梦》有对应关系、显示出‘红楼’血缘的长篇，当首推巴金的《家》和林语堂的《京华烟云》。”[①] 林

① 阎浩岗. 具有“红楼”血缘的两部中国现代小说——《红楼梦》与《家》及《京华烟云》之比较[J]. 红楼梦学刊，2002（1）：259-274.

如斯也回忆说："一九三八年的春天，父亲突然想起翻译《红楼梦》，后来再三思虑而感此非其时也，且《红楼梦》与现代中国相离太远，所以决定写一部小说。"[①]可见《京华烟云》的写作，是受了《红楼梦》影响的，也因此被西方学界称为"中国现代《红楼梦》"。在《京华烟云》中可以看到很多红楼人物的影子，比如木兰似湘云，莫愁似宝钗，红玉似黛玉，等等。但是，《京华烟云》仍旧有自己的故事脉络，人物和情节也都有鲜明的时代特征。

林语堂在《我怎样写瞬息京华》中表明，"这部是有意的仿效中国最佳小说体裁而写成的"。首先，《京华烟云》采取了中国传统小说的结构章法，始于逃难（八国联军侵华姚家逃离北京），终于逃难（日本全面侵华木兰一家外逃），是典型的中国小说惯用的圆形结构，[②]在感情基调上也是始于悲凉，终于悲凉的，同时悲凉中蕴含着未来的希望，哀而不伤，和现代流行的悲剧或荒诞有很大区别。其次，小说家国同构，从小家引申到国家，从一个家族的兴衰喜乐透视国家社会的兴衰更替，和《红楼梦》的家族叙事模式属于同一种。最后，在表现手法上，《京华烟云》也常借鉴中国传统文学创作的表现手法，"以书中人物悲欢离合为经，以时代荡漾为纬"，同时采用烘云托月、对比映衬等手法，以人物活动带出事件，而不是平铺直叙。比如写人之美往往不直接描写，却常借鉴古乐府民歌的映衬手法："曼娘出现在大厅之中，真是光艳照人，连严肃矜重如曾文璞先生者，也不由顾盼几次。"[③]这种手法类似于《陌上桑》写罗敷之美。

以上富有中国特色的写作风格和方式，不仅令西方读者感到十分新鲜，而且也为他们了解中国文化和中国人的生活打开了一扇大门。

（二）对西方"表现论"和人文主义思想的借鉴

林语堂在哈佛大学求学期间，曾选修新人文主义理论家白璧德（Irving Babbitt）的课，白璧德不赞同浪漫主义，反对以卢梭为代表的自然主义。白璧德认为人类行为的基础应该是遵从伦理道德，主张人类应该节制情感，恢复人文秩序，反对过激主义和浪漫主义，他对中国儒家的"克己复礼""中正平和"颇为赞同。但是，自由率真的林语堂对这一主张并不十分接受，在古典派的白

① 林如斯. 关于《京华烟云》[M] // 林语堂. 京华烟云. 张振玉，译. 长沙：湖南文艺出版社，2016：8.
② 李钧. 吾国吾民，斯文在兹：林语堂《京华烟云》创作意图论 [J]. 都市文化研究，2014（2）：263-293.
③ 林语堂. 京华烟云 [M]. 张振玉，译. 长沙：湖南文艺出版社，2016：113.

璧德和浪漫派的斯平加恩（Spingarn）进行文学论战时，他态度明确地支持斯平加恩。他更提倡意大利美学家克罗齐（Benedetto Croce）的表现论，尤其对克罗齐美学理念中的“美即表现”的核心观念颇为赞同，并从“艺术即表现”、“表现即艺术”这两个层面对克罗齐的学说进行了引申，在文学创作和批评上，表现为强调展示个性和情感的文学观。这也是为什么他后来在新文化阵营分化时，加入以周作人、钱玄同、刘半农等为代表的倡导率真自由、同情弱者的语丝派。

20世纪新文化运动时期，中国流行的是“德先生”（Democracy）和“赛先生”(Science)，科学主义思潮占据上风。但是，林语堂并未以此为依据去猛烈批判中国传统文化，而是选择了一种更加包容的文化哲学，这导致了他和20世纪中国现实政治的距离感，使他不可能具有强烈的社会政治批判力度。不过，这使他的文化思想更富有前瞻性，对未来中西文化可能面临的挑战能够加以回应。林语堂站在西方人文哲学家的思想起点上，凭借独特的知识结构和人文背景，会通了中西文化，包容了西方现代人文主义精神，以人文主义为出发点，对中国传统文化进行全新的审视，力图发现古典文化中精神自由的因子，以反对压制人类天性的科学主义，这同20世纪西方人文哲学的意旨正相吻合。[①]林语堂追求庄禅境界，《京华烟云》中的姚思安和其女木兰是这一境界的代表人物，同时还有《风声鹤唳》中的老彭、《奇岛》（又译《远景》）中的劳思等。

上述特点都显示出林语堂的作品虽然坚持中国传统创作方式，但是也融入了很多西方文化的成分，在西方文学潮流的共性之中又保持了来自中国的个性，呈现出中西文化的互相渗透、互相补充，这种写作方式正是林语堂在海外进行文化传播的显著特征和重要手段。

三、创作中的语言策略

作为一个用非母语进行创作的双语作家，林语堂在海外进行文化传播能够取得巨大成功，靠的不是简单的语言的转译。面对西方读者，描写中国人的生活和中国文化，势必会涉及跨文化传播范畴的语言策略。

---

① 陈旋波. 林语堂的文化思想与维特根斯坦的语言哲学［J］. 华侨大学学报（哲学社会科学版），1994（1）：87-93.

首先，林语堂采用了特别的翻译技巧。中国人的生活涉及衣食住行方方面面，中国社会更是包罗万象，比如婚丧嫁娶、宗教哲学、传统服饰、文学艺术、烹饪饮食、政治生活等。林语堂丰厚的文化底蕴和卓越的英文水平，使得这些文化因素能够原汁原味地展现在西方读者面前。同时，为了真实再现汉语语言文化的原始风貌，林语堂特意采用了汉语式的英语（Chinglish）的表达形式，在某种程度上可以算作一种特殊的翻译手段。除了直接用英文进行创作的“三部曲”等小说，以及《吾国与吾民》《生活的艺术》等散文外，林语堂还将大量的中国古典著作翻译介绍到西方世界，如《浮生六记》《孔子的智慧》《老子的智慧》《幽梦影》《板桥家书》《东坡诗文选》等。他不仅致力于介绍中国文化的内容，还力图在创作和翻译中展现中国式的价值观、审美观、文学观、女性观，如老庄哲学提倡的性灵、闲适的生活态度，保守与开放并融的女性态度等。

在林语堂的创作和翻译中，不可避免会使用大量汉语的“国俗词语”。我国著名语言学家王德春教授是“国俗语义学”的创立者，他对这类词语有这样的阐释：“国俗语义是语义民族性的一种表现，它反映使用该语言的国家或民族的历史文化和民情风俗，具有民族文化特色。”[①] 诸如“红豆”的相思之义、“三顾茅庐”、回应称赞的“哪里，哪里”这些词或短语在英文中是没有对等词语的，因此也是中外翻译或二语创作中的难点，作家在表达中需要创新和变通。我们可以在林语堂的作品中找到大量这样的例子：

太太——Taitai

狐狸精——fox-spirit

阴阳五行——yin and yang and the five elements

马褂——Makua

月下老人——Old Man under the Moon

从这些例子中可以看出，翻译技巧的合理使用，是保证跨文化传播效果的重要手段之一。面对独具中国特色的词汇、短语，林语堂采取正确的处理方式，避免了异质文化之间因不对等而带来的误解，从而更好地达到了传播中国文化的目的。从长远影响来看，这些特色词汇有很多进入了西方的辞典，成为描写中国现实的标准词汇。

① 王德春. 语言学概论［M］. 上海：上海外语教育出版社，1997:122.

其次，在语言风格上，林语堂在吸收了西文风格之后，在浩渺的中国文化里找到了依据，他反对理性和科学语言平板工整的语法逻辑，倾向于鲜活俏皮、活泼自然的日常语言。20 世纪 30 年代以后，他更是强调“幽默”“性灵”，将袁枚、苏东坡、陶渊明、李渔、金圣叹等人引为知己，在一定程度上与维特根斯坦强调的“日常语言”不谋而合。读林语堂的英文小说，如《京华烟云》《风声鹤唳》《朱门》《奇岛》等，很容易体味到他清新自然不突兀的文风，凝练旷达而不板滞、流畅自然而不冗长的语言风格。

另外，对于部分中西文化差异较大的部分，林语堂采取了趋简的策略。如对《虬髯客传》的改写，删去了虬髯客、红拂女和李靖在客栈饮酒时取出仇人心肝并切肝下酒的情节，因为这和近代以来西方倡导的人道主义相悖。同时，为了使这篇中国古代小说更符合现代读者阅读的心境和欣赏习惯，林语堂又增写了虬髯客看出红拂女和李靖是一对私奔情侣的细节。

四、商业化传播模式的助力

林语堂在美国获得的巨大成功与赛珍珠夫妇及约翰·黛公司的策划分不开。不得不承认的是，林语堂的成功，绝不仅仅是文化传播的成功，在某种程度上也是商业营销策略的成功。[①] 对此，施建伟在《林语堂传》中曾认为：“充塞着商品经济的价值观的美国出版商，是不会以准确地介绍中国文化为己任的。所以，华尔希对《生活的艺术》的要求，首先是畅销，其次是畅销，最后仍是畅销……林语堂是按照这位不懂中国文化却深谙经商之道的美国书商的思路构思并撰写了《生活的艺术》。”[②]

首先，纵观林语堂整个海外创作时期的成果，能够登上畅销榜的全部是由约翰·黛公司策划出版的。获得了诺贝尔文学奖和普利策奖的赛珍珠在文坛上的地位和名声非同小可，在推出林语堂的《吾国与吾民》之时，赛珍珠可谓不遗余力，不仅亲自为《吾国吾民》作序，还使用了诸如“它满足了我们一切热望的要求，它是忠实的，毫不隐瞒一切真情。它的笔墨是那样的豪放瑰丽，巍巍乎，焕焕乎，幽默而优美，严肃而愉悦……我想这一本书是历来有关中国的

① 陈煜斓. 林语堂的文化经济学理念与文化传播策略［J］. 东南学术，2014（4）：196–205.
② 施建伟. 林语堂传［M］. 北京：北京十月文艺出版社，1998：394.

著作中最忠实、最钜丽、最完备、最重要的成绩”[①]来推介林语堂的作品。对于在美国文坛上尚无名气的林语堂来说，赛珍珠无疑是用自己的名望和信誉为林语堂做了信用担保。另外，赛珍珠还邀请一些美国著名书评家对《吾国吾民》进行评论，也起到了巨大的作用。

其次，约翰·黛公司还曾和《纽约时报》合作，在1938年的美国“全国图书展览会”上，为林语堂的《生活的艺术》举办过一次别出心裁的“林语堂比赛”活动。活动以《生活的艺术》第一章的“拟科学公式”作为蓝本，主持人划定当时世界上的十位名人，如美国总统罗斯福、德国的希特勒、苏联的斯大林、英国温莎公爵、爱因斯坦等，参照林语堂公式，来表达这十位名人的性格，标准答案请林语堂拟定，最靠近标准答案的人获奖。这种富有创意的宣传和策划方式不仅使公众耳目一新，还激起了他们的参与热情。同时，公司还将林语堂的“科学公式”作为抽奖游戏的题目，让更多的美国读者知道了这部书。这无疑是公司为营销和扩大影响力采取的公关手段，但不可否认的是，取得了非常好的宣传效果，不失为成功的商业化传播策略。

最后，林语堂本人也绝非“两耳不闻窗外事”的书生。早在1935年以前，林语堂就曾主编了三本畅销刊物——《人间世》《宇宙风》《论语》，因为准确的定位和成功的营销策略，它们的销量常年排在杂志类的前三位，林语堂还因要求书局根据销量翻番增加编辑的稿费而被书店总经理章克标称为“门槛精”[②]。由此可见，林语堂自己也是一位十分具有商业思维的作家，正是因为这样，他才能透彻了解约翰·黛公司老板华尔希“非中国小说不阅”以及“纯中国笔法”的要求，不仅从内容上将西方读者的心理揣度得入木三分，选取到最能打动西方读者的主题，而且还能迎合读者需求，从人性论的角度出发，批判有违人类天性的负面因素，同时提倡合乎人情的理念，如中国古人追求悠闲自得的生活，不为功名利禄折腰，乐天知命、放达隐逸、“大隐隐于市”的人生哲学等。这些内容在充斥着精英哲学的美国引起了不小的轰动，加上20世纪30年代美国经济的“大萧条”，西方国家鼓吹的“先进文明”饱受社会质疑，文化悲观主义盛

① 林语堂. 吾国与吾民［M］. 北京：群言出版社，2010：4.

② 林语堂提出，《论语》销量翻了一倍，编辑费也得相应涨到200元。林语堂认为合情合理，章克标却暴跳如雷，气冲冲地向邵洵美抱怨：“玉堂这么搞，分明把《论语》当成了自家的菜园子，太重利轻义了，是个门槛精！”陈煜斓. 林语堂的文化经济学理念与文化传播策略［J］. 东南学术，2014（4）：196-205.

行，越来越多的西方人倾向于回归自然以及自由本真的生存状态，林语堂书中的东方趣味，正好满足了他们的这一畅想。

这样，经过约翰·黛公司和林语堂本人对中国传统文化的“现代化”包装，加上媒体不遗余力地宣传，林语堂在海外的文学出版及文化活动获得了空前成功。

第三节 文化传播中的“林语堂经验”

随着全球化的进一步深入推进，中国大国地位的崛起，中华文化在世界上的影响力也不断提高，这一方面有赖于中国综合国力的提高，另一方面也离不开文化传播者孜孜不倦的努力。除了在国家层面上要继续构建中国文化软实力外，民间组织和个人也应以传播经典文化、塑造中国的良好形象为己任，尤其是在海外的文化传播者，更应该借鉴林语堂在20世纪传播中国文化的成功经验，向世界展示一个有文化底蕴、传统与现代色彩并行的中国。将“林语堂经验”与中国文化在海外传播的需求相结合。我们可以在以下几点中寻找思路：

第一，培养跨文化传播的广阔视野，提高文化自觉性。

林语堂在海外的文化传播活动之所以能够获得巨大成功，很大程度上有赖于他同时具有深厚的中国文化和西方文化的造诣。“他的一生，正是在这个基础上创造出至今无人企及的中西跨文化交流的实绩”①，林语堂通中外，晓古今，才使得他在援引文化理论和实例的时候能够得心应手，再加上可以媲美母语者的英文水平和高超的翻译能力，与美国文学一脉相承的幽默笔触，让海外受众产生对中国文化的兴趣就成为可能。因此，林语堂的文化传播活动带给我们的第一个启示就是：培养跨文化传播的广阔视野，提高文化的自觉性，基于对中国历史传统和现实处境的深刻理解以及对当代世界的历史形势和未来趋势的全面把握，提升文化自觉，才有利于中国现阶段的文化繁荣，使中国的文化融入世界文明，对世界文化发展作出自己的贡献。当然，这必须依赖国家和政府加大对文化传播专业人才的培养力度，这些人才不仅要对本国文化有深入的研究，

① 乐黛云. 中国文化面向世界的几点思考［M］// 刘耘华. 孙景尧先生周年祭纪念文集. 上海：上海文艺出版社，2014：240-249.

还要通晓其他文化以及跨文化传播的相关知识，才能够达到不同文化的和谐交融，进而将本国文化更好地传播给异文化接收者。

第二，传播内容的选取上要进行科学的规划，应该根据受众的兴趣和理解水平选择适当的传播内容。如林语堂的作品从《吾国与吾民》这样的普及性读本到后来专门介绍国人日常的《生活的艺术》，再到后来中国社会国情全景式展示的“林语堂三部曲”，以及中后期的《孔子的智慧》《老子的智慧》《苏东坡传》等，林语堂一直将读者的兴趣放在重点考虑的位置，并根据读者的反馈，随着他们对中国的了解而适度调整自己的传播内容。正是因为这种定位目标受众的指导思想，才使得林语堂的作品一直牢牢占据畅销榜。同时，林语堂作品内容上对世界性与民族性的平衡所做的努力也值得我们借鉴，在海外进行文化传播的过程中，始终站在中西文化参照的立场上，用比较对照的眼光来看待问题，不仅要像大部分现代启蒙思想家一样在西方文化的尺度下发现中国传统文化的弊端，引发出对改造国民性的思考，还能反过来在中国文化的参照下，结合中国特色的哲学思想、精神文化、观念意识，提出解决西方存在的文化思想问题的方案，真正做到“两脚踏中西文化”，这是林语堂在文化传播上能受到西方读者推崇，并最终获得巨大成功的重要原因。在新的社会历史背景下，我们更应该借鉴林语堂的传播思想，在传播过程中始终将文化的世界性和民族性的平衡放在突出的位置，这样才能保证文化传播的顺利推进，从而获得理想的传播效果。

第三，传播渠道可以多样化，个体、群体、大众传播的途径可以在不同层面上发挥作用。改革开放之后，在经济腾飞的同时，中国政府越来越重视发展国家文化软实力，同时也希望能够向世界展示一个有五千年悠久历史和文化的中国，在海外成立了五洲传播中心、中央电视台海外中心、《中国日报》及多家英文杂志社和网站等对外传媒部门，但是传播的内容中文化因素不够突出，在海外对普通民众的影响力十分有限。加上以政府为主导的文化传播很容易被认为与政治相关，遭遇被歪曲和阻碍的风险，因此，调动民间组织和公民个人参与在海外的中国文化传播，并保持其积极性、灵活性就势在必行了。

孔子学院的发展在海外开辟了一条语言和文化传播的新道路，吸引了大批对汉语和中国文化感兴趣的外国学生，在海外掀起了“汉语热”和“中国文化热”。随着孔子学院向非营利民间机构转变，以文化和教育职能为主，未来受到国外民众的认可，提升国外知名度的道路还很长。不过，每年通过语合中心和国内高校的选派到世界各国的孔子学院教授汉语课和文化课的教师们，已经成为在海外传播中国文化的重要组成部分。据美国匹兹堡大学东亚图书馆馆长徐鸿的统计，“2004—2009 年，有近 250 所美国大学或研究生院收到与中国相关的博士论文，数目达 1,336 篇，其中华裔学者占到一大半以上”[①]，这充分说明在海外有很多留学生、华人后裔已经在进行与中国社会、历史、文化相关的研究。

第四，采取正确的传播策略，既需要在传播方式上实现多样性的结合，也需要塑造文化品牌和经典。林语堂在已经意识到采取多种传播方式和手段对中国文化海外传播的重要性和意义，因此他采取了诸如文学创作、演讲、剧本改编、翻译、商业合作等多种形式和手段。如今，现代传媒技术的发达远超 20 世纪，诸如音乐孔子学院、戏曲孔子学院这样专门性的孔子学院在海外的发展壮大，也说明了探索多种文化传播方式的有效性。新时期我们更应该充分发挥传媒技术革新的优势，将中华文化的海外传播和影视、音乐、舞蹈、戏剧、文学等不同艺术手段结合起来，同时利用互联网时代文化传播迅捷、传播面广泛的优点，将传统的大众媒体、新媒体等传播方式结合起来。在此基础上，中国文化的海外传播应该专注塑造“中国特色”的文化品牌，不盲从于欧美和日韩文化的潮流。林语堂之所以获得成功，很重要的一点是他始终没有放弃中国元素的运用，并且在尊重历史和原著的基础上对经典文化进行再创作，将中国文化进行了生动的诠释。在一定程度上，“林语堂”这个名字已经成为一个“文化品牌”：对于国外出版商来说，他是版税和印量的保障；对于读者和受众来说，他是了解中国的真切而权威的渠道。当今时代，我们应该广泛汲取林语堂的成功经验，不管是个人还是国家，民间还是官方，都要精心选择优秀经典的民族文化作为传播内容，采取多种传播方式，塑造属于我们的文化品牌，借助产业化、科技化思维，只有这样，才能保证中国文化的海外传播生生不息，独树一帜。

---

① 吴原元. 略论美国汉学的成功之道及其对中国文化发展的启示［J］. 兰州学刊，2013（1）：78-85.

第九章　中华文化融入人类命运共同体建设的策略研究

第一节　人类命运共同体提出的背景

习近平总书记提出的建设人类命运共同体，是对人类命运与发展的历史经验、时代变化、未来走向的系统总结和思考的结晶，是对世界政治、经济、外交、文化、文明建设的创造性贡献，更是对马克思主义的新时代继承和创新性发展。

在人类发展长河中，在人类的早期国家形态时代，各个不同种族的、民族的人曾经出于对自身生存状态、宗教与文化的基本认知，提出了各自历史与文化观念形态的人类命运共同体的有关设想，这其中以中国古代的大同思想最为典型。随着人类社会进入工业文明时代，随着生产力的极大提高与生产关系的变化，马克思主义在此基础上诞生了。马克思主义创始人首次对以社会主义和共产主义为核心的人类共同体，提出了科学的解说并形成完整的思想价值体系，成功地化为广泛的人类实践。

马克思主义所提出的以共产主义为核心的人类命运共同体思想，是与马克思主义创始人对现代工业文明产生以后的世界政治和经济格局的深刻认识分不开的。在撰写《共产党宣言》时，马克思就提出了世界市场的概念，他认为现代工业化大生产带来的巨大生产力，是现代资本主义诞生的必要条件和物质基础。虽然生产资料私有制与资本主义生产的社会化之间的巨大矛盾，最终会成为资本主义的内在掘墓人，但工业化大生产需要的世界范围内的人员、物质和市场的跨地区和跨国流动，必然性地产生世界市场。资本主义的大工业不能局限于民族国家内部，而必须进行世界化生产和流通，将整个世界作为原料和消费市场。这一方面会造成早生内发的资本主义国家，演变为全球性殖民主义和帝国主义的征服与占有；另一方面也会形成与资本主义对立的工人阶级和无产阶级，造就世界性的社会主义革命的阶级基础，而世界性的无产阶级正是没有祖国的阶级政治的命运共同体。资本主义发财致富等欲望构成的历史之恶，最终会在历史辩证发展中演变为历史之善。因此，马克思一方面批判大英帝国等殖民主义的全球化给印度和东方各国人民带来的社会性苦难，同时也辩证地认为这些历史苦难最终会成为被殖民国家历史进步的补偿，会在殖民地国家形成新的社会革命的基础和阶级政治力量。① 因此，从总体上，马克思主义创始人是认同世界市场及其将给人类命运带来的巨大变化的。

马克思的科学预言很快成为历史的普遍模式，世界市场和全球贸易成为人类的物质生产与交流方式。但是，由于在世界市场形成的时代，其根底在于资本主义生产方式内在矛盾带来的殖民主义和帝国主义，这就使世界市场形成了不同的等级体系和差序格局。广大的第三世界欠发达国家在这个世界市场和贸易体系中的地位被边缘化，成为向资本主义工业化大生产和贸易体系提供原料、市场和劳动力的被剥削国家。打破这种殖民与被殖民体系和格局的，是边缘和欠发达国家发生的社会主义革命、反殖民主义革命，这些革命的胜利颠覆和重整了世界市场的格局及差序体系。与此同时，资本主义和帝国主义的内在矛盾，使得西方国家之间为争夺世界市场的份额、地位而爆发了两次世界大战，最终使西方发达国家痛定思痛，认识到和平建设世界市场，塑造利益与命运共同体的必要性。由是，“二战”后欧洲出现的欧共体及其演变而来的欧盟，以及马歇尔计划奠定的美欧关系模式，都是最早出现的发达国家之间的区域性的命运共同体。

中华人民共和国成立后，走过了两个历史性的阶段。第一阶段跨入了当时的世界社会主义国家体系，并在外来援助与自力更生原则下建立起独立自主的

① 马克思. 不列颠在印度的统治［M］// 马克思恩格斯选集：第 1 卷. 北京：人民出版社，1995：760–766.
马克思. 不列颠在印度统治的未来结果［M］// 马克思恩格斯选集：第 1 卷. 北京：人民出版社，1995：767–773.

工业体系和国民经济体系，改变了一穷二白的面貌，中国成为屹立于世界东方的社会主义大国；第二阶段是进行了震惊世界的改革开放，中国用了约40年的时间成为世界第二大经济体和工业体系最完备的制造业大国。中国的发展，给第三世界国家带来了巨大的榜样和示范力量，为世界政治经济格局提供了关于发展模式与道路的中国经验，也极大地改变了世界市场和贸易格局。要之，“二战”以后世界市场与经济政治格局发生的巨大变化，特别是民族独立解放，殖民主义体系崩溃，社会主义国家工业化的实施和完成，中国改革开放带动的第三世界边缘国家在经济上的崛起强大（例如金砖国家），加上高科技、互联网、物联网带来的世界一体化和平面化即地球村的出现，使得旧世界市场、贸易体系的中心—边缘结构和差序格局，不可避免地向新世界、新时代的政治经济秩序和格局转化与过渡，使人类命运共同体的建设具有地缘政治、世界经济、科学技术、发展模式、物质文化与精神文化等雄厚而全面的基础。

习近平总书记就是面对世界历史和政治经济大格局的时代性变化，以科学的世界观、价值观、发展观和方法论，代表中国和世界各国人民的共同要求，在达沃斯论坛提出了人类命运共同体的倡议，从而为世界各国的发展和世界人民的整体利益建设，指出和阐明了方向与路径。

第二节　人类命运共同体与世界文化交流

在人类命运共同体建设中，文化、文学与艺术在其中能够发挥非常重要的作用，而这首先是由人类各民族文化内含的价值决定的。

在人类历史的发展中，早在原始时代，人类的先民在面对存在差异的地理和自然环境时，为了生存发展而建立和发展出适应各自环境的获食模式——生产和生活方式。尽管获食模式不一，但人类历史经历了大致相同的物质文明发展阶段，而在精神文化的发展中也存在过近似或相同的阶段。如在最初的狩猎采集时期，早期人类先民留在世界各地的原始洞穴岩壁绘画，就具有惊人的精神内容与结构功能的一致性。对此，俄国早期的马克思主义者普列汉诺夫，在他一系列关于人类艺术起源的著作中，就以历史唯物主义观点做出过科学的阐释。进入文明阶段以后，在交通不发达甚至基本隔绝的情况下，人类出现了四大古代文明，分别是西亚的巴比伦文明、北非的古埃及文明、南亚的古印度文明、东亚的中国文明。[①] 各个古代文明存在相似的精神特征，如古埃及和远隔千山万水的中美洲古印第安的奥尔梅克文明都有金字塔的存在，尽管制式、结构和功能不一。在历史的长河中，有的古代文明消失了；在仍然存在的文明之间，随着生产力的发展和交往需求的扩大，如亚洲的印度文明和中国文明之间，开始了积极的交往，交往成为文明进步的阶梯。而古老的中华文明，在自觉开辟的陆路和海上丝绸之路中，将商贸与文明和文化融合在一起，不仅构成了一个古代的东亚汉字文化圈，也将文明和文化传播到欧洲和非洲。

东西方之间的物质与文化交流带来了影响世界的巨大进步，在这种交流和交往中，作为四大文明古国之一的中国有着一大批重要思想家，其历史和文明对世界的影响日益广大。13 世纪的意大利人马可·波罗在游历中国 17 年后写作的游记，令西方人看到了一个巨大而繁华的中国和东方。在欧洲启蒙运动和文艺复兴时期，中国古代思想家如孔子、老子的著作和学说，也对欧洲思想家产生过极大影响。法国思想家伏尔泰不仅高度称赞中国文明的成熟和理智，还亲自动笔将取材于司马迁《史记·赵世家》的元杂剧《赵氏孤儿》改编为《中国孤儿》。该剧产生了广泛影响，不仅在法国，也在德国和欧洲其他国家被接受和改编，直至现代德国戏剧家布莱希特将其改编为《高加索灰阑记》。中国春秋战国时期发生于晋国的故事，通过戏剧形式在欧洲形成了系列化的传播。中国四大古典小说之一的《三国演义》，在东亚各国的传播和接受其幅度及深度几乎不亚于在中国，尤其是日本自古至今对《三国演义》的接受和普及，改编和改写，几乎将《三国演义》锻造为日本文化和文艺的一部分。近现代中国京剧大师梅兰芳的戏剧在欧洲和苏联演出后，被认为是世界三大戏剧体系之一，并对欧洲近现代戏剧美学产生了极其重要的影响。而随着鲁迅、老舍、林语堂、沈从文、残血、莫言等作家及其作品走向世界，现当代中国的文化和文艺及其价值，也在国际交流和传播中受到广泛关注并产生了积极影响。如果仔细梳理和研究，就会发现自古及今中国的思想文化、文学艺术极其内含的精神与艺术价值，构成了一部源远流长的域外传播史、接受史和与世界文化艺术的对话交流史。

来自域外的其他国家和民族的思想文化与文艺，其内含的思想艺术价值也

① 现在世界学界认为还包括爱琴海的克里特文明和中美洲古印第安的奥尔梅克文明。

对中国产生了积极的影响。从东汉后期传进中国的佛教，汉唐之际沿着古代的丝绸之路传进中国的来自西域的各种物质文化、精神文化和艺术文化，丰富和发展了中国的文明和文化。融物质建筑、宗教思想与绘画艺术为一体的丝绸之路上的敦煌，就是中外思想和艺术交流的辉煌典范。盛唐中国的物质与精神文化，包括音乐美术与诗歌文学，都带有来自域外文化的基因和流脉。近代以来，随着古老中国在东西方文明碰撞中放眼看世界，启动了现代化的历史进程，中国人和中国社会从西方的物质文化到思想精神文化，开始有目的地引进、汲取和学习，并最终从以欧美为师到以俄为师，引进了来自欧洲的马克思主义，改变了中国的历史发展道路。在这一大潮中，来自欧美西方和日本、印度等国的具有民主性、人民性和进步性的文学艺术，不断地被中国人接受和学习。鲁迅先生说他之所以能够写出新文学的奠基性作品，是阅读了大量外国文学作品；茅盾在《中国新文学大系·小说二集·导言》中就指出，欧洲和西方几百年的文艺潮流，“五四”前后几年间就在中国悉数被学习、模仿和重演，启迪和催生了中国的新文学。而来自俄苏的从批判现实主义到社会主义现实主义的文学，对现代中国的革命和左翼文学、解放区文学、1949年后十七年的红色经典文学，影响更大、更深远。改革开放后，拉美魔幻现实主义和西方现代主义文艺，对包括诺贝尔文学奖获奖者莫言在内的大批中国作家、艺术家，均产生了精神的滋养。

同样，自晚清至今的中国，翻译外国的思想文化著作和文艺作品的活动不绝如缕，一大批外国思想文化和文艺作品被一代代中国人阅读和接受，对国人几乎成了与自己民族文化遗产一样的精神营养，甚至对数代中国人的人生道路和价值择取，对重塑和建造中国的近现代文化和文艺，都发挥了重要影响。中国国家主席习近平在出访欧洲各国时，在谈话和发言中经常谈及自己阅读过的大量西方的重要思想家、文学家、艺术家的作品，数量之多令人钦佩不已，这也使得外国受访国家领导人和人民普遍认识到中国领导人所代表的现当代中国对外国文化文艺接受的胸怀与气魄，中国人民和文化如盛唐时期一样善于汲取、包容信心与气度。

上述中国文化与文艺国际传播与接受的历史，充分表明思想文化和文学艺术，特别是艺术文化，其内含的思想精神价值是不同民族国家的人民都可以认同、欣赏、接受的精神财富，它们是民族的，也是世界的。正如鲁迅所言，越具有民族性就越具有世界性，人类的艺术史早已证明了民族的文化和文学艺术，在诞生和发展中早就具有了超越阶级、政治、民族藩篱的世界性，是民族性与世界性统一的价值共同体。文学虽然有语言的差异，但可以通过翻译让不同语言和国家的人民接受并与其中的内容共鸣。艺术则可以凭借声音、符号、曲调、色彩、构图、画面等方式，让世界各国人民直观地、直接地欣赏、接受并达到共鸣。而文艺中的思想文化内涵，更可以通过各种方式成为人类共同的精神价值，如中国文艺中包含的几千年一以贯之的儒释道思想文化，早已成为与其他文明等值的人类共同承认和接受的精神遗产。文化、艺术和文学这种民族性与超民族性的价值，是具有自己语言、历史和文化的不同民族国家的人民，能够进行思想精神交流、产生人类共同体价值和认知的最无争议、最有效的精神载体，是最能够形成共同价值或价值认同的基础。因此，基于民族性与世界性共在的特征，世界各个民族和国家的文化和文艺具有人类精神价值追求上的最大通约性和共鸣性，在人类命运共同体建设中，既是必不可少的内容和价值构成，也是可以发挥最有效交流与沟通作用的精神纽带和桥梁。

第三节　中华文化与文艺参与人类命运共同体的路径

中国悠久辉煌的文化和文艺所具有的丰富的主体性、民族性和世界性价值，在参与人类命运共同体建设中如何发挥积极和重要作用，应该以何种有效方式和渠道参与其中，采取和建立哪些参与建设的战略和策略，与中国文化“走出去”的战略如何协调和良性互动，都是必须深入、细致、扎实、全面研究的课题，也是在理论和实践的结合中应该提出创造性方略和实施方案的重大问题。

在人类命运共同体的建设中，首先应该梳理中国的思想精神文化、文学艺术文化所包含的具有人类思想情感共鸣性、通约性的主流和核心价值，并将其与世界性和人类性的普遍诉求有机融合。众所周知，当代人类的最大愿景和要求，是和平与发展、共同富裕与尊严，是全人类不分国家地区，不论民族大小都平等享有世界政治、经济和文明发展的成果。中国思想文化中倡导的天下大同、协和万邦、休戚与共、美美与共的价值理念，就符合人类发展趋势和全人类思想精神的共同需求，是个体的人和整体的人类心理需求层次的最高取向，可以成为人类命运共同体思想价值的基础资源之一，进而为人类命运共同体提供思想认识和达成共识的价值支撑。同时，人类命运共同体还要面对和解决人类发展中出现的社会环境和自然环境问题，防止和制止社会人道灾难。而中国文化中天人合一、和谐共生、悲悯仁爱、普度众生、济危扶困、老幼兼爱、责任伦理等思想价值，同样可以作为人类命运共同体核心价值体系中的有机构成。中国文化体大思精、万象纷呈、流脉众多，因此，厘清和遴选其中的核心价值，并将其作为建设人类命运共同体的共鸣性和共识性思想资源，是极其重要和义不容辞的任务。

其次，文学艺术与中国文化存在紧密联系，具有民族性和世界性的精神价值与美学价值，对之进行系统、全面、精到的梳理与总结，将其中最有本国传统与民族特色而又具有人类审美共鸣的核心精神资产，提供给世界人民，纳入人类命运共同体的精神宝库。在这个方面，应该注意两个问题。一是对历史上中国文学艺术中成功地被世界各国人民接受和喜好的作品与产品进行爬梳和研究，以找出中国文艺历史上跨国传播效果显著的共同点，即找到它们被世界各民族普遍接受、能产生共鸣的内在机理与机制，将其作为历史的借鉴和启示。比如《三国演义》传播到日本后如何成为日本的三国文化；元杂剧《赵氏孤儿》如何成为欧洲人乐于接受的欧洲戏剧的一分子；京剧大师梅兰芳的苏联和欧洲演出为什么影响巨大，并成为布莱希特间离效果戏剧美学的启迪性要素；鲁迅的作品如何成为日本最受欢迎、接受度最高的外国文学内容;《西游记》怎样在东亚各国成为被普遍接受的类神话“原型”故事，并且泛化到那些国家的民族、民间文化中。二是要树立中国文艺的自信，理直气壮地将中国文艺内含的中国价值，包括社会主义核心价值观和那些凝聚了中国历史、发展、道路、文化、制度、理论优势的内涵，作为参与人类命运共同体建设的有机组成部分。要相信自己文艺与文化内含的价值的中国性与世界性、民族性与人类性，改变其在传播格局中的西强东弱现象。把东方特别是中国历史和当今发展成就中，内含和凝聚在文艺与文化里的中国价值、中国精神，充满自信地予以国际传播和世界文化建设。历史上中国曾经长时间地领先于世界，当代中国的发展道路和制度模式又使中国走在世界发展的前列，这些史实和事实内在地显示出作为经济社会发展成果的文化与文艺价值的优异性，是将具有中国特色的文化和文艺进行国际传播、参与人类命运共同体建设的底气和基础。

最后，应该高度重视中华文化和文艺融入人类命运共同体建设的参与和传播方式、渠道和方法。在五千年历史发展中一直文明不倒、长期辉煌、铸造和凝聚了中华民族精神结构的文化与文艺，固然具有如上所述的独特性和优异性，但是在历史上中华文化与文艺的跨国或异域异地传播和被广泛接受，并非依靠强势的帝国和殖民主义式驱动，而是以友善开放、平和交往的方式进行的。当代中国更是以大小民族一律平等、不干涉内政、反对大国沙文主义的友好正义的立场，处理国家间的关系和国际问题，赢得了广泛的尊重和好评。因此，参与人类命运共同体建设的中国文化和文艺，自然应该摆脱以往跨文化传播和建设中的高位与低位文化、中心与边缘文化、强势与弱势文化的陈旧观念和藩篱，平等地看待和对待世界各民族国家和地区的文化及价值，友善地进行文化交流和传播，将平等性、对话性和价值互融性作为基本方法与态度。同时，在交流交往、善意传播中，我们应该尤为注重交往与传播手段的多样性、传播效果的有效性与亲和性、反馈机制的及时性、改进机制的全面性。也就是说，在“讲好”中国“故事”的过程中，“故事”的内容要梳理确定，“好”的价值信心要树立坚定，“讲”的方式和手段要丰富多样、针对性强，“讲好”的效果和意义要“目标化”与最优化。梳理与树立、“会讲”与“讲好”，是中国文化与文艺参与人类命运共同体建设、打造人类新文明战略与策略的重要内容。

参考文献

（一）专著

1. 北京大学“一带一路”五通指数研究课题组．“一带一路”沿线国家五通指数报告［M］．经济日报出版社，2017.

2. 程裕祯．中国文化要略［M］．北京：外语教学与研究出版社，2011.

3. 方克立，周德丰．中国文化概论［M］．北京：北京师范大学出版社，2010.

4 冯友兰．中国哲学史新编［M］．北京：人民出版社，1998.

5. 龚书铎．中国近代文化概论［M］．北京：中华书局，2002.

6. 辜正坤．中西文化比较导论［M］．北京：北京大学出版社，2007.

7. 关世杰．跨文化交流学［M］．北京：北京大学出版社，1995.

8. 郭锦桴．汉语与中国传统文化［M］．北京：商务印书馆，2010.

9. 胡春毅．国族记忆［M］．南京：南京大学出版社，2018.

10. 金元浦，谭好哲，陆学明．中国文化概论［M］．北京：首都师范大学出版社，2008.

11. 安德森，等．文化地理学手册［M］．李蕾蕾，张景秋，译．北京：商务印书馆，2009.

12. 孔梓．孔子学院社会资本研究［M］．济南：山东大学出版社，2018

13. 李宗桂．中国文化概论［M］．广州：中山大学出版社，1988.

14. 李宗桂．中国文化导论［M］．广州：广东人民出版社，2003.

15. 厉以宁，林毅夫，郑永年，等．读懂一带一路［M］．北京：中信出版社，2015.

16. 梁思成．中国建筑史［M］．天津：百花文艺出版社，1998.

17. 刘程，安然．孔子学院传播研究［M］．北京：中国社会科学出版社，2012.

18. 柳诒徵 . 中国文化史［M］. 北京：中国人民大学出版社，2012.

19. 宁波诺丁汉大学中国文化课程教研组 . 中国思想文化概论［M］. 北京：科学出版社，2010.

20. 宁继鸣 . 孔子学院研究年度报告：2017［M］. 北京：商务印书馆，2017.

21. 欧玲 . 西方礼仪文化［M］. 重庆：重庆大学出版社，2008.

22. 逄增玉 . 现代性与中国现代文学［M］. 长春：东北师范大学出版社，2001.

23. 逄增玉 . 文学现象与文学史风景［M］. 北京：商务印书馆，2011.

24. 逄增玉 . 汉语国际教育与中国文化国际传播［M］. 北京：中国传媒大学出版社，2019.

25. 逄增玉 . 传媒汉语生成与发展研究［M］. 长春：东北师范大学出版社，2013.

26. 逄增玉 . 社会主义核心价值观文化读本［M］. 北京：北京时代华文书局，2016.

27. 钱穆 . 中国文化史导论［M］. 北京：商务印书馆，2002.

28. 钱穆 . 国史大纲［M］. 北京：商务印书馆，2015.

29. 钱穆 . 中华文化十二讲［M］. 北京：九州出版社，2015.

30. 司马云杰 . 文化价值论［M］. 西安：陕西人民出版社，2003.

31. 孙英春 . 跨文化传播学导论［M］. 北京：北京大学出版社，2008.

32. 孙宜学 . "一带一路"与中华文化国际传播［M］. 上海：同济大学出版社，2019.

33. 唐德根 . 西方文化与礼仪［M］. 长沙：湖南人民出版社，2007.

34. 田广林 . 中国传统文化概论［M］. 北京：高等教育出版社，1999.

35. 新华通讯社，国务院国资委，孔子学院总部 . "一带一路"100 个全球故事［M］. 北京：新华出版社，2017.

36. 阴法鲁，许树安，刘玉才 . 中国古代文化史（上下）［M］. 北京：北京大学出版社，2008.

37. 余明，李飞 . 中国历史文化概论［M］. 成都：西南交通大学出版社，2008.

38. 余同元 . 中国文化概要［M］. 北京：人民出版社，2008.

39. 俞吾金 . 意识形态论［M］. 北京：人民出版社，2009.

40. 王建勤 . 全球文化竞争背景下的汉语国际传播研究［M］. 北京：商务印书馆，2015.

41. 王宁 . 中国文化概论［M］. 长沙：湖南师范大学出版社，2013.

42. 王鹏飞 . 文化地理学［M］. 北京：首都师范大学出版社，2012.

43. 王义桅 . 世界是通的［M］. 北京：商务印书馆，2016.

44. 王义桅 . “一带一路”机遇与挑战［M］. 北京：人民出版社，2015.

45. 吴瑛 . 文化对外传播：理论与战略［M］. 上海：上海交通大学出版社，2009.

46. 邢清清 . 孔子学院本土化问题研究［M］. 北京：中国社会科学出版社，2020.

47. 熊丽君，刘学华 . 跨文化交际学［M］. 上海：上海交通大学出版社，2010.

48. 徐江伟 . 血色曙光：华夏文明与汉字的起源［M］. 西安：陕西人民出版社，2013.

49. 杨德峰 . 汉语与文化交际［M］. 北京：北京大学出版社，1999.

50. 叶朗，朱良志 . 中国文化读本［M］. 北京：外语教学与研究出版社，2008.

51. 张岱年，方克立 . 中国文化概论［M］. 北京：北京师范大学出版社，2012.

52. 张岂之 . 中国传统文化［M］. 北京：高等教育出版社，2010.

53. 赵磊 . 文化经济学的“一带一路”［M］. 大连：大连理工大学出版社，2016.

54. 赵磊 . “一带一路”年度报告［M］. 北京：商务印书馆，2017.

55. 祖晓梅 . 跨文化交际［M］. 北京：外语教学与研究出版社，2015.

（二）论文

1. 包涵 . 波兰克拉科夫孔子学院办学模式与发展前瞻［J］. 国际汉语教育，2009（2）.

2. 鲍东明，曾晓洁，张瑞芳 . “一带一路”建设核心区对外开展教育交流合作情况调研报告［J］. 比较教育研究，2016（12）.

3. 蔡名照，加强国际传播能力建设 讲好中国故事 传递中国声音［J］. 求是，2015（23）.

4. 车凯龙，铁茜 . 歌德学院与孔子学院文献信息资源服务模式比较研究［J］. 新世纪图书馆，2013（10）.

5. 陈剑光 . 新中国图书文化外交 70 年的回顾与思考［J］. 图书馆研究与工作，2019（5）.

6. 陈艳清 . 孔子学院及其教学的研究现状述评与反思［J］. 云南财经大学学报（社会科学版），2009（3）.

7. 陈阳 . 文明冲突论视角下的孔子学院形象再审视［J］. 牡丹江大学学报，2014（12）.

8. 陈艺，余子侠 . 孔子学院汉语教师问题及培养建议［J］. 世界教育信息，2016（10）.

9. 陈珍容 . 高校图书馆参与“21 世纪海上丝绸之路”建设的路径探索［J］. 图书馆，2020（12）.

10. 邓新 . 孔子学院参与“一带一路”建设的方法与途径研究［J］. 民族教育研究，

2016（4）.

11. 樊伟 . 海外孔子学院中文阅读推广概述［J］. 科技情报开发与经济，2014（18）.

12. 管秀兰 . 孔子学院在中国海外形象建构过程中的作用［J］. 世界教育信息，2015（21）.

13. 郭景红 . 中国文化“走出去”的几点思考和建议［J］. 对外传播，2016（6）.

14. 郭宇路 . 孔子学院的发展问题与管理创新［J］. 学术论坛，2009（6）.

15. 汲立立 . 英国文化委员会与英国文化外交［J］. 公共外交季刊，2014（4）.

16. 姜飞 . 新阶段推动中国国际传播能力建设的理性思考［J］. 南京社会科学，2015（6）.

17. 柯平，卢晓彤，胡曼曼 . 图书馆在国际文化交流中的作用与地位［J］. 图书情报知识，2021（1）.

18. 雷莉 . 孔子学院发展的新思路：慕课（MOOCs）教学模式的应用［J］. 西南民族大学学报（人文社会科学版），2014（12）.

19. 李宝贵，刘家宁 .“一带一路”战略背景下孔子学院跨文化传播面临的机遇与挑战［J］. 新疆师范大学学报（哲学社会科学版），2017（4）.

20. 李蕾 . 孔子学院和歌德学院在文化传播方面的对比研究［J］. 北方文学，2019（14）.

21. 李明 . 德国杜塞尔多夫孔子学院的汉语教学［J］. 云南师范大学学报（对外汉语教学与研究版），2009（5）.

22. 李青，韩永辉 .“一带一路”区域贸易治理的文化功用：孔子学院证据［J］. 改革，2016（12）.

23. 林立 . 中国传统艺术跨国表演的公共外交启示——以美国宾汉顿大学戏曲孔子学院演出为例［J］. 音乐与表演，2016（1）.

24. 刘樨 . 文化全球化中的公共图书馆［J］. 图书馆建设，2008（1）.

25. 刘旭 . 孔子学院十年：实现中国文化“走出去”：从孔子学院发展现状问题与对策研究谈起［J］. 出版广角，2015（8）.

26. 吕笑容，骆红斌 .“中国武术丝路行”传播机制研究：基于“一带一路”的文化学视角［J］. 浙江体育科学，2016（4）.

27. 逄增玉，乐琦 . 跨文化传播语境中孔子学院运营与管理研究［J］. 现代传播（中国传媒大学学报），2017（2）.

28. 唐淑宏，孔子学院发展中面临的问题与对策［J］. 沈阳师范大学学报（社会科学版），2011（6）.

29. 王思文，贾文颖，郭佳丽 . 国家政策对新丝绸之路经济待文化传播的重要影响：

以孔子学院（课堂）为例［J］. 东南传播，2016（7）.

30. 王贤淼，杨耀防 . “一带一路”建设与孔子学院的使命［J］. 九江学院学报（自然科学版），2015（14）.

31. 吴晓萍 . 中国形象的提升：来自孔子学院教学的启示：基于麻省大学波士顿分校和布莱恩特大学孔子学院问卷的实证分析［J］. 外交评论（外交学院学报），2011（1）.

32. 吴瑛 . 对孔子学院中国文化传播战略的反思［J］. 学术论坛 . 2009（7）.

33. 吴应辉 . 孔子学院经营模式类型与可持续发展［J］. 中国高教研究，2010（2）.

34. 吴坚 . 孔子学院本土汉语教师培养：现状、问题与对策［J］. 华南师范大学学报（社会科学版），2014（5）.

35. 谢孟军，中华文化“走出去”对我国出口贸易的影响研究［J］. 国际经贸探索，2017（1）.

36. 叶英 . 从外媒报道看孔子学院的海外形象［J］. 四川大学学报（哲学社会科学版），2015（3）.

37. 于霞 . 论孔子学院在“一带一路”建设中的作用：以柬埔寨王家学院孔子学院为例［J］. 长江丛刊，2016（36）.

38. 袁礼，郑晓齐 . 孔子学院贡献度、组织行为及功能定位述评［J］. 大学教育科学，2010（4）.

39. 袁佩 . 东南亚对外汉语文化教学的局限性和教学建议：以柬埔寨孔子学院文化教学为例［J］. 安徽文学（下半月），2015（1）.

40. 张占一 . 试议交际文化和知识文化［J］. 语言教学与研究，1990（3）.

41. 赵金铭 . 孔子学院汉语教学现状与教学前景［J］. 华南师范大学学报（社会科学版），2014（5）.

42. 赵倩倩 . 中华才艺课程在对外汉语教学中的现状［J］. 文学教育，2015（5）.

43. 张西平 . 简论孔子学院的软实力功能［J］. 世界汉语教学，2007（3）.

44. 张展 . “一带一路”信息服务平台建设探析［J］. 辽宁经济，2015（7）.

45. 何森 . 中国戏曲文化国际传播状况调查及其发展对策［D］. 开封：河南大学，2015.

46. 李欣岩 . 孔子学院教育资源信息化建设研究［D］. 武汉：华中师范大学，2015.

47. 刘璇 . 太极拳与中国文化传播［D］. 上海：上海外国语大学，2012.